Anarchismus zur Einführung

Daniel Loick

Anarchismus zur Einführung

JUNIUS

Junius Verlag GmbH
Stresemannstraße 375
22761 Hamburg
www.junius-verlag.de

Umschlaggestaltung: Florian Zietz
Satz: Junius Verlag GmbH
Printed in the EU 2021
ISBN 978-3-88506-768-9
4., ergänzte Auflage 2024

Bibliografische Information der Deutschen Nationalbibliothek
Die Deutsche Nationalbibliothek verzeichnet diese Publikation in der Deutschen Nationalbibliografie; detaillierte bibliografische Daten sind im Internet über http://dnb.dnb.de abrufbar.

Zur Einführung ...

... hat diese Taschenbuchreihe seit ihrer Gründung 1977 gedient. Zunächst als sozialistische Initiative gestartet, die philosophisches Wissen allgemein zugänglich machen und so den Marsch durch die Institutionen theoretisch ausrüsten sollte, wurden die Bände in den achtziger Jahren zu einem verlässlichen Leitfaden durch das Labyrinth der neuen Unübersichtlichkeit. Mit der Kombination von Wissensvermittlung und kritischer Analyse haben die Junius-Bände stilbildend gewirkt.

Seit den neunziger Jahren reformierten sich Teile der Geisteswissenschaften als Kulturwissenschaften und brachten neue Fächer und Schwerpunkte wie Medienwissenschaften, Wissenschaftsgeschichte oder Bildwissenschaften hervor. Auch im Verhältnis zu den Naturwissenschaften sahen sich die traditionellen Kernfächer der Geisteswissenschaften neuen Herausforderungen ausgesetzt. Diesen Veränderungen trug eine Neuausrichtung der Junius-Reihe Rechnung, die seit 2003 von der verstorbenen Cornelia Vismann und zwei der Unterzeichnenden (M.H. und D.T.) verantwortet wurde.

Ein Jahrzehnt später erweisen sich die Kulturwissenschaften eher als notwendige Erweiterung denn als Neubegründung der Geisteswissenschaften. In den Fokus sind neue, nicht zuletzt politik- und sozialwissenschaftliche Fragen gerückt, die sich produktiv mit den geistes- und kulturwissenschaftlichen Problemstellungen vermengt haben. So scheint eine erneute Inventur der Reihe sinnvoll, deren Aufgabe unverändert darin besteht, kompetent und anschaulich zu vermitteln, was kritisches Denken und Forschen jenseits naturwissenschaftlicher Zugänge heute zu leisten vermag.

Zur Einführung ist für Leute geschrieben, denen daran gelegen ist, sich über bekannte und manchmal weniger bekannte Autor(inn)en und Themen zu orientieren. Sie wollen klassische Fragen in neuem Licht und neue Forschungsfelder in gültiger Form dargestellt sehen.

Zur Einführung ist von Leuten geschrieben, die nicht nur einen souveränen Überblick geben, sondern ihren eigenen Standpunkt markieren. Vermittlung heißt nicht Verwässerung, Repräsentativität nicht Vollständigkeit. Die Autorinnen und Autoren der Reihe haben eine eigene Perspektive auf ihren Gegenstand, und ihre Handschrift ist in den einzelnen Bänden deutlich erkennbar.

Zur Einführung ist in der Hinsicht traditionell, dass es den Stärken des gedruckten Buchs – die Darstellung baut auf Übersichtlichkeit, Sorgfalt und reflexive Distanz, das Medium auf Handhabbarkeit und Haltbarkeit – auch in Zeiten liquider Netzpublikationen vertraut.

Zur Einführung bleibt seinem ursprünglichen Konzept treu, indem es die Zirkulation von Ideen, Erkenntnissen und Wissen befördert.

Michael Hagner
Ina Kerner
Dieter Thomä

Inhalt

1. Einleitung: Was heißt »Anarchismus«?

Ⓐ – das große A in einem Kreis dürfte heute weltweit das im öffentlichen Raum am meisten verwendete politische Symbol sein. Man findet es an den bunten Fassaden besetzter Häuser in den Städten und an tristen Autobahnbrücken und Bushaltestellen auf dem Land, auf Stromkästen inmitten westlicher Metropolen und an den Wellblechhütten in den Slums, auf Grenzmauern gesprayt und in Gefängniswände geritzt, auf wehenden Fahnen von Gewerkschaftsaktivist_innen und auf den Bannern des Schwarzen Blocks, auf den Schulranzen von Oberstufen-Schüler_innen und auf den Uniformen von Guerilla-Kämpfer_innen, auf den Plattencovern von Punk-Bands und auf den Umschlägen von philosophischen Büchern. Die Verbreitung des »Anarchie-A«, des bekanntesten Symbols des Anarchismus, verdankt sich jedoch nicht mehr einer real existierenden Massenbewegung. Eher steht das Zeichen für die Abwesenheit einer solchen Bewegung: Das eingekreiste A ist ein Platzhalter, um in Zeiten der Katastrophe eine einfache Idee aufrechtzuerhalten – dass ein Leben in Freiheit und ohne Gewalt für Menschen möglich ist.

Der häufigsten Interpretation zufolge stellt das Ⓐ ein A in einem O dar und verweist auf eine berühmte anarchistische Losung: »Anarchie ist Ordnung ohne Herrschaft.« Der Slogan stammt in abgewandelter Form aus den *Bekenntnissen eines Revolutionärs* (1849) von Pierre-Joseph Proudhon, dem ersten Philosophen, der sich selbst als Anarchist bezeichnet hat (vgl. Proudhon 1970a, 146; vgl. auch Proudhon 2014, 314). Diese Verknüpfung von *A*narchie und *O*rdnung ist überraschend. Für gewöhnlich assoziiert man die Anarchie gerade mit der Unordnung: Chaos, Instabilität, Tumult. Auch im politischen Sinne denkt man beim Wort »Anarchist_in« wohl eher an eine rebellische Bombenlegerin oder einen nihilistischen Terroristen als an eine Person, die Ordnung schaffen möchte. Dies entspricht auch der Art und Weise, wie die Anarchie seit jeher von ihren Gegner_innen geschmäht wurde: als vorzivilisatorischer Zustand oder antisoziale, gesetz- und zügellose Verhaltensweise, die durch die Etablierung von Recht und Ordnung überwunden werden müssen. Proudhons negative Definition (»ohne Herrschaft«) geht demgegenüber zunächst einfach auf den griechischen Wortursprung der Anarchie zurück: *an-archia* bedeutet Führerlosigkeit oder Nicht-Herrschaft und bezeichnet also einen Zustand ohne Staat, Klassen oder sonstige Unterdrückungs- und Ausbeutungsformen. Anarchie nicht positiv, sondern negativ zu definieren impliziert bereits einen politisch-philosophischen Maximalismus: prinzipiell gar keine Herrschaft zu akzeptieren, in welchem Gewand sie auch auftrete. Die Radikalität von Proudhons Definition – und ebenso ihre lang anhaltende politische Faszinationskraft – liegt dabei gerade in der Behauptung, dass es Herrschaftslosigkeit *als Gesellschaft* geben, dass also Anarchie *im* Sozialen, nicht nur *gegen* das Soziale erfahrbar werden kann. Das A und das O des Anarchismus widersprechen einander also nicht, sondern sind miteinander verschränkt: Eine anarchistische Politik betreibt einerseits eine Kritik und Überwindung jeglicher Form von Herrschaft, zum anderen aber auch die Konstruktion horizontaler sozialer Organisationsformen.

Was aber ist »der Anarchismus«, auf den das eingekreiste A verweist? Offenbar hat dieser Begriff so viele Facetten, dass es problematisch ist, ihn auf einige Kernelemente zu reduzieren.

Dies gilt für viele politische Begriffe, aber insbesondere für den Anarchismus, der gerade den Vorbehalt gegen jede Form der Orthodoxie zum Prinzip erhebt. Anarchistische Denker_innen wehren sich gegen die Festlegung auf ein Gedankengebäude oder Dogma und haben ihre Theorien, oft als Ergebnis konkreter geschichtlicher Erfahrungen, zudem immer wieder neu justiert und situiert.

Betrachtet man den Anarchismus als politische Philosophie, so handelt es sich also weniger um einen Ansatz oder eine Schule als um eine geistesgeschichtliche Konstellation, zu der extrem unterschiedliche und gegensätzliche Erscheinungsformen gehören. Proudhons negative Definition, wonach Anarchie Ordnung ohne Herrschaft bedeutet, ist so etwas wie ihr kleinster gemeinsamer Nenner. Allerdings sind so gut wie alle Anschlussfragen unter Anarchist_innen umstritten. Worin besteht Herrschaft und warum ist sie illegitim? Wie ist eine anarchistische Gesellschaft möglich und wie soll sie aussehen? Wie kann man zu ihr gelangen und welche Mittel darf man dabei anwenden? Am deutlichsten wird der inneranarchistische Dissens bereits mit Blick auf eine philosophische Grundsatzfrage, nämlich die Frage nach dem Gegenbegriff von Herrschaft, das heißt der Freiheit. Während einige Anarchist_innen davon ausgehen, dass Herrschaft im Wesentlichen durch eine Unterdrückung des Individuums gekennzeichnet ist und eine anarchistische Gesellschaft daher die Aufgabe hat, das Individuum *von* der Gesellschaft zu befreien, sind andere im Gegenteil der Meinung, dass Herrschaft gerade in der Verhinderung echter Gemeinschaften und Zusammenschlüsse besteht, weshalb eine anarchistische Gesellschaft eine Befreiung des Individuums *zur* Gesellschaft darstellt. Diesen beiden entgegengesetzten philosophischen Prämissen entsprechen dann unterschiedliche politische Ausrichtungen: auf der einen Seite die individualanarchistische, auf der anderen Seite die kollektivistische und kommunistische Strömung, die sich gegenseitig teils sehr polemisch bekämpft haben. Das Gleiche gilt für unzählige weitere größere und kleinere Fragen: Sollen in einer anarchistischen Gesellschaft die Entscheidungen in Arbeiter_innen-Räten oder Gemeindeversammlungen getroffen werden? Soll man am Prinzip der individuellen Entlohnung festhalten? Beinhaltet die anarchistische Utopie die Abschaffung der Geschlechter? Wie steht sie zu lokalen kulturellen Besonderheiten? Dürfen Anarchist_innen Fleisch essen? Ist der Einsatz von Gewalt erlaubt, um anarchistische Ziele zu erreichen?

Noch unübersichtlicher wird es, wenn man bedenkt, dass der Anarchismus nicht nur ein philosophischer Diskurs ist, der intern umstritten ist, sondern auch und vor allem eine politische Praxis. Die Anarchie ist nicht nur in den Traktaten und Pamphleten, Manifesten und utopischen Schwärmereien von Schriftsteller_innen und Poet_innen präsent, sondern auch in den konkreten Kämpfen mit ihren Streiks und Sabotagen, Demonstrationen und Blockaden, Plena und Wochenendseminaren. Gerade viele Anhänger_innen des Anarchismus, dessen Theoriefeindlichkeit oft beklagt wird, haben keine langen Bücher geschrieben, sondern auf Barrikaden gekämpft, auf Marktplätzen Reden gehalten, Druckerpressen bedient oder Kartoffeln in der Volksküche geschält. Dabei haben sie Erfahrungen gesammelt und Wissen produziert, das sich nicht leicht auffinden und darstellen lässt, weil es nirgends archiviert ist (beziehungsweise weil die europäische Geistesgeschichtsschreibung zum großen Teil auf Bücherwissen geeicht ist und über kein gutes Instrumentarium verfügt, andere Formen der Wissensproduktion überhaupt zu registrieren). Will man aber dieser wesentlichen Dimension des Anarchismus gerecht werden, so sind auch seine spezifischen Praxisformen zu rekonstruieren und auf ihre Implikationen und Konsequenzen hin zu befragen.

Dasselbe gilt für eine dritte Dimension, die der Anarchismus hat. Er ist nicht nur ein philosophischer Diskurs und eine politische Praxis, sondern auch eine Lebensform. Ob in Kommunen und besetzten Häusern, in Kibbuzim und Landwirtschaftsgenossenschaften, immer wieder haben Anarchist_innen versucht, anarchistische Ideen wie die der gegenseitigen Hilfe, der Solidarität und der Selbstorganisation bereits innerhalb der bestehenden Gesellschaft praktisch werden zu lassen. Subkulturen wie die der Punks oder Hippies entwickelten neben ihrer expliziten Gesellschaftskritik zudem eine radikal auf individueller Entfaltung basierende, nonkonformistische Ästhetik der Existenz, die ihren Niederschlag in künstlerischen und kulturellen Ausdrucksformen findet. Der Aspekt des Anarchismus als Lebensform ist keine zufällige Begleiterscheinung des Anarchismus als Philosophie und als politischer Bewegung, sondern entspricht einem expliziten Programm, das häufig als »präfigurative Politik« bezeichnet wird. Die Gestalt einer anarchistischen Gesellschaft soll demnach bereits im Hier und Jetzt vorweggenommen werden: Es geht darum, für alle glaubwürdig zu zeigen, dass die anarchistische Weise des Zusammenlebens nicht nur gerechter und moralischer ist, sondern auch funktioniert und Freude macht. Somit lässt sich auch dieser Aspekt des Anarchismus erörtern und auswerten: Welche Praxis, Institution oder Ästhetik hat funktioniert, welche nicht? Was ist effektiv, inklusiv und kreativ, was eher lähmend, exkludierend oder langweilig?

Die vorliegende Einführung möchte den Anarchismus in diesen unterschiedlichen Facetten, mit seinen internen Kontroversen und Widersprüchen lebendig werden lassen. Dabei werden zum einen die zentralen Ansätze vorgestellt, zum anderen soll für die grundsätzliche Plausibilität anarchistischer Theorie und Praxis plädiert werden. Das Buch ist in vier Kapitel geteilt. Die *Einleitung* fächert zunächst überblickshaft die drei genannten wesentlichen Dimensionen des Anarchismus auf: Anarchismus als Philosophie, als politische Bewegung und als Lebensform. Das *zweite Kapitel*, das sich mit *Hauptströmungen und den wichtigsten Vertreter_innen* des Anarchismus beschäftigt, will in das klassische Koordinatensystem des modernen anarchistischen Denkens einführen und knapp die zentralen Gedanken kanonischer Stichwortgeber_innen referieren. Dabei wird der üblichen Gegenüberstellung von einerseits individualistischen, libertären und liberalen Ansätzen (Godwin, Stirner, der amerikanische Transzendentalismus) und andererseits mutualistischen, kollektivistischen und kommunistischen Ansätzen (Proudhon, Bakunin, Kropotkin, Landauer, Goldman) gefolgt. Zudem werden kurz die wichtigsten Entwicklungen des Anarchismus seit seiner Renaissance im Zuge der 1968er-Revolten skizziert. Das *dritte Kapitel* ist das Kernstück des Buches. Es widmet sich der systematischen Diskussion der wichtigsten theoretischen *Motive und Diskurse* des Anarchismus: Freiheit, Staat, Kapitalismus, Geschlechterverhältnissen, Rassismus und (Post-)Kolonialismus, Ökologie, Aktions- und Organisationsformen sowie der Transformationstheorie. Ziel ist es dabei, die wichtigsten Debatten innerhalb des Anarchismus darzustellen und zu ihnen Stellung zu beziehen, sie dabei jedoch auch jeweils innerhalb aktueller politischer Problemstellungen zu verorten. Auf diese Weise sollen sowohl die anhaltende Aktualität des Anarchismus am Gegenstand vorgeführt als auch essenzielle Schwierigkeiten herausgearbeitet werden. Das *vierte Kapitel* zieht ein perspektivisches Fazit, indem die wesentlichen Herausforderungen des Anarchismus noch einmal kurz versammelt werden. Es wird sich dabei herausstellen, dass sich die Anarchie vielleicht doch nicht, wie Proudhon meinte, in einem unproblematischen Sinne als »Ordnung« verstehen lässt – sondern vielmehr als eine Praxis, das heißt als eine Bewegung, die jedes gesellschaftliche Ordnungsraster immer auch destabilisiert.

1.1 Anarchismus als Philosophie: von Zenon bis Agamben

In einem Lexikoneintrag für die *Encyclopaedia Britannica* von 1911 – einer der ersten enzyklopädischen Darstellungen des Anarchismus überhaupt – definiert Peter Kropotkin den Anarchismus als eine Theorie, die für eine Gesellschaft ohne Regierung eintritt, in der soziale Harmonie durch freie Vereinbarungen statt durch Gehorsam gegenüber einer fremden Autorität hergestellt wird (Kropotkin 1911, 914). Dieses Prinzip des freiwilligen, netzwerkförmig strukturierten Zusammenschlusses zur Bedürfnisbefriedigung und Persönlichkeitsentfaltung stellt er einem anderen Prinzip gegenüber, dem der Staatsorganisation, das von jeher der Sicherung der Macht kleiner Minderheiten gedient hat. Beide Prinzipien, behauptet Kropotkin, standen »schon immer« miteinander in Widerstreit: auf der einen Seite die Kraft der hierarchischen Regierung, die alle gesellschaftlichen Funktionen in sich konzentrieren will, auf der anderen Seite die Kraft der Massen und ihrer auf Freiwilligkeit basierenden Zusammenschlüsse, die sich gegen die staatliche Machtakkumulation zur Wehr setzt. Es handelt sich bei Staat und Anarchie also nicht nur um zwei Weltanschauungen, die seit Jahrhunderten miteinander konkurrieren, sondern um reale geschichtliche Tendenzen, »now the one and now the other taking the upper hand at different periods of history« (Kropotkin 1911, 914). Geschichte ist also nicht, wie Marx meinte, die Geschichte von Klassenkämpfen – Geschichte ist die Geschichte der Kämpfe zwischen Autorität und Antiautorität, zwischen Staatlichkeit und Anarchie.

Kropotkin projiziert hier eine typisch moderne Opposition historisch zurück: Die ganze (europäische) Geschichte soll bereits vom selben Kampf geprägt worden sein wie die Gegenwart. Diese Rückprojektion ermöglicht es ihm einerseits, Vorläufer des modernen Anarchismus zu benennen: Dieser war keine plötzliche Eingebung aufklärerisch gesinnter Philosoph_innen, sondern hatte seine Wurzeln in antiken und mittelalterlichen Denk- und Praxiszusammenhängen. Andererseits wird durch dieses Verfahren aber auch die jeweilige historische Situierung und Spezifik anarchistischer Ideen ausgeblendet. Das zeigt sich beispielsweise in Kropotkins Rekonstruktion der Geistesgeschichte anarchistischen Denkens. Für Kropotkin hat es anarchistische Philosophie bereits im antiken Griechenland gegeben. Er verweist auf Zenon von Kition (ca. 332–262 v.u.Z.), den Begründer der stoischen Schule, der sich als Alternative zu Platons Staatsutopie eine herrschaftsfreie Gesellschaft ohne Gerichtshöfe, ohne Polizei, ohne Geld und ohne Tempel ausgemalt haben soll. Diese Stilisierung der Gegenüberstellung von Platon und Zenon als Repräsentanten des Streits zwischen Staat und Anarchie verfügt aber nicht nur über keine gute Textgrundlage,[1] ihr entgeht vor allem die philosophische Besonderheit der antiken Vorläufer des Anarchismus. Die Vorstellung, eine Gesellschaft müsse durch rechtlichen Zwang zusammengehalten werden, kam nämlich erst in der Neuzeit überhaupt auf. Auch der Widerstand gegen das staatliche Gewaltmonopol kann daher erst modernen Ursprungs sein. In der antiken Polis vollzog sich die politische Integration ohnehin nicht über zentrale Staatsgewalt, sondern viel stärker über Bildung und Erziehung (*padeia*). Die antiken Philosoph_innen sahen einen engen Zusammenhang zwischen dem Zusammenleben in der Polis und der individuellen Lebensführung: Nur wer sich selbst zu beherrschen vermochte, konnte auch gut an der Gestaltung des Gemeinwesens teilnehmen. Der Schlüsselbegriff, um diese Verknüpfung von individuellem und kollektivem gutem Leben zu bezeichnen, ist der der Tugend, einer Haltung ethischer Vortrefflichkeit, welche die Einzelnen zur Verwirklichung einer guten Sittlichkeit befähigt.

Wenn es Vorläufer anarchistischen Denkens in der Antike gibt, so sind diese nicht in den Formen politischer Utopien oder gar in Verfassungsordnungen zu suchen. Sie liegen eher im Bereich der Lebenskunst, das heißt in den ethischen Haltungen oder Praktiken. Tatsächlich lassen sich in diesem Sinne »anarchische« Ansätze in drei der wichtigsten philosophischen Schulen der griechischen Antike finden, bei den Epikureern, den Kynikern und den Stoikern (vgl. auch Marshall 2010, 68 ff.). Ihren Anhänger_innen ging es um die Möglichkeit eines ethisch perfekten Lebens, das sie in vollkommener Selbstgenügsamkeit erblickten. In diesem Streben nach einer autarken Existenzweise, die sie je nach Provenienz in einem Leben gemäß der Lust, in der Bedürfnislosigkeit oder in der Gleichgültigkeit gegenüber den Affekten erblickten, liegt eine Relativierung der Rolle der Polis für das Glück der Menschen. Diese Indifferenz gegen politische Autoritäten kann sich auch in rebellischen Akten ausdrücken, wie in der Begegnung zwischen dem bewusst in Armut lebenden Kyniker Diogenes von Sinope (ca. 410–323 v.u.Z.) und Alexander dem Großen. Der Philosoph soll einer verbreiteten Anekdote zufolge dem berühmten Staatsmann den Respekt verweigert haben, indem er auf dessen Frage, welchen Wunsch dieser ihm erfüllen könne, nur geantwortet habe: Geh mir aus der Sonne! »Anarchistisch« ist an solchen Akten allerdings nicht, dass sie einem politischen Programm folgen oder dass sie, wie Kropotkin meint, das Recht der Massen gegen hierarchische Organisationsformen zur Geltung bringen, sondern dass sie ethische Vortrefflichkeit und damit individuelle Glückseligkeit aus der Entwicklung von Tugenden ableiten, die in dezdierte Distanz zu allen etablierten Satzungen und Institutionen treten. Es ist genau dieser *ethische* Aspekt des Anarchismus (im Unterschied zum Anarchismus als politische Philosophie im Sinne einer Staatsformenlehre), der heute häufig übersehen wird und über den gerade die antiken Denker_innen Auskunft geben können.

Während sich genuin als ethisch zu verstehende Vorläufer des Anarchismus in der griechischen Antike finden lassen, so sind im europäischen Mittelalter auch *theologische* Begründungsfiguren anzutreffen. Auch hier liegt der Impetus auf der Relativierung aller bestehenden Herrschaftsordnungen. Am radikalsten geschieht dies in den verschiedenen Strömungen des Millenarismus, des vor allem im Christentum verbreiteten Glaubens an die baldige Wiederkunft des Messias und der Etablierung seines Tausendjährigen Reiches (vgl. zum Millenarismus exemplarisch Cohn 1988). Auf eine apokalyptische Phase der Zerstörung wird dem millenaristischen Glauben zufolge die Errichtung eines irdischen Paradieses folgen. Diese Vorstellung, dass das kommende messianische Reich schon in der Gegenwart von den weltlichen Pflichten entbindet, geht bereits auf Paulus' 1. Brief an die Korinther zurück, in dem dieser seine Leser_innen auffordert, zu allen weltlichen Praktiken eine Haltung der Indifferenz einzunehmen, weil sie ohnehin bald vergehen werden (vgl. 1 Kor 7). Anknüpfend an chiliastische Glaubensrichtungen im Frühchristentum, traten vor allem im Mittelalter verstärkt religiöse Bewegungen auf, die das Ende der Welt für die nahe Zukunft erwarteten und daher allen bestehenden Konventionen und Regeln den Gehorsam aufkündigten. Eine dieser häretischen Untergrundbewegungen, die insbesondere von der katholischen Kirche als Gefahr erkannt und daher energisch bekämpft wurden, waren zwischen dem 13. und 15. Jahrhundert die *Brüder und Schwestern des freien Geistes*, eine in ganz Europa verbreitete führerlose und nicht-hierarchisch organisierte Gruppe von mystisch inspirierten Sekten, die von der Möglichkeit einer unmittelbaren Kommunikation mit Gott ausgingen und damit die Notwendigkeit der Kirche dementierten. Die Anhänger_innen dieser Bewegung, die Arme und Wanderer in besonderem Maße anzog, lebten ohne Eigentum und promiskuitiv. Zu ihrer gesamten zeitgenössischen Umwelt stehen sie in einem Verhältnis der fundamentalen Asynchronizität und Inkongruenz; die Naherwartung der Erlösung erzeugt eine Form der Subjektivität, die zu jeder Komplizenschaft mit bestehenden Machtformationen unfähig ist. Auch wenn die Religion innerhalb des Anarchismus spätestens seit Bakunins Angriff auf das Christentum einen schlechten Ruf hat, so liegt doch auch in solchen nur noch auf die Zukunft aufgespannten Subjektivitäten die Keimform einer anarchistischen Lebensform.

Als eigenständige geistesgeschichtliche Strömung hat sich der Anarchismus aber erst in der Moderne entwickelt. Erst seit dem 19. Jahrhundert wird es denkbar, Anarchie als eine »Ordnung« im Sinne der Staatsformenlehre zu verstehen, erst seitdem entwickelt sich der Anarchismus als im engeren Sinne *politische* Philosophie. Der Anarchismus stellt einerseits die radikale Konsequenz der Maxime der Aufklärung dar, sich seines eigenen Verstandes zu bedienen, weil er alle Angelegenheiten des Lebens und Zusammenlebens in die eigenständige Urteilskompetenz der Einzelnen legt. Andererseits bietet er damit jedoch auch eine grundsätzliche Alternative zu denjenigen politischen Institutionen, welche die Verwirklichung aufklärerischer Ideale für sich beanspruchen: dem demokratischen Staat und der kapitalistischen Ökonomie. Nachdem die Theologie als Rechtfertigungsquelle für staatliche Souveränität weggefallen ist, kann sich Herrschaft von Menschen über Menschen nur aus der Zustimmung der Beherrschten legitimieren. Während Vertragstheoretiker_innen wie Hobbes, Locke und Rousseau versuchen, diese Zustimmung aus dem puren Faktum der Nicht-Rebellion, das heißt aus einer »stillschweigenden Zustimmung« heraus zu deuten, bezweifeln Denker_innen wie William Godwin in England, Max Stirner in Deutschland, Pierre-Joseph Proudhon in Frankreich und Henry David Thoreau in den USA alle mit ähnlichen Argumenten, dass die bürgerliche Gesellschaft ihrem Legitimationsbedarf gerecht wird. Dies gilt zum einen für den Staat: Weil der Gesellschaftsvertrag nie wirklich unterzeichnet wurde, kann er für die Untertanen auch nicht bindend sein. Sie haben daher keinen Grund, ihre private Handlungsfreiheit an eine übergeordnete Instanz abzugeben. Zum anderen lässt sich derselbe Zweifel auch im Hinblick auf die Wirtschaftsform anmelden: Auch das Eigentumsrecht ist nicht mehr als eine menschengemachte Konvention, weshalb insbesondere die Armen gut daran tun, die zufällig vorgefundene Güterverteilung nicht zu akzeptieren.

Proudhon war 1840 in seiner Schrift *Was ist Eigentum?* der Erste, der den bis dahin nur pejorativ gebrauchten Kampfbegriff der Anarchie positiv wendete und als Selbstbezeichnung akzeptierte. Weil sich Herrschaft weder religiös noch vernünftig rechtfertigen lässt, kann nur eine herrschaftsfreie Ordnung legitim sein. Proudhon liefert auch bereits das Grundmodell einer alternativen, anarchistischen Gesellschaftsform, das in der Folge zwar auf unzählige Weisen variiert wurde, aber bis heute in erstaunlichem Maße der ursprünglichen Idee Proudhons ähnelt. Dieses Modell basiert grundlegend auf dem Prinzip der Freiwilligkeit: Die Menschen schließen sich aus freiem Entschluss politisch in Kommunen und wirtschaftlich in Genossenschaften zusammen, die sich dann zu einer Föderation vereinigen. Die einzelnen Assoziationen sind intern demokratisch organisiert, was eine sozialistische Produktionsweise impliziert. An die Stelle der Profitgier und des Konkurrenzdenkens tritt eine gegenseitige (»mutualistische«) Bedürfnisorientierung. Die Individuen behalten jederzeit das Recht zum Austritt aus der Gemeinschaft und zur Gründung neuer Gemeinschaften. Auf diese Weise soll die Entstehung sowohl politischer Herrschaft in Form eines repressiven Staatsapparats als auch ökonomischer Herrschaft in Form einer auf Ausbeutung basierenden Klassengesellschaft verhindert werden.

Während in der Antike das »gute Leben« den Maßstab der normativen Bewertung der Politik abgab, ist der unumstrittene Schlüsselwert der Moderne die Freiheit. Niemand ist gegen Freiheit, aber alle haben extrem unterschiedliche Vorstellungen davon, was Freiheit ist. Insbesondere die Gegenüberstellung von individuellem und sozialem Freiheitsverständnis, die für die politische Philosophie der Moderne insgesamt kennzeichnend ist, bildet sich auch im Anarchismus ab. Der Anarchismus als geistesgeschichtliche Strömung lässt sich als jeweils radikalste Variante und damit als Schnittmenge zweier anderer wichtiger Bewegungen verstehen: des Liberalismus und des Sozialismus. Während individualanarchistische Theoretiker_innen wie Josiah Warren (1798–1874), Benjamin Tucker (1854–1939) oder John Henry Mackay (1864–1933) im Anschluss an Stirner und Thoreau das liberale Primat der Freiheit der Einzelnen bis zur grundsätzlichen Infragestellung des Staates treiben, gehen sozialistische und kommunistische Denker_innen wie Errico Malatesta (1853–1932), Alexander Berkman (1870–1936) oder Erich Mühsam (1878–1934) im Anschluss an Bakunin und Kropotkin davon aus, dass die Einzelnen nur in Gesellschaft ihre Freiheit und ihre Selbstverwirklichung finden können. Ihre Ablehnung von marxistischen Vorstellungen wie der Diktatur des Proletariats oder der Avantgarde-Rolle der Partei machen sie zum linken Flügel der Arbeiter_innenbewegung. Die Fokussierung auf Solidarität und gegenseitige Hilfe, die aus dem sozialen Freiheitsbegriff resultiert, erlaubte den mutualistischen, kollektivistischen und kommunistischen Anarchist_innen eine starke Orientierung auf die und Verankerung in den proletarischen Kampforganisationen, etwa in der syndikalistischen Gewerkschaftsbewegung zu Beginn des 20. Jahrhunderts insbesondere in Spanien und der Ukraine, während auf der anderen Seite die individualistischen Anarchist_innen einen weit geringeren politischen Organisationsgrad erreichten.

Die *Internationale Arbeiter-Assoziation* (IAA) war der wichtigste Dachverband proletarischer Kampforganisationen des 19. Jahrhunderts. Mit dem von Marx durchgesetzten Ausschluss Bakunins auf dem IAA-Kongress in Den Haag 1872 und dem Gegenkongress der sogenannten Juraföderation im schweizerischen St. Imier war der Versuch gescheitert, beide sozialistischen Strömungen – sowohl die »marxistische« als auch die »antiautoritäre« – unter demselben organisatorischen Dach zu vereinen. Diese Spaltung stellt den Ursprung der bis heute anhaltenden Konflikte zwischen Marxismus und Anarchismus dar.[2] Ging es beim Streit zwischen den beiden Fraktionen vordergründig vor allem um Fragen der Organisationsstruktur wie etwa die Autonomie der Sektionen vom Generalrat sowie um politische Detailfragen, deren Brisanz im Nachhinein kaum nachvollziehbar ist (zum Beispiel einen Dissens um die Forderung nach Abschaffung des Erbrechts, die Bakunin für wichtiger hielt als Marx), so lassen sich zwischen ihnen auch wichtige philosophische Differenzen rekonstruieren. Als deren Angelpunkt stellt sich die Frage nach dem Zeitpunkt der Überwindung des Staates dar: Während Marx und seine Anhänger_innen ebenfalls davon ausgehen, dass der Staat in einer kommunistischen Gesellschaft überflüssig werden und absterben wird,[3] halten Bakunin und seine Anhänger_innen die sofortige Zerschlagung des Staates für notwendig. Diese Frage des Zeitpunkts ist keineswegs trivial, denn sie ergibt sich aus zwei grundsätzlich verschiedenen Gesellschaftsanalysen: Ist der Staat, wie Marx meint, ein politisches Überbauphänomen, das die ökonomische Basis einer Gesellschaft nur widerspiegelt, oder stellt er, wie Bakunin insistiert, ein autonom funktionierendes Herrschaftsverhältnis dar, dessen Beseitigung mit dem Kampf gegen ökonomische Ausbeutung mindestens gleich wichtig ist? Die Beantwortung dieser Grundsatzfrage hat eine ganze Reihe politisch-strategischer Implikationen, von der Beteiligung an Wahlen und der Berechtigung politischer Adressierungen des Staates bis hin zum Konflikt um die von Marx verfolgte Strategie der Übernahme der Staatsmacht durch die Kommunistische Partei. Während der Anarchismus sich nach seiner durch den Faschismus und den Stalinismus arbeitsteilig betriebenen Zerschlagung nicht mehr zu einer politisch relevanten Kraft entwickeln konnte, wurde er in der offiziellen Doktrin des Marxismus-Leninismus bis zum Ende des 20. Jahrhunderts noch immer als »kleinbürgerliche Ideologie« diffamiert.

Seit der Jahrtausendwende ist es in der linken Theoriebildung zu einer bemerkenswerten Renaissance anarchistischer Motive gekommen, die vielleicht auch als Antwort oder Gegenbewegung zum von Theoretiker_innen wie Alain Badiou oder Slavoj Žižek lancierten Comeback des Kommunismus und als Einspruch gegen dessen unaufgearbeitete autoritäre Altlasten gelesen werden kann (vgl. etwa Blumenfeld/Bottici/Critchley 2013). Wenn auch nicht immer explizit, so greifen Denker_innen wie Judith Butler, Simon Critchley und Giorgio Agamben doch immer wieder verschiedene Kernaspekte anarchistischen Denkens auf und integrieren sie in ihre jeweiligen Ansätze. Die Adaption anarchistischer Philosopheme beinhaltet dabei *ethische* und *theologische* ebenso wie *politische* Dimensionen.[4]

Die ethische Dimension ergibt sich wie in der Antike auch bei einigen zeitgenössischen politischen Praktiken aus dem Versuch, eine Lebensführung zu etablieren, die eine Haltung der Indifferenz zum Staat einübt. Radikale Kollektive wie etwa das AIDS-Solidaritätsnetzwerk ACT UP, feministische Zusammenschlüsse oder queere Initiativen sehen den Staat nicht länger als Zentrum der Machtausübung und versuchen daher Wege zu finden, sozialer Normalisierung und Stratifizierung bereits in intimen, subinstitutionellen und zivilgesellschaftlichen Domänen entgegenzutreten.[5] Häufig stehen solche Kollektive auch explizit oder implizit in der Tradition eines antiken Begriffs der Freundschaft, wenn sie betonen, dass sie sich nicht als Mittel verstehen, das nur dem Erreichen eines bestimmten Ziels dient, sondern als dauerhafte und relativ stabile Zusammenschlüsse, die solidarische Sorge-Praktiken und gegenhegemoniale Verbindlichkeiten herausbilden. Auch in der gemeinsamen Befreiung aus identitären Zwängen geht es also um ein »gutes Leben«, das aber gerade nicht in der Polis, sondern in Distanz zu ihr gesehen wird. Eine solche queere Ethik aktualisiert auf diese Weise ein Motiv, das in anarchistischen Texten immer wieder mitschwingt: Nur ein wildes und widerständiges Leben ermöglicht die Erfahrung von Erfüllung, Selbstverwirklichung und Glück.

Wenn dieser Aspekt auch für heutige Diskussionen um die Aktualität des Anarchismus von nachrangiger Bedeutung erscheint, so ist es doch bemerkenswert, dass von manchen Theoretiker_innen auch religiöse Gedankenfiguren aufgegriffen werden. Das philosophisch-aktivistische Umfeld des französischen Magazins *Tiqqun* stellt sich beispielsweise schon durch dessen Namen in die Tradition des jüdischen Messianismus (der Begriff Tiqqun stammt aus dem Kabbalismus und bedeutet gleichzeitig Wiederherstellung und Erlösung).[6] Auch das entsprechende Politikverständnis zehrt wesentlich von theologischen Begrifflichkeiten und Theoremen. So entwirft das *Unsichtbare Komitee* ganz in der Tradition des Millenarismus das Szenario eines unmittelbar bevorstehenden Kollapses der existierenden Gesellschaftsformation. In *Der kommende Aufstand* wird daraus der Schluss gezogen, die Linke solle sich jetzt rückhaltlos zu einer Aufkündigung jeglicher Kollaboration mit bestehenden Institutionen entschließen und sich stattdessen diejenigen Fähigkeiten aneignen, die für die zu erwartende Apokalypse benötigt werden: Schlösser öffnen, Piratensender bauen, Knochenbrüche heilen,

Straßenkantinen einrichten (vgl. Unsichtbares Komitee 2010, 86). Wenn auch mit weniger direkten politischen Handlungsanweisungen, so hält auch Simon Critchley den anarchistischen Impuls des Millenarismus für eine wichtige Inspirationsquelle für gegenwärtige Politik. Angesichts der drohenden Katastrophe, schreibt Critchley in seinem Aufsatz *Mystischer Anarchismus*, sei eine »Politik der Liebe«, die das eigene Selbst überschreitet und transformiert, die einzige Möglichkeit, der Utopie eines richtigen Lebens die Treue zu halten (Critchley 2012).

Eine politische Aktualisierung des Anarchismus schließlich lässt sich in der radikalen Staatskritik finden, die Giorgio Agamben in seinem über einen Zeitraum von zwanzig Jahren ausgearbeiteten *Homo-sacer*-Projekt unternommen hat. Der moderne Staat, so lautet seine grundlegende Einsicht, ist nicht durch die Summe seiner offiziellen Funktionen – etwa Sicherheit, Wohlfahrt, demokratische Selbstbestimmung – charakterisiert, sondern vor allem durch seine Exklusionsfunktion. Er beruht auf dem Ausschluss von Menschen, die den staatlichen Gewalthandlungen passiv ausgesetzt sind, ohne selbst jemals zu Rechtssubjekten werden zu können. Gegenwärtig steht dafür vor allem die Figur des Flüchtlings, der staatlicher Gewalt vollkommen schutzlos ausgeliefert ist. Deren extremste Form ist das Lager, das Agamben als verräumlichte Variante juristischer Ausnahmezustände beschreibt. Staaten verfügen heute über ein riesiges Repertoire an technischen Möglichkeiten und praktischem Wissen zur Regierung, Verfügung, Ausgrenzung und sogar Vernichtung von Menschen, die eine nicht mehr nur exzeptionelle, sondern regelmäßige Produktion (und Destruktion) von »nacktem Leben« ermöglichen. Agamben aktualisiert und spezifiziert hier das schon von Bakunin erkannte Prinzip, »dass kein Staat existieren kann, ohne Verbrechen zu begehen oder wenigstens von ihnen zu träumen oder sie zu planen« (Bakunin 2000, 215). Alternative Formen der Politik und der Gesellschaftsorganisation, so Agamben ebenfalls im Einklang mit der anarchistischen Tradition, wären »freilich im wesentlichen noch zu erfinden« (Agamben 2002, 21).

1.2 Anarchismus als politische Bewegung: von der Pariser Kommune bis zu *Black Lives Matter*

72 Tage währte ein soziales Experiment, das bis heute politische Bewegungen zu inspirieren vermag – die Pariser Kommune. Die zweieinhalb Monate von der Machtübernahme in Paris durch die Kommunard_innen am 18. März 1871 bis zur blutigen Niederschlagung der Kommune am 28. Mai stellten den historisch ersten Versuch dar, sozialistische Prinzipien in einem größeren Maßstab umzusetzen. Infolge der unterschiedlichen Interpretationen der in dieser Zeit gemachten Erfahrungen hat sich der Anarchismus erstmals als eine unabhängige Strömung innerhalb der Arbeiter_innenbewegung mit einer eigenständigen Programmatik entwickelt.

Die Kommune ereignete sich unter schwierigen Bedingungen, nämlich im Schatten des Deutsch-Französischen Krieges. Nach der Kapitulation Frankreichs vor den Preußen hatte sich 1870 eine liberal-konservative Regierung gebildet, die gegen die weiterhin verteidigungsbereite republikanische Opposition einen Friedensschluss mit Deutschland durchsetzte. Dies hatte zur Folge, dass die Pariser Außenbezirke durch die Truppen Bismarcks besetzt wurden, wodurch Paris weitgehend von der Außenwelt abgeschnitten war. In Paris wurden revolutionäre Bestrebungen stärker, von denen sogar die noch immer bewaffneten Nationalgarden ergriffen wurden. Nachdem ein Versuch der französischen Regierung, die Nationalgarde zu entwaffnen, daran scheiterte, dass sich die Soldaten lieber mit den Garden solidarisierten, besetzten diese die strategischen Schlüsselpositionen der Stadt und erkämpften damit faktisch die Autonomie von Paris gegenüber der Zentralregierung in Versailles. Die Nationalgarden ließen sofort Wahlen zum Gemeinderat durchführen, aus denen radikale und sozialistische Abgeordnete als Sieger hervorgingen. Ohne eine gewalttätige Auseinandersetzung führen zu müssen, hatten fortschrittliche Kräfte die Macht in einer großen europäischen Stadt erlangt. Die Komunard_innen begannen nun sofort mit der Umgestaltung des gesellschaftlichen Lebens, die sowohl politische als auch soziale Maßnahmen umfasste. Politisch beschlossen sie u.a. die Einführung eines allgemeinen Stimmrechts für Männer und des imperativen Mandats, der Verantwortlichkeit und Abwählbarkeit aller Stadträte sowie die Entmachtung der Kirche. Die Kommunard_innen orientierten sich dabei nicht länger an einem parlamentarischen Demokratieverständnis, sondern am Räteprinzip. Die sozialen Maßnahmen umfassten den Erlass fälliger Mieten, das Recht auf Arbeit und auf freie Schulbildung. Bemerkenswert ist auch die Rolle, die Frauen innerhalb der Kommune spielten, die *Union des Femmes* war eine der ersten Massenorganisationen, die sich für eine umfassende Emanzipation der Frau einsetzte; sie erstritt etwa das Recht auf gleichen Lohn von Frauen und Männern und die Säkularisierung der Pflege- und Wohlfahrtseinrichtungen. Die Kommune hatte jedoch keine Zeit, weiter reichende Reformen umzusetzen: Nach erbitterten Barrikadenkämpfen gelang es der militärisch übermächtigen französischen Regierung in der »blutigen Maiwoche«, während der es durch die Kämpfe und standrechtliche Exekutionen zu etwa 30 000 Toten und zu etwa 40 000 Inhaftierungen und Deportationen kam, der Kommune ein brutales Ende zu bereiten.

Ein zweiter und vielleicht ebenso folgenreicher Kampf wurde nicht in den Straßen von Paris, sondern in den Pamphleten der Mitglieder der *Internationalen Arbeiter-Assoziation* (IAA) geführt. Sowohl die Anhänger_innen Bakunins als auch die Anhänger_innen Marx', zwischen denen es seit Ende der 1860er Jahre zu immer heftigeren Grabenkämpfen gekommen war, sahen die Pariser Kommune als Vorbotin einer befreiten Gesellschaft und die Kommunard_innen als Held_innen, die den Grundstein für alle weitere revolutionäre Praxis gelegt hatten. Beide Seiten versuchten dabei jedoch, die Kommune jeweils für sich zu vereinnahmen. Für Marx führten vor allem zwei Versäumnisse zum Scheitern der Kommune: Erstens hätte man sofort gen Versailles ziehen sollen, um die Konfrontation mit der französischen Zentralregierung zu suchen, statt sich um die dezentrale Umsetzung politischer und sozialer Reformen zu kümmern (eine Position, die innerhalb der Kommune vor allem von Louis-Auguste Blanqui vertreten worden war), zweitens habe der Zentralrat der Nationalgarden zu früh die Kontrolle an die Kommuneräte abgegeben und so wichtige politische Handlungsmacht aus der Hand gegeben (vgl. Marx 1966, 205; vgl. auch Marx 1973a). Für Bakunin hingegen liegt gerade in diesen beiden Punkten die wichtigste Stärke der Kommune: Statt auf die Übernahme der politischen Zentralmacht unter Führung einer autoritären Avantgarde zu setzen, bringt die Kommune die pluralen und spontanen Selbstorganisationsfähigkeiten der Volksmassen zur Geltung und nimmt so die Prinzipien einer föderativen Räterepublik vorweg.[7] Während für Marx' Argument das *faktische* Scheitern der Kommune spricht, spricht für Bakunins Argument das (in der Folge immer wieder und immer drastischer bestätigte) *moralische* Scheitern des autoritären Kommunismus, der sich unter realpolitischen Bedingungen sofort bereit zeigt, die eigenen politischen Prinzipien aufzugeben. Die retrospektive Reflexion über die Gefahr, die in einer solchen Korruption revolutionärer Ideale liegt, machte bereits aus der feministischen Kommunardin Louise Michel eine Anarchistin: Während ihrer Deportationsfahrt nach Zerschlagung der Kommune kam sie im Nachhinein zu der Überzeugung, »dass selbst die Redlichsten, könnten sie die Macht ausüben, den Schurken ähnlich würden, die sie einst bekämpften« (Michel 2001, 104).

Die Rivalität zwischen Anarchismus und Marxismus bleibt für die gesamte folgende Geschichte des Sozialismus kennzeichnend. In den fünfzig Jahren nach der Niederschlagung der Kommune folgte für den Anarchismus aufgrund seiner organisatorischen Schwäche zunächst eine Phase des Überwinterns, in der einzelne Aktivist_innen mit geringem Erfolg versuchten, die Massen durch symbolträchtige gewalttätige Einzelaktionen aufzurütteln (»Propaganda der Tat«), während sich der Marxismus in Form sozialdemokratischer Parteien in Europa mehr oder weniger konsolidierte. Den nächsten Höhepunkt fand die Auseinandersetzung zwischen den beiden Strömungen dann im Zuge der russischen Oktoberrevolution 1917. Mit der Machtübernahme der von Lenin angeführten Bolschewiki gelang es revolutionären Kräften, ein riesiges Land unter kommunistische Kontrolle zu bringen. Weltgeschichtlich manifestiert sich hier zum ersten Mal der Anspruch der Ausgebeuteten und Unterdrückten, alle Herrschaft des Menschen über den Menschen zu beenden. Es ist daher naheliegend, dass der russische Versuch zunächst auch von Anarchist_innen zwar mit Skepsis, aber auch mit einiger Sympathie begleitet wurde, zumal Anarchist_innen in Russland schon lange Jahre vor der Revolution zu den Gruppen gehörten, die versuchten, die Herrschaft des Zaren zu stürzen. Nachdem aber immer deutlicher wurde, dass Lenin und seine Anhänger_innen bereit waren, die Idee der Emanzipation der Arbeiter_innen und Bäuer_innen dem autoritären Führungsanspruch der Partei zu opfern und somit auch die rätedemokratische Idee der Selbstregierung in Sowjets zu verraten, wandelte sich die anfänglich noch solidarische Kritik in offene Gegnerschaft. Emma Goldman, die von den USA nach Russland abgeschoben worden war, musste 1922 desillusioniert feststellen, dass der befreiende Impuls, der von der Revolution ursprünglich einmal ausging, inzwischen vollständig erloschen war: Es »mischte sich die unsichtbare eiserne Hand des kommunistischen Staates ein und trennte die Revolution vom Volke, um sie eigenen Zielen dienstbar zu machen« (Goldman 1987, 23 f.). Die Maßnahmen der Bolschewiki reichten von Arbeitszwang und gewaltsamen Lebensmittelbeschlagnahmungen bei den Bäuer_innen über Repressionen und politische Verfolgung bis zur Einrichtung der Geheimpolizei Tscheka, die in den Jahren nach der Revolution Hunderttausende politisch Andersdenkender ermordete.

Zu einer tatsächlichen Machtprobe zwischen anarchistischen und bolschewistischen Kräften kam es in größerem Maßstab im Zuge des Versuchs der Selbstverwaltung in der Ukraine durch die anarchistische Bauernbewegung unter Führung von Nestor Machno, der sogenannten Machnowschtschina.[8] Der Machnowschtschina gelang es zwischen 1918 und 1922 in weiten Teilen des Landes, anarcho-kommunistische Gesellschaftsstrukturen zu etablieren. Mit dem Friedensvertrag von Brest-Litowsk, den Trotzki nach der Oktoberrevolution mit dem Deutschen Reich geschlossen hatte, war die Ukraine von Russland unabhängig geworden, stand damit aber faktisch im militärischen Einflussbereich der Deutschen. Der aus bäuerlichen Verhältnissen stammende Machno organisierte eine freiwillige Partisanenarmee, die nicht nur die Deutschen und die konterrevolutionären »Weißen« in Schach zu halten vermochte, sondern auch eine Enteignung von Großgrundbesitzern und Industriellen erreichte. Die »freien Gebiete«, die zeitweise eine Fläche von 100 000 Quadratkilometern und eine Bevölkerung von sieben Millionen Menschen umfassten, organisierte die Machnowschtschina nach anarchistischem Modell in selbstverwaltete und rätedemokratisch regierte Kommunen, die sich föderativ vereinigten. Die Versorgung und die Ausbildung der Bevölkerung konnten in kurzer Zeit erheblich verbessert werden. Nach einem anfänglichen Bündnis mit der Roten Armee waren die antiautoritären Bestrebungen Machnos und seiner Anhänger_innen den Bolschewiki zunehmend ein Dorn im Auge. Nachdem sie für den Kampf gegen die Feinde der Bolschewiki nicht mehr benötigt wurden, ordnete Trotzki die Zerstörung aller Machno-treuen Dörfer und die Tötung Tausender Bäuer_innen an. Das Ergebnis des Siegs der Roten Armee gegen die anarchistischen Partisan_innen war der Anschluss der Ukraine an die Sowjetunion und die Flucht Machnos ins französische Exil.[9] Damit war auch der erste große Versuch, im Zuge der Russischen Revolution eine anarchistische Alternative zum staatsbürokratischen Kommunismus der Bolschewiki aufzubauen, gewaltsam beendet.

Zu einer ähnlichen Konfrontation kam es 1921 beim Kronstädter Matrosenaufstand. Aufgestachelt durch die miserable wirtschaftliche Lage, die zu Epidemien und Hungersnöten geführt hatte, verschanzten sich in der Festung Kronstadt auf einer Insel in der Nähe von St. Petersburg über 10 000 Matrosen der Kriegsmarine, die die staatsbürokratischen Machtanmaßungen der Kommunistischen Partei nicht länger akzeptieren wollten. Mit ihrer wichtigsten Losung beriefen sie sich auf eines der zentralen ursprünglichen Versprechen der Revolution: Alle Macht den Räten. Zu ihren Forderungen gehörten sofortige Neuwahlen, Rede-, Presse- und Versammlungsfreiheit sowie das Ende der gewaltsamen Lebensmittelkonfiskationen. Nachdem die Kronstädter Aufständischen die Rote Armee zunächst zurückschlagen konnten, wurden sie in einem zweiten Anlauf von einer Übermacht bolschewistischer Streitkräfte bezwungen. Die Matrosen, die nur einige Jahre zuvor eine entscheidende Rolle bei der Bekämpfung der Konterrevolution gespielt hatten, wurden nun entweder standrechtlich erschossen oder in Lager interniert. Vier Jahre nach der Oktoberrevolution war der erste anarchistische Versuch, sich der autoritären Staatsgewalt in kommunistischem Gewand zu entledigen, gescheitert. Für Alexander Berkman, der sich zur Zeit des Aufstands zusammen mit Emma Goldman in St. Petersburg aufhielt, wiederholte sich hier das Schicksal der Pariser Kommune – Kronstadt blieb moralisch im Recht, aber um den Preis seiner militärischen Niederlage: »Kronstadt fiel. Aber es fiel siegreich in seinem Idealismus und seiner moralischen Reinheit, seinem Edelmut und seiner höheren Menschlichkeit.« (Berkman 1990, 31)[10]

Einen dritten welthistorisch fatalen Verrat begingen die Kommunist_innen an den Anarchist_innen während des Spanischen Bürgerkriegs. Nach dem Wahlsieg der linken Volksfront 1936 versuchten rechte Putschist_innen unter Führung des Generals Francisco Franco, die Zweite Republik militärisch zu stürzen. Dieser Putsch wurde in großen Teilen des Landes von der Arbeiter_innenschaft durch bewaffnete Milizen zurückgeschlagen und zugleich mit dem Versuch beantwortet, eine flächendeckende soziale Revolution durchzuführen. In ganz Spanien, vor allem aber in Katalonien und in Andalusien, verfügten die anarchosyndikalistische Gewerkschaft *Confederación Nacional del Trabajo* (CNT), die feministisch-anarchistische Frauenorganisation *Mujeres Libres* sowie die linkskommunistische Partei *Partido Obrero de Unificación Marxista* (POUM) über eine breite Massenbasis. Die Zahl der organisierten Anarchist_innen in Spanien lag zu dieser Zeit bei über zwei Millionen. Parallel zur militärischen Verteidigung der Republik begannen sie mit der radikalen Umgestaltung der Gesellschaft: Sie begannen mit der Kollektivierung der Schwerindustrie, der Agrarproduktion, der Verkehrsbetriebe und des Dienstleistungssektors und organisierten sich in rätedemokratischen Genossenschaften. In einigen Teilen des Landes wurde das Geld komplett abgeschafft und sowohl die Arbeit als auch der Konsum an den Bedürfnissen der Menschen orientiert. Trotz der Kriegsbedingungen konnte die Produktivität der Betriebe deutlich gesteigert und so die Versorgung der Bevölkerung erheblich verbessert werden. Auch Änderungen im kulturellen Klima setzten ein, unterdrückende, patriarchale und religiöse Konventionen verschwanden, die Idee der freien Liebe wurde populär. Nach der Machnowschtschina war dieser »kurze Sommer der Anarchie«[11] der zweite geschichtliche Beweis, dass es möglich ist, eine große Gesellschaft nach anarchistischen Prinzipien zu organisieren.

Für die Anarchist_innen war der Bürgerkrieg ohne Transformation der sozialen Verhältnisse nicht zu gewinnen. Die moskautreue kommunistische Partei *Partido Comunista de España* (PCE) unterstützte die anarchistischen Maßnahmen hingegen nicht, sondern versuchte sie von Anfang an zu unterminieren. Dies ging so weit, dass Kommunist_innen mit Franquist_innen kollaborierten, um die Anarchist_innen zu schwächen. Es müsse zunächst, argumentierte die PCE, der Krieg gewonnen werden, bevor eine soziale Revolution stattfinden könne – eine abermalige Reinszenierung der Debatten der Pariser Kommune. Im Mai 1937 kam es zu den heftigsten Auseinandersetzungen innerhalb der antifaschistischen Kräfte, wobei die stalinistische PCE gegen die anarcho-syndikalistische CNT und die linkskommunistische POUM stand: Nachdem kommunistische Polizeikräfte versucht hatten, ein anarchistisch kontrolliertes Telefongebäude in Barcelona zu stürmen, spielten sich in der Stadt tagelange Barrikadenkämpfe ab, die Hunderte von Toten forderten und die Revolution entscheidend schwächten. Im Bürgerkrieg kamen zudem nicht nur die innerspanischen politischen Konflikte, sondern die gesamteuropäischen Konfrontationen zwischen kommunistischen, bürgerlichen und faschistischen Mächten zum Austrag. Während die Putschist_innen starke Unterstützung von den faschistischen Ländern Deutschland und Italien erhielten, machte die Sowjetunion die vormals eher unbedeutende stalinistische PCE zu einem wichtigen Machtfaktor. Die liberaldemokratischen Staaten Frankreich und Großbritannien verfolgten eine Politik der Nicht-Einmischung und gaben die demokratische Republik damit faktisch verloren. Die Anarchist_innen verfügten über eine breite Verankerung in der Bevölkerung, aber über keine mächtigen internationalen Verbündeten; allerdings beflügelten sie linke Intellektuelle aus der ganzen Welt, sich ihnen anzuschließen und in Spanien die Waffe zu ergreifen, darunter u.a. den britischen Schriftsteller George Orwell. Angesichts der militärischen Übermacht der Putschist_innen und der gleichzeitigen Sabotage durch die Kommunist_innen war es den spanischen Anarchist_innen nicht lange möglich, die Revolution zu verteidigen. Nach drei Jahren Bürgerkrieg konnte sich die rechte Allianz Francos 1939 schließlich durchsetzen, wodurch auch das anarchistische Experiment in Spanien ein Ende fand. Franco wurde zum provisorischen Staatschef ernannt – er regierte das Land diktatorisch für 39 Jahre, bis 1975. Auf das Konto Francos gehen nicht nur umfassende Repressionen, Exilierungen, Folter und hunderttausendfacher Mord an politischen Feind_innen, sondern auch die Einrichtung von Konzentrationslagern nach deutschem Vorbild.

Mit der Niederlage der Anarchist_innen in Spanien war der Anarchismus in ganz Europa zerschlagen – entweder, wie in Spanien, Deutschland und Italien, durch den Faschismus, oder, wie in den Gebieten der Sowjetunion, durch den autoritären Bolschewismus. Zwar existieren viele der ehemals wichtigen anarchistischen Organisationen (wie etwa die CNT, die nach dem

Tode Francos neu gegründet wurde) bis heute, es gelang dem Anarchismus jedoch nicht, jemals wieder eine vergleichbare politische Bedeutung zu erlangen. Erst im Zuge der antiautoritären Studierenden-Revolten 1968 kam es zu einer breiten Revitalisierung anarchistischer Theorie und Praxis, die jedoch eine ganz andere Form annahm, als es beim »klassischen« Anarchismus der Fall war: Statt mit proletarischen Massengewerkschaften assoziierte man den Anarchismus fortan eher mit rebellischen Gegenkulturen wie den Punks oder den Hippies, mit künstlerischen Ansätzen wie dem Situationismus oder mit einer undogmatischen Form der Theorieproduktion, die eine attraktive Alternative sowohl zum bürgerlichen als auch zum orthodox marxistischen Politikverständnis anbot. Dieser antiautoritäre Impuls ging in viele der folgenden sozialen Bewegungen und linken Szenen ein, etwa die der Hausbesetzer_innen und Autonomen, die sich aber selbst nicht immer explizit als anarchistisch verstehen.

Zum ersten Mal sind organisierte Anarchist_innen international erst wieder 1999 bei den Antiglobalisierungsprotesten gegen den WTO-Gipfel in Seattle in Erscheinung getreten. Während des »Battle of Seattle«, an dessen Vorbereitung anarchistische Gruppen maßgeblich beteiligt waren, kam es im Zuge von Massendemonstrationen und kleineren, dezentralen Aktionen zu einer ganzen Bandbreite von Protestformen, von friedlichem zivilen Ungehorsam bis zu Riots und Plünderungen, Vandalismus und gewalttätigen Auseinandersetzungen mit der Polizei. Viele Taktiken und Aktionsmodelle, die für anarchistische Politik seit den 1970er Jahren kennzeichnend waren, kamen hier zum Einsatz: eine nicht-hierarchische Organisation in Bezugsgruppen, anonyme Aktionseinheiten in Schwarzen Blöcken und Direkte Aktionen gegen Banken und Konzerne. Während einige der militanteren Interventionen auch innerhalb der anarchistischen Szene umstritten waren, wurden die Demonstrationen von Seattle allgemein als Erfolg eingestuft: Es war erstmals gelungen, die Themen der Antiglobalisierungsbewegung in die mediale Öffentlichkeit zu tragen.[12] Zwölf Jahre später hatten US-amerikanische Anarchist_innen abermals die Gelegenheit, einen weltweit sichtbaren Protest wesentlich zu beeinflussen: Als im September 2011 Hunderte von Menschen dem Aufruf »Occupy Wall Street« folgten, griffen sie (bewusst oder unbewusst) auf eine lange Tradition anarchistischer Organisations- und Aktionsformen zurück. Die Weigerung, Forderungen an den Staat zu stellen, die konsensorientierte Diskussion und basisdemokratische Entscheidungsfindung in *assemblies*, die führerlose Organisationsstruktur, das Ethos der Selbstorganisation und gegenseitigen Hilfe (vgl. Graeber 2013, 11 ff.) – mit einem Mal schien der Anarchismus wieder das Politikmodell der Zukunft zu sein.

Ein vielleicht noch nachdrücklicheres Comeback erfuhr der Anarchismus mit der Entstehung der *Black Lives Matter*-Bewegung seit 2012 nach der Ermordung Trayvon Martins, Michael Browns, Eric Garners und zahlloser weiterer schwarzer Menschen durch die amerikanische Polizei. Die *Black Lives Matter*-Bewegung skandalisierte kraftvoll, dass staatliche Gewaltinstitutionen vor allem von rassifizierten Bevölkerungen keineswegs als legitime rechtsstaatliche Instanzen, sondern als Unterdrückungssysteme wahrgenommen werden. Schnell wurde dieser Slogan auf der ganzen Welt aufgegriffen, um jeweils lokale rassistische Gewaltinstitutionen zu kritisieren, sowie mit anti-imperialistischen und anti-kolonialen Kämpfen respektive Kämpfen von Geflüchteten gegen die Grenzregime des Nordens verbunden. Als 2020 die Ermordung von George Floyd und Breonna Taylor durch die Polizei mit einer durch die Corona-Pandemie bedingten Gesundheitskrise und einer dramatisch hohen Arbeitslosigkeit zusammenfiel, kam es nicht nur zu der größten Protestbewegung in der Geschichte der USA, sondern in mehreren Städten auch zu riots und Unruhen. Der politische Ansatz, der sich schnell als die theoretische Reflexion dieser Bewegung herauskristallisierte, ist der Abolitionismus. Abolitionist_innen stellen sich in die Tradition der Bewegung für die Abschaffung der Versklavung und verweisen so auf die Kontinuitätslinien von rassistischer Gewalt und Strukturen der Ausbeutung und Unterdrückung rassifizierter Gruppen (Loick/Thompson 2022). Der Abolitionismus ist eine heterogene Theoriekonstellation, in der sowohl orthodox marxistische, sozialistische sowie eben auch anarchistische Zugänge zusammenkommen. Anarchistische Abolitionist_innen wie Saidiya Hartman, Marquis Bey oder William Anderson verweisen dabei nicht nur auf die gemeinsame Staats- und Kapitalismuskritik von Abolitionismus und Anarchismus, sondern auch auf die Bedeutung anarchischer Praktiken der Flucht und der Arbeitsverweigerung, die in den langen Geschichten schwarzen Widerstands verankert sind (exemplarisch Anderson 2021). In der Tradition entflohener Sklav_innen geht es dabei nicht nur um das Abschütteln einer äußeren Repression, sondern auch um die Erfindung einer neuen Lebenskunst des Unregierbarwerdens – um eine Lebensform, die eine Distanz zum Staat bewahrt.

1.3 Anarchismus als Lebensform: vom Walden Pond bis zum Freedom Square

»Liebe verändert das Gesicht der Welt. Empfanden die Liebenden vorher Langeweile, erfüllt sie nun Leidenschaft. Haben die Liebenden vorher nur auf sich selbst bezogen gelebt, so bemerken sie auf einmal ihre wahre Stärke darin, sich auch aufeinander zu beziehen. Die Welt, die einst so leer, sinnlos und zerstörerisch erschien, bekommt jetzt Bedeutung und bietet Risiken, Belohnungen, Schätze und Gefahren. Für die Liebenden ist das

Leben nun ein Geschenk, die Belohnung für das größte aller Abenteuer. Jeder Moment wird unvergesslich und so unglaublich wunderbar, dass sie nur noch staunen können. Die Verliebten, die sich zuvor orientierungslos, entfremdet und verwirrt fühlten, werden auf einmal genau wissen, was sie wollen. Ihr Dasein wird auf einmal einen Sinn bekommen. Es wird mit einem Mal wertvoll, ja sogar glorreich und herausragend für sie werden. Brennende Leidenschaft ist das Gegenmittel für die schlimmsten Fälle von Verzweiflung und resignierendem Gehorsam.« (CrimethInc. 2012a, 26) Diese Sätze stammen nicht von Novalis oder Jane Austen, auch nicht von Whitney Houston oder Phil Collins, sondern von CrimethInc., einem anarchistischen Netzwerk autonomer Gruppen, das seinen Ursprung in der nordamerikanischen Hardcore- und Anarcho-Punk-Szene hat. Das Zitat ist nicht nur wegen des für radikale Linke ungewöhnlichen rückhaltlos positiven Bezugs auf die romantische Liebe überraschend. Vielmehr ist für eine sich als sozialrevolutionär verstehende politische Gruppe bereits die Themenwahl erklärungsbedürftig: Es geht hier nicht (oder zumindest nicht vordergründig) um Unterdrückung und Ausbeutung, Elend und Unrecht, sondern um Solipsismus und Leere, Orientierungslosigkeit und Verzweiflung. In diesen (und vielen anderen) Zeilen von CrimethInc. kommt eine Dimension des Anarchismus besonders gut zum Ausdruck, die häufig übersehen wird: Der Anarchismus ist nicht nur eine Philosophie und eine politische Bewegung, sondern auch eine *Lebensform.*[13]

Seit jeher haben Anarchist_innen die bestehende Gesellschaft nicht nur dafür kritisiert, dass sie ungerecht und autoritär, sondern auch dafür, dass sie spießig, langweilig, banal oder deprimierend ist. In ihren Pamphleten und Traktaten, mehr noch in ihren Liedern und Bildern, Gedichten und Geschichten kontern sie mit der Leidenschaft der Rebellion, der Intensität der Solidarität, dem Abenteuer der Fantasie und der Erfüllung durch den Kampf.[14] Fast immer bringen sie also nicht nur das Diskursregister der Empörung über Ungerechtigkeit in Anschlag, sondern verwenden auch ein ethisch gehaltvolles Vokabular: In der Tradition der antiken Lebenskünstler_innen stehend, geht es ihnen um ein »gutes Leben«. Ethik und Politik sind dabei keine getrennten, zueinander addierten Aspekte, sondern intern miteinander verflochten: Das Leben ist nur dann gut, wenn und weil es auch gerecht und solidarisch ist. Auch hierin erneuern Anarchist_innen eine schon in der Antike formulierte Einsicht: Nur für den gut handelnden Menschen ist Glückseligkeit möglich. Indem sie darauf insistieren, dass ein gutes Handeln bereits im Hier und Jetzt (und nicht etwa erst »nach der Revolution«) möglich ist, übernehmen sie eine Begründungslast: Sie wollen, in den Worten Herbert Marcuses, »demonstrierend und antizipierend« (Marcuse 1969, 130) die Überlegenheit der Anarchie nicht nur als politische Ordnung, sondern auch als Lebensform erweisen. Dieser Anspruch, das Glück einer herrschaftsfreien Lebensform bereits innerhalb der bestehenden Gesellschaft zur Geltung zu bringen, manifestiert sich in der genuin anarchistischen Idee der präfigurativen Politik: In der individuellen Lebensführung, in zwischenmenschlichen Beziehungen, in politischen Aktionsformen oder in alternativen Wirtschaftskonzepten sollen bereits diejenigen Elemente experimentell vorweggenommen werden, die auch für eine befreite Gesamtgesellschaft kennzeichnend sein werden.

Anarchistische Lebensformen lassen sich nach ihrem Kollektivitätsgrad unterscheiden. Individualanarchist_innen haben ihrer generellen Weltanschauung gemäß versucht, Ideale der Selbständigkeit und Autarkie durch einen *individuellen Rückzug* von der Gesellschaft zu realisieren, entweder durch physische Isolierung oder durch den absichtlichen Bruch sozialer Konventionen. Anarchistische Bezugsgruppen und Freundschaftskontexte nehmen den ethischen Aspekt *kollektiven politischen Engagements* ernst, ohne ihn jedoch stärker zu institutionalisieren. *Ökonomische Vereinigungen* wie Produktions-, Verteilungs- oder Konsum-Genossenschaften versuchen in einem größeren Maßstab, Alternativen zum bestehenden Wirtschaftssystem zu etablieren, umfassen dabei aber nicht alle Bereiche der Gesellschaft. *Kommunen und Siedlungen* schließlich verstehen sich als Inseln im Strom, sie wollen sämtliche Aspekte des sozialen Lebens nach anarchistischen Prinzipien gestalten, in der Hoffnung, dass ihr Vorbild auf andere ansteckend wirkt.

Als Henry David Thoreau am 4. Juli 1845 – dem amerikanischen Unabhängigkeitstag – für zwei Jahre in eine Blockhütte am Walden Pond zog, einem See in der Nähe von Concord in Massachusetts, tat er dies nach eigenem Bekenntnis, um »intensiv zu leben« (Thoreau 1999, 101). Thoreau ist wie die anderen Protagonist_innen des amerikanischen Transzendentalismus der Meinung, nur durch eine temporäre Distanz von den Einflüssen der Gesellschaft könne die Einzelne ihre eigene Stimme finden und in eine authentische Kommunikation mit dem Universum eintreten. Zugleich ging es bei diesem Exodus aber nicht nur um individuelle Selbstfindung, sondern auch um einen eminent politischen Akt. Thoreau bestreitet die Möglichkeit, dass die Individuen jemals ihre moralische Verantwortung an eine übergeordnete Instanz wie den Staat abgeben können, woraus er das Recht und sogar die Pflicht zum zivilen Ungehorsam gegenüber illegitimen Gesetzen ableitet. Das Leben in der Natur ist somit eine Möglichkeit, der Befragung des eigenen Gewissens, deren es für eine gerechte Gesellschaft bedarf, überhaupt erst Zeit und Raum zu geben. Ebenfalls vom Primat des Privaturteils der Einzelnen ausgehend, aber mit ungleich drastischeren Konsequenzen, verfolgte auch eine andere individualanarchistische Strömung eine Praxis des gezielten Rechtsbruchs: der sogenannte Illegalismus, eine vor allem in Frankeich, Belgien und Italien verbreitete Bewegung des frühen 20. Jahrhunderts. Wie der Name schon sagt, erklärten die Illegalist_innen sich vom Recht der bürgerlichen Gesellschaft entbunden, wobei sie sich auf Philosophen wie Stirner und Nietzsche beriefen. Insbesondere setzten sie auf Einbruch und Diebstahl als Methoden der Umverteilung von Reichtum. Die von Jules Bonnot (1876–1912) angeführte Bonnot-Bande wurde etwa dadurch bekannt, dass sie 1911 in Paris erstmals Automobile zur Durchführung mehrerer Banküberfälle verwendete; ihre zum Teil äußerst brutal durchgeführten Aktionen hatten dabei nicht nur den Zweck der individuellen Bereicherung, sondern sollten auch die Gesetzesüberschreitung und den Amoralismus als transgressiven Lebensstil zelebrieren. Während sich kollektivistische und kommunistische Anarchist_innen entschieden von solchen Akten des dezidierten »Egoismus« distanzierten, erfuhr der Illegalismus um 1968 eine erneute Rezeption durch den Situationismus. In den 1990er Jahren griff diesen rauschhaften, dionysischen Aspekt der Revolte der häufig einem »post-linken Anarchismus« zugerechnete Autor Hakim Bey (eigentlich Peter Lamborn Wilson) mit seinem Konzept des »poetischen Terrorismus« auf. Gezielte Provokationen und künstlerische Guerilla-Taktiken sollen dabei der Herstellung von »Temporären Autonomen Zonen« (TAZ) dienen; das sind Heterotopien, in denen zeitweise alle gesellschaftlichen Regeln suspendiert sind (vgl. Bey 1994). Bis heute geht von der Idee der individuellen Überschreitung als Teil eines anarchischen Lebens eine gewisse Faszinationskraft aus, insbesondere im Rahmen der Strömung des sogenannten Insurrektionalismus (»aufständischer Anarchismus«).

Bereits Emma Goldman betont die Wichtigkeit der im Rahmen eines gemeinsamen politischen Kampfes gemachten Glückserfahrungen. Ihr berühmter Satz, sie wolle zur Revolution tanzen können, bringt explizit ethisch-ästhetische Kategorien gegen die dominante Lebensweise in Anschlag. Tanzen und Politikmachen sind nicht zwei unterschiedliche Tätigkeiten, die einander ergänzen sollen, sondern sie gehen miteinander Hand in Hand: Weil die bestehende Gesellschaft nicht nur ausbeuterisch und unterdrückend, sondern auch grau und entfremdend ist, bekommt die Rebellion gegen überkommene Traditionen selbst eine politische Dimension. Goldman zeigt dies insbesondere für die feministische Politik auf: Emanzipation ist nur möglich, wenn die Frauen nicht nur formale und soziale Rechte erkämpfen, sondern auch die gesamte Kultur des Patriarchalismus und Puritanismus abschütteln (vgl. Goldman 2013, 180 ff.). Anders als für die Individualanarchist_innen kann dieser Kampf für Goldman aber nur kollektiv geführt werden: Erst der Zusammenschluss mit anderen ermöglicht das Erleben von rebellischer Leidenschaft und gegenseitiger Solidarität. Genau diesen Aspekt haben unzählige Initiativen, Gruppen und Projekte im Zuge der 1968er-Revolten aufgegriffen und zum Thema gemacht. Aus diesem Grund kam es auch häufig zu einer engen Verknüpfung politischer mit kulturellen Ausdrucksweisen: Es ging um die Kreation einer neuen Sinnlichkeit, die sowohl gegen die spätkapitalistischen als auch gegen die staatskommunistischen Affektstrukturen und Mentalitäten gerichtet ist. Herbert Marcuse, der selbst kein Anarchist war, aber durchaus mit dem Anarchismus sympathisierte, hat hierfür den Begriff der »Neuen Sensibilität« geprägt; er spricht von »Menschen, die eine andere Sprache sprechen, andere Ausdrucksformen haben, anderen Impulsen folgen; Menschen, die eine Schranke gegen Grausamkeit, Brutalität und Häßlichkeit aufgerichtet haben« (Marcuse 1969, 40). Die neue Sensibilität verwirklicht sich für Marcuse im »erotischen Furor des Protestsongs, der Sinnlichkeit langer Haare; im von fügsamer Sauberkeit unbefleckten Körper, [...] im psychedelischen Suchen« (Marcuse 1969, 60 f.); er geht sogar so weit, den Minirock als antiautoritären Protest gegen »Apparatschiks« zu stilisieren (Marcuse 1969, 46). Neben der expliziten Würdigung des Lebensformaspekts des politischen Protests setzt sich spätestens seit den 1980er Jahren in der Linken auch eine Gesellschaftsanalyse durch, die nicht mehr nur den Staat als Zentrum der politischen Macht sieht; vor allem queere Gruppen verorten die Quelle normalisierender Zurichtung auch in kulturellen und sozialen Alltagsroutinen, denen man nur durch die Etablierung gegenhegemonialer Milieus und die Einübung alternativer Lebenspraktiken begegnen kann, was auch die autonome Organisation von Fürsorge- und Reproduktionsarbeiten beinhaltet. Innerhalb der explizit anarchistischen Szene werden ähnliche Ideen von Gruppen wie CrimethInc. verfolgt, die polyamouröse Beziehungsformen oder eine vegane Ernährung für ebenso wichtig halten wie Kampagnen gegen Freihandelszonen oder den Straßenkampf gegen Nazis.

»Eine der schönsten Organisationen, die in diesem Jahrhundert entstanden sind«, meint Peter Kropotkin im Jahr 1892, sei »die englische Rettungsgesellschaft für Schiffbrüchige (Lifeboat-Assoziation)« (Kropotkin 2014, 154). Ohne dass es ihnen ein Staat befehlen oder eine Kapitalistin vergüten würde, haben sich hier nämlich allein aus »freier Vereinbarung und individueller Initiative« Hunderte von Menschen zusammengefunden, um Schiffbrüchige und Schiffe in Seenot zu retten. Diese Organisation, argumentiert Kropotkin, operiert vollständig jenseits des Staates und des Kapitalismus, die Regeln des ökonomischen Eigennutzes scheinen hier ebenso außer Kraft gesetzt wie die staatliche Zuständigkeit zur Herstellung von Sicherheit. Solche Initiativen, deren politische Radikalität vielleicht nicht unbedingt unmittelbar auf der Hand liegt, beweisen, dass es möglich ist, auch innerhalb des Kapitalismus bereits Prinzipien einer anarchistischen Gesellschaft zu praktizieren. In der Geschichte gab es insbesondere unzählige Versuche, auf diese Weise eine Transformation der Ökonomie zu betreiben; dabei setzten Projekte sowohl bei der Produktions- als auch bei der Zirkulations- und der Konsumtionssphäre an. Von dem englischen Frühsozialisten Robert Owen (1771–1858) stammt das Konzept der Arbeiter_innen-Genossenschaft, das dann von Proudhon für den Anarchismus übernommen wurde. Bereits als Fabrikleiter einer Baumwollspinnerei hatte Owen feststellen können, dass höhere Bezahlung, eine gute Gesundheits- und Altersversorgung sowie menschenwürdigere Wohnverhältnisse zur drastischen Steigerung der Produktivität führten. Hieraus entwickelte er die Idee, die Gestaltung der Arbeitsbedingungen und den Ertrag ihrer Produktion direkt in die Hände der Arbeiter_innen zu legen, ein Modell, das er 1825 in der Siedlung *New Harmony* im amerikanischen Indiana umzusetzen versuchte. Auch wenn Owens Experiment schon nach zwei Jahren scheiterte, inspiriert die Idee der genossenschaftlichen Produktion bis heute Kollektivbetriebe in aller Welt.

Gut zwanzig Jahre nach Owens Sozialexperiment setzte Proudhon nicht bei der Produktions-, sondern bei der Zirkulationssphäre an: Das von ihm erfundene Modell der Volksbank sollte Arbeiter_innen zinslose Kredite gewähren und ihnen so eine relative Unabhängigkeit von den Kapitalist_innen ermöglichen. Aufgrund von Proudhons Inhaftierung scheiterte auch dieses Experiment schon nach einem halben Jahr. Trotzdem hat diese Idee, eine ökonomische Gegenmacht zu den Kapitalist_innen durch Vereinigung auf dem Zirkulationssektor aufzubauen, viele weitere Versuche inspiriert, etwa geldlose Gütertauschmodelle wie Tauschringe oder Umsonstläden. Schließlich gibt es auch Projekte, die statt bei der Produktion oder der Zirkulation bei der Sphäre des Konsums ansetzen. Diese Idee findet einen entschiedenen Fürsprecher in Gustav Landauer; Sozialismus, so Landauer, beginne nicht mit Lohnkämpfen, sondern mit »der Organisation des Konsums« (Landauer 2010, 136). Indem die Proletarier_innen sich koordinieren und gemeinsam einkaufen, können sie bessere Produkte zu geringeren Preisen bekommen. Die dadurch frei werdenden Ressourcen, so Landauer, können dann zum Aufbau einer alternativen Ökonomie eingesetzt werden. Auch dieses Konzept hat in Form von Konsumgenossenschaften, Wohngenossenschaften, *Food-Coops* oder *Sharing*-Modellen viele Nachahmungen gefunden. Allen drei Strategien, die kapitalistische Ökonomie von innen her auszuhebeln – das Ansetzen bei der Produktion, bei der Zirkulation oder beim Konsum – hat dabei explizit nicht nur Gründe der wirtschaftlichen Effizienz. Es geht immer auch um die Aufhebung der Isolation und die Ermöglichung von Gemeinschaftserfahrungen, die Kultivierung solidarischer, nicht-kompetitiver Verhaltensweisen und das Erlernen von Selbstorganisationsfähigkeiten. Diese Wirtschaftsweise, so die immer wieder getestete Hypothese, werde sich über kurz oder lang auch als die effektivere und nachhaltigere erweisen. Ist die Geschichte auch voll von gescheiterten Anläufen, so lassen sich vielleicht in zeitgenössischen Praktiken der nicht-proprietären Produktion etwa im Rahmen von *Open-Source*-Projekten endlich echte Anzeichen für ihre Bestätigung finden.

Schließlich gab und gibt es Versuche, innerhalb lokaler »Inseln« alle Bereiche des Lebens nach anarchistischen Ideen umzugestalten. Hierfür stehen Modelle wie Siedlungsgemeinschaften und Kommunen in ihren unzähligen Varianten. Solche Projekte umfassen nicht nur den Bereich der Wirtschaft, sondern beinhalten meistens auch Ideen über eine alternative Erziehung und Bildung, über Kunst und Kultur, über Ethik und Moral, über Liebe und Sexualität. Während es durch die Geschichte hindurch immer wieder alternative Gemeinschaftsformen gab, die meistens in irgendeiner Weise religiös motiviert waren, kam es seit dem 19. Jahrhundert in Europa und den USA zu einer Vielzahl von sozialutopischen Kommuneprojekten. Ein frühsozialistischer Stichwortgeber war neben Robert Owen auch Charles Fourier (1772–1837), der mit seinem Konzept der Phalanstères ein detailliertes Modell für ein »harmonisches« Siedlungsleben ausarbeitete, das allerdings nie umgesetzt wurde. Innerhalb der anarchistischen Tradition im engeren Sinne finden solche Ansätze ihre prononcierteste Programmatik in den Flugschriften von Gustav Landauers »Sozialistischem Bund«: Das Vorangehen der Wenigen soll demnach vor allem dazu dienen, bei den Vielen eine Lust zur Nachahmung zu erzeugen, so dass die sozialistischen Projekte zu Keimzellen einer Bewegung werden, die irgendwann die alte Gesellschaft ganz verdrängen wird (vgl. exemplarisch Landauer 2010, 134 ff.). Landauer nimmt vor allem die Kategorie der Glaubwürdigkeit ernst: Revolutionär_innen können sich nicht immer wieder darauf zurückziehen, dass man die eigenen Prinzipien erst »nach der Revolution« umsetzen könne, vielmehr muss mit ihrer Realisierung unmittelbar, unter den jeweils vorgefundenen Bedingungen begonnen werden. Eine Art Labor für kommunitäres Leben stellte schon zu Beginn des 20. Jahrhunderts die Siedlung auf dem Monte Verità im Schweizer Tessin dar, die viele Künstler_innen und Intellektuelle inspirierte, u.a. die Anarchisten Peter Kropotkin, Erich Mühsam und Martin Buber. Seit 1909 gründeten sich in Palästina auch die ersten Kibbuzim, die die jüdische Religion stark mit sozialistischen Ideen verbanden; bis heute gibt es in Israel noch immer über zweihundert solcher Siedlungen, die dieser Idee die Treue zu halten versuchen. Zur Zeit der Weimarer Republik gab es in Deutschland über hundert Kommuneprojekte, von denen sich viele explizit als sozialistisch oder kommunistisch verstanden.

Neuen Aufschwung bekam die Kommune-Bewegung dann um 1968, wobei nun auch Stadtkommunen wie die *K1* und die *Kommune 2* in Berlin berühmt wurden. In Kopenhagen gründete sich 1971 die bekannte alternative Wohnsiedlung *Christiania*, eine autonome Gemeinde, die anarchistisch-kollektivistische Prinzipien ebenso wie neue spirituelle und ästhetische Ausdrucksweisen umzusetzen versucht. Von der Kommune-Bewegung wurden in der Folge auch wichtige Impulse in die Hausbesetzer_innen-Bewegung getragen, die die Idee des Aufbaus solidarischer Lebensformen mit der kontestativen Infragestellung der bestehenden Eigentumsordnung verbindet.

Abolitionistische Autor_innen haben rekonstruiert, dass anarchische Lebensformen seit langer Zeit in den Traditionen schwarzen Widerstands gegen die Versklavung und anderer Unterdrückungssysteme verankert sind. In ihrem Buch *Aufsässige Leben, schöne Experimente* (2019) argumentiert die Amerikanistin Saidiya Hartman, dass sich die Frage der Freiheit gerade für diejenigen am dringendsten stellt, die den krassesten Unterdrückungssystemen ausgesetzt waren. Sie beschreibt die Biografien junger schwarzer Frauen in Harlem zu Beginn des 20. Jahrhunderts als Ausdruck einer Lebenskunst, die sich beständig darum bemüht, den Regimen der Arbeit und der Pädagogik zu entfliehen. Auch wenn das Feiern und Spielen dieser aufmüpfigen Frauen häufig nicht als politische Aktivitäten im engeren Sinn anerkannt wird, verkörpern gerade solche Praktiken eine Unempfänglichkeit gegenüber den Imperativen staatlicher Disziplinierung (Hartman 2022). Ebenso in der Tradition schwarzer Flucht steht die Bildung von Kommunen und befreiter Zonen. Schlossen sich entflohene Sklav_innen einst in Maroon-Communities und Quilombos zusammen (in Palmares, dem berühmtesten Quilombo Brasiliens, lebten zeitweise bis zu 30 000 Menschen), die ihre Freiheit nicht nur gegen die Gewalt der Kolonialmächte, sondern auch gegen die Entstehung von Herrschaftssystemen innerhalb der eigenen Gruppe zu verteidigen versuchten, so bemühten sich auch im 20. und 21. Jahrhundert viele Communities *of color* um die Schaffung stabiler und verlässlicher Gegeninstitutionen, die eine Distanz zur weißen Dominanzgesellschaft bewahren. Dazu zählt etwa die 2014 gegründete Kooperative Jackson in Mississippi, ein Zusammenschluss von Genossenschaften, der den Aufbau von Gegenmacht durch die Etablierung einer solidarischen Ökonomie und radikal demokratischer Institutionen vorantreiben will (Akuno et al. 2023). Meist kurzlebiger sind Strategien im Kontext von Aufständen und Protesten wie die Errichtung der »Capital Hill Autonomous Zone« (CHAZ), einem sechs Häuserblocks umfassenden Gebiet in Seattle, in dem 2020 im Rahmen der *Black Lives Matter*-Proteste für etwa drei Wochen versucht wurde, eine polizeifreie Zone zu verteidigen. Immerhin 41 Tage lang dauerte 2016 das vom Kollektiv *Let Us Breathe* organisierte Camp in Chicago, das den nach einem Sklavenhalter benannte Logan Square in Freedom Square umbenannte. Auf dem Freedom Square wurde nicht nur gegen die jahrzehntelange Folter protestiert, die schwarze Menschen im gegenüberliegenden Polizeipräsidium hatten erfahren müssen, sondern auch eine solidarische Infrastruktur inklusive einer Volksküche und einer Bibliothek eingerichtet. Wie sich solche räumlich und zeitlich sehr stark begrenzten Experimente zu einer gesamtgesellschaftlichen Transformationspraxis verdichten könnten, beschreiben die abolitionistischen Autorinnen M.E. O'Brien und Eman Abdelhadi in ihrer leider nur fiktiven Geschichte der »New Yorker Kommune 2052–2072« unter dem Titel *Everything for Everyone*: In einer Situation der gesellschaftlichen Krise bilden sich Versammlungen, Genossenschaften und Besetzungen, die sich auf solidarische und demokratische Weise zusammenschließen und vernetzen – und aus den Ruinen der kapitalistischen Welt eine neue entstehen lassen (O'Brien/Abdelhadi 2022).

2. Hauptströmungen und wichtigste Vertreter_innen

In vielen Einführungs- oder Überblicksbänden lässt sich die Klage finden, man sei aufgrund der begrenzten Seitenzahl gezwungen, die Anzahl der vorgestellten Autor_innen zu beschränken. Tatsächlich liegt es in der Natur des Genres, dass nicht alle, sondern nur die wichtigsten Positionen behandelt werden können. Was jedoch als »wichtig« gilt, das hat auch eine (theorie-)politische Dimension: Einführungen und Überblicke leisten eine Kanonisierung, das heißt eine Festlegung, welche Inhalte, Argumente, Schreibstile oder Wissensgattungen als relevant angesehen werden. Weil auch die Universitäten, Verlage und Medien der bestehenden Gesellschaft herrschaftsförmig strukturiert sind, werden regelmäßig bestimmte Positionen (vor allem: weiße, europäische, männliche) privilegiert und andere (vor allem: nicht-weiße, nicht-europäische, nicht-männliche) abgewertet oder ausgeschlossen.

Dieses allgemeine Problem stellt für eine Einführung in den Anarchismus eine besondere Herausforderung dar. Denn der Anarchismus beansprucht, alle etablierten Autoritäten zu hinterfragen, was auch den Bruch mit der herrschenden Aufmerksamkeitsökonomie beinhaltet: Wer die Möglichkeit hat, das Wort zu ergreifen, und wem von anderen zugehört wird. Angesichts dieses radikalen Ziels muss es als ein besonderer Mangel erscheinen, dass in den meisten Einführungen immer dieselben Theoretiker_innen vorgestellt werden, während andere interessante Positionen häufig außen vor bleiben. Auch die vorliegende Einführung vermag es nicht, mit dieser Praxis zu brechen: Mit Ausnahme von Emma Goldman handelt es sich bei allen der im Folgenden vorgestellten Hauptvertreter_innen um weiße Männer. Dies rechtfertigt sich allein daraus, dass Kanonisierung den Charakter einer *self-fulfilling prophecy* hat: Je mehr eine bestimmte Autor_in erwähnt wird, desto mehr wird sie als relevant angesehen, was wiederum ihre herausgehobene Stellung rechtfertigt. Die Kenntnis derjenigen Positionen, die allgemein als Hauptpositionen betrachtet werden, ist wichtig – auch, um sie kritisieren, sie weiter und über sich hinaustreiben zu können. Dabei sollte man jedoch die problematische Dimension einer jeden solchen Auswahl im Hinterkopf behalten: Kanonisierung stellt eher eine Grenze als ein Mittel anarchistischer Traditionsbildung und Wissenspolitik dar. Immerhin liefern die behandelten Autor_innen selbst bereits die Argumente, die sich für die Abschaffung ihrer eigenen Privilegierung ins Feld führen lassen.

Die folgenden Darstellungen dienen der ersten Bekanntmachung mit einschlägigen anarchistischen Denker_innen, deren Theorien erst im nächsten Kapitel ausführlich diskutiert werden. Diese Denker_innen werden in zwei Gruppen eingeteilt, die sich aus den freiheitstheoretischen Grundannahmen ableiten: Die erste Gruppe umfasst individualistische, libertäre und liberale Ansätze (Godwin, Stirner, die Transzendentalisten), welche von einem Primat des Individuums und einem begrenzten bzw. nur abgeleiteten Wert der Gesellschaft ausgehen. Die zweite Gruppe umfasst mutualistische, kollektivistische und kommunistische Ansätze (Proudhon, Bakunin, Kropotkin, Landauer, Goldman), die das Primat der Intersubjektivität und des Sozialen betonen.

2.1 Individualistischer, libertärer und liberaler Anarchismus

2.1.1 William Godwin

Obwohl er den Begriff selbst nicht positiv verwendet, kann der britische Romancier und Journalist William Godwin (1756–1836) als einer der Begründer des philosophischen Anarchismus angesehen werden. Godwin, der aus der Familie eines calvinistischen Pfarrers stammte, war Ende des 18. Jahrhunderts einer der wichtigsten Denker_innen der radikalen Regierungskritiker_innen in England. Sein ganz im Geist des Rationalismus und der Aufklärung geschriebenes Hauptwerk *Enquiry Concerning Political Justice* (1793), das erst 2004 unter dem Titel *Politische Gerechtigkeit* in deutscher Übersetzung erschienen ist, enthält bereits viele Motive, die später für anarchistische Theorien kennzeichnend werden. Godwins Werk wurde im Nachklang der Französischen Revolution breit rezipiert und hatte einen bemerkenswerten Einfluss auf die internationale Diskussion um die Gestalt fortschrittlicher politischer Institutionen, wobei es in der anarchistischen Bewegung für lange Zeit keine große Beachtung fand. 1797 heiratete Godwin, der ein Verfechter der vollständigen Gleichstellung der Frau und ein Kritiker der Ehe war, die Frauenrechtlerin Mary Wollstonecraft. Aus der Ehe ging Mary Godwin hervor, später Mary Shelley, die als Autorin des *Frankenstein* weltberühmt wurde. Über Wollstonecraft, die kurz nach der Geburt ihrer Tochter im Kindbettfieber starb, schrieb Godwin eine detaillierte und offenherzige Biografie, die ihm die Verachtung der konservativen Presse einbrachte, so dass sein journalistischer Ruf nachhaltig beschädigt wurde. Godwin, der sich im Laufe seines Lebens politisch mäßigte, lebte fortan ein eher abgeschiedenes Leben und starb achtzigjährig.

Politische Gerechtigkeit ist ein ebenso faszinierendes wie umfangreiches Buch, in dem es keinesfalls nur um politische Gerechtigkeit, sondern auch um eine ganze Reihe anderer Themen geht, die das menschliche Zusammenleben betreffen, vom Einfluss des Klimas über die Auswirkung des Luxus bis zu Reflexionen über den Selbstmord und die Praxis des Duells. Godwins Grundprämisse ist die Annahme menschlicher Perfektibilität: Wie zuvor Rousseau, so geht auch Godwin davon aus, dass die Menschen ihr Wesen und damit auch die Gesellschaft bis hin zur »sittlichen Vervollkommnung« verbessern können. Diese Verbesserung soll schließlich zu einem harmonischen Zusammenleben führen, in dem kein Staat und kein Zwang mehr notwendig sind. »Gerechtigkeit« ist für Godwin also nicht nur ein abstrakter moralischer Maßstab etwa der Gleichheit, sondern hat ethische Implikationen. Für Godwin, der hier ganz in der englischen Tradition des Utilitarismus steht, geht es bei der Gerechtigkeit vor allem um Entfaltungsmöglichkeiten, gutes Leben und Glück. Alle anderen politischen und moralischen Grundsätze wie Freiheit und Gleichheit sind aus dem obersten Ziel des »Glücks der menschlichen Rasse« (Godwin 2004, 21) nur abgeleitet.

Godwins Werk präsentiert dabei so etwas wie einen Gegenentwurf zu Rousseaus Gesellschaftsvertrag: Wollte Rousseau ein ideales Gemeinwesen durch die Vereinigung aller Einzelwillen in einem Gemeinwillen erreichen, wird für Godwin das größte Glück aller nicht durch die Einrichtung einer Regierung, sondern durch die ungestörte Entwicklung des Individuums erreicht. Staat, Regierung und Recht erscheinen so nicht als Ermöglichungsbedingungen, sondern als Einschränkungen der freien Entwicklung der Einzelnen. Godwin ist daher als ein Vertreter des individualistischen Flügels des Anarchismus einzuordnen, auch wenn er nicht so radikal ungesellig ist wie später Max Stirner oder die amerikanischen *libertarians*. Sein Individualismus ist vor allem aus dem Prinzip der Autonomie der Vernunft begründet: Nur solche Grundsätze können Wahrheit beanspruchen, die vom freien Urteil der Einzelnen ratifiziert werden.

Gegen den Anarchismus wird oft eingewendet, er gehe von einem »naiven« Menschenbild aus. Godwin würde dem entgegnen, dass sich die negativen Auswirkungen einer auf sozialer Herrschaft basierenden Gesellschaftsordnung auf die Sitten der Menschen empirisch belegen lassen. Bei seiner Analyse der historisch tatsächlich existierenden Staaten, das heißt der Staaten des Altertums bis zu den europäischen Monarchien des 18. Jahrhunderts, kommt er zu dem Schluss, dass Regierungen der moralischen Verbesserung und ethischen Vervollkommnung der Menschen nicht zu-, sondern abträglich sind. Staaten verursachen regelmäßig blutige und opferreiche Kriege, verführen zu Despotismus und Herrschsucht, stacheln Nationalismus und Patriotismus an, ermöglichen Bevorzugung und Ungleichheiten. Staatsordnungen, so schließt Godwin, korrumpieren sowohl die Beherrschten als auch die Herrschenden. Sind es nicht also gerade die Verteidiger_innen staatlicher Herrschaft, die trotz dieser erdrückenden Beweislast weiterhin am Staat als Heilsbringer festhalten wollen, die sich damit der Naivität schuldig machen? Neben den empirisch belegbaren Negativeffekten staatlicher Herrschaft lässt sich deren Legitimität für Godwin auch nicht theoretisch rechtfertigen: Weder Stärke noch Gottesgnadentum noch der von Rousseau angenommene fiktive Gesellschaftsvertrag sind in der Lage, eine Pflicht zum Gehorsam gegenüber dem Staat zu begründen.

Aus der Analyse der korrumpierenden Effekte von Herrschaft kann der Umkehrschluss gezogen werden, dass bessere soziale Bedingungen auch besseres individuelles Verhalten erwartbar machen. Der Mensch samt seinen moralischen Einstellungen und Verhaltensweisen ist Ergebnis seiner Sozialisation. Durch geeignete Erziehung und Bildung, politisch gerechte und freiheitlich verfasste Institutionen stehen dem Menschen gigantische Entfaltungspotenziale offen, die ihm bislang durch die ungünstige Gesellschaftseinrichtung blockiert waren. An die Stelle der staatlichen Zwangsgewalt tritt in Godwins politischer Utopie konsequent das private Urteil der Einzelnen, das nicht legitimerweise von anderen eingeschränkt werden darf. Godwins Ziel ist es, »dass jedermann klug genug wäre, um sich ohne das Eingreifen zwangsweiser Beschränkung selbst zu beherrschen; und da die Regierung sogar in ihrem besten Zustand ein Übel ist, besteht das vor allem anzustrebende Ziel darin, dass wir so wenig davon haben sollten, wie es der allgemeine Frieden der menschlichen Gesellschaft gestattet« (Godwin 2004, 180). Institutionell plädiert Godwin für einen föderativen Zusammenschluss dezentralisierter Assoziationen, dessen verbleibende gemeinschaftliche Funktion vor allem in der »intellektuellen und moralischen Vervollkommnung der Individuen« (Godwin 2004, 354) sowie in allgemeinen Verwaltungsaufgaben liegt. Eine eigenständige Exekutivgewalt lehnt er ab, Zwangsanwendung ist auf die unmittelbare und temporäre Verteidigung der Gesellschaft oder eines ihrer Mitglieder gegen Angriffe beschränkt. Godwin, noch ganz im Bann der traditionellen pejorativen Verwendungsweise dieses Begriffs stehend, schreckt davor zurück, einer solchen »einfachen Gesellschaftsform ohne Regierung« (Godwin 2004, 715) den Namen »Anarchie« zu geben.

Godwin wendet sich nicht nur gegen politische, sondern auch gegen ökonomische Herrschaft. Insofern ist er, noch vor Frühsozialist_innen wie Charles Fourier und Robert Owen (der von Godwin beeinflusst war), ein Kritiker des Kapitalismus. Wie mit Blick auf den Staat, so stützt Godwin auch seine Argumente gegen den Kapitalismus vor allem auf die Diagnose von dessen glücksfeindlichen Effekten. Die kapitalistische Gesellschaft produziert Armut, die einen Großteil der Bevölkerung der elementaren Mittel zur Befriedigung ihrer Bedürfnisse und ihrer Persönlichkeitsentfaltung beraubt, während sie bei den Reichen zu Luxusstreben, Protzerei und Machtanmaßung führt – was diese ebenfalls unglücklich macht. Eigentum ist daher nur in dem Maße erlaubt, wie es zur Befriedigung der Grundbedürfnisse und zu einem guten Leben notwendig ist. Darüber hinausgehende Akkumulation von Reichtum lässt sich nicht vernünftig rechtfertigen. Godwin fordert noch nicht die kommunistische Vergesellschaftung der Produktionsmittel, für die später Bakunin und Kropotkin eintreten, aber er vertritt eine konsequente Gleichverteilung der gesellschaftlich produzierten Güter an alle. Dabei geht er davon aus, dass bei einer Gleichverteilung der Arbeit, dem Wegfall unnötiger Arbeit und mit zunehmendem technischem Fortschritt der individuell zu leistende Beitrag radikal minimiert werden kann; »täglich eine halbe Stunde, von jedem Mitglied des Gemeinwesens gewissenhaft mit körperlicher Arbeit verbracht«, rechnet Godwin aus, würde »die Gesamtheit ausreichend mit dem Lebensnotwendigen versehen« (Godwin 2004, 747).

Godwin ist kein Vertreter einer gewaltsamen Revolution, sondern vertritt eine Frühform der anarchistischen Idee der präfigurativen Politik: Anstatt die bestehenden Institutionen zu übernehmen oder zu überwältigen, kann man sie einfach ignorieren und damit beginnen, auf gewaltlose Weise eigene Gegeninstitutionen aufzubauen. Der Staat ist kein Ding, das man einfach kaputtmachen kann, sondern eine soziale Relation, die von der Aufmerksamkeit der Bürger_innen lebt. Wenn diese die Kommunikation mit ihm abbrechen, wird er nach und nach an Bedeutung verlieren. Ein solcher Wandel ist Teil des allgemeinen Prozesses menschlicher Vervollkommnung und braucht Zeit. Durch die »Veröffentlichung von Wahrheit« (Godwin 2004, 180), freien Meinungsaustauch und geduldige Diskussionen werden sich die besten Argumente durchsetzen und die Flammen der Leidenschaft für ein besseres Leben entfachen. Schon hier sind einige der Grundprinzipien anarchistischer Transformationstheorie zu erkennen, die sich später im Streit zwischen Bakunin und Marx zur Entzweiung von Anarchismus und Marxismus zuspitzen werden: Godwin wendet sich gegen jedes Denken, das die Mittel aus dem Zweck heiligt, sei es Gewalt, revolutionäre Unaufrichtigkeit oder Autoritätshörigkeit.

Im Geiste der Aufklärung geschrieben, ist *Politische Gerechtigkeit* von einem ungeheuren Fortschrittsoptimismus geprägt. Godwin traut dem zwanglosen Zwang des besseren Arguments die Überzeugung der Weltbevölkerung, der technischen Entwicklung die Abschaffung körperlicher Arbeit, der Entfaltung der Sinne eine weitreichende Verfeinerung ästhetischer Geschmäcker, der Entwicklung der Emotionen die Überwindung von Einrichtungen der Unfreiheit wie Ehe und Monogamie zu. Die erste Ausgabe des Buches enthält sogar eine (in den folgenden Ausgaben getilgte) Passage, in der Godwin seine Grundidee der menschlichen Vervollkommnungsfähigkeit konsequent ausbuchstabiert und für die Zukunft die Überwindung des Schlafs, des Todes und der Fortpflanzung in Aussicht stellt (Godwin 2004, 792). Auch das Himmelsstürmende solcher Vorstellungen wird sich in der Folge als charakteristisch für den Anarchismus erweisen; sie sind die Konsequenz aus der Weigerung, irgendwelche von fremden Autoritäten gestifteten Grenzen zu akzeptieren, und seien es die Grenzen der Biologie oder der Physik.

2.1.2 Max Stirner

Der aus einfachen Verhältnissen stammende Max Stirner (1806–1856), eigentlich Johann Caspar Schmidt, studierte an der Friedrich-Wilhelms-Universität Berlin (der heutigen Humboldt-Universität) Philosophie, wo er unter anderem Vorlesungen von Hegel und Schleiermacher besuchte. Er bewegte sich im Kreis der Junghegelianer um Bruno Bauer, Friedrich Engels und Arnold Ruge, mit denen er in einer Weinstube an der Friedrichstraße regelmäßig an den Treffen des linken Zirkels *Die Freien* teilnahm. Stirner veröffentlichte Beiträge in einigen Zeitschriften der demokratischen Opposition, für einige Zeit arbeitete er als Lehrer. Zwar publizierte Stirner einige kleinere Schriften, u.a. zu Fragen der Erziehung und der Religionskritik, sein bei Weitem wichtigstes Buch ist jedoch das 1844 erschienene Hauptwerk *Der Einzige und sein Eigentum*, das aus den Debatten mit den Junghegelianern hervorgegangen war. Stirners Buch wurde in einigen Gebieten Deutschlands fast unmittelbar nach Erscheinen verboten, was eine weitere Tätigkeit des Autors als Lehrer verunmöglichte und eine Arbeit als Journalist enorm erschwerte. Stirner hielt sich mit Gelegenheitsarbeiten über Wasser und starb verarmt im Alter von 49 Jahren an einer Infektion infolge eines Insektenstichs.

Stirner kann wohl am ehesten den Titel des *enfant terrible* des Anarchismus beanspruchen. Wenn er zitiert wird – egal ob von Anarchist_innen oder Nicht-Anarchist_innen –, dann zumeist zwecks Abgrenzung von seinen Positionen; Stirnerianer_innen gibt es (fast) nicht. Stirner hat sich selbst nie positiv auf den Anarchismus bezogen, sich zeit seines Lebens so gut wie gar nicht politisch engagiert und sich auch an der Revolution 1848 nicht beteiligt; zugleich bezieht sich kaum eine der aktivistisch angelegten späteren anarchistischen Positionen positiv auf Stirners Philosophie. Seine Rezeption lässt sich gut anhand einer biografischen Anekdote veranschaulichen: Weil sein gesamter Nachlass verschollen ist, existiert von ihm kein Bild mehr – die einzige Darstellung, die es von seinem Aussehen gibt, ist eine Karikatur, die Friedrich Engels auf Aufforderung eines Biografen vierzig Jahre später aus dem Gedächtnis von Stirner gezeichnet hat. Ähnliches gilt für Stirners Philosophie: Sie wird kaum anhand der Originalschriften rezipiert, sondern meistens über die verzerrende Darstellung aus der Feder ihrer Gegner_innen.

Stirner wird meistens als der radikalste Vertreter der individualanarchistischen Strömung angesehen. Diese Etikettierung ist nicht falsch, aber erklärungsbedürftig. Die häufig zitierte Losung »Mir geht nichts über mich!« (Stirner 1972, 5) heißt nicht, dass Stirner Mord und Totschlag gutheißt oder kleinen Kindern den Lutscher klauen will. Der Egoismus des Einzigen, der im Titel des Buches genannt wird, meint zunächst eine konsequente Ablehnung aller tradierten Moralsysteme: Weder Religion noch Kirche, noch Vaterland, noch Philosophie sollen mehr die Autorität beanspruchen können, der Einzelnen vorzuschreiben, was sie zu tun hat. Stirner will den Autonomiegedanken der Aufklärung vollenden und zu einem radikalen Atheismus und Antiidealismus treiben: Der Mensch soll sich, ohne alle Frommheit und Metaphysik, auf sich selbst besinnen. In diesem Kontext ist auch der zweite Begriff des Titels zu verstehen, das Eigentum: Die Welt verliert für die Egoistin alle Heiligkeit und wird zum Material, das sie bearbeiten und formen kann. Betonte Godwin (ebenso wie die meisten anderen Anarchist_innen) die negativen, ungerechten und entfremdenden Effekte des Eigentums, wendet Stirner den Eigentumsbegriff positiv, indem er dessen profanierende und ermächtigende Funktion herausarbeitet.

Der Einzige und sein Eigentum ist in zwei Abteilungen gegliedert. Der erste Teil (»Der Mensch«) ist vorwiegend eine Auseinandersetzung mit den Junghegelianern, vor allem mit Bauer und Feuerbach, während der zweite Teil (»Ich«) die programmatische Grundlegung von Stirners Philosophie des Egoismus enthält. Diese nimmt ihren Ausgang von einer Auseinandersetzung mit dem vorherrschenden Freiheitsbegriff, der Freiheit vor allem als »Freiheit von« (äußeren Beschränkungen, Grenzen) begreift. Einen solchen Freiheitsbegriff findet Stirner unzulänglich, weil er ausblendet, dass die Gestaltungsmöglichkeiten der Menschen von materiellen Bedingungen abhängig sind. Diese Bedingungen fasst Stirner unter dem Begriff des Eigentums zusammen: »Du müßtest nicht bloß *los sein*, was Du nicht willst, Du müßtest auch *haben*, was Du willst, Du müßtest nicht nur ein ›Freier‹, Du müßtest auch ein ›Eigner‹ sein.« (Stirner 1972, 172) Stirner erkennt, dass dieses Eigentum der Einzigen nicht ohne Verdienst zugefallen sein darf, sondern von ihr in irgendeiner Weise angeeignet werden muss: Ich muss die Welt und mich selbst in Besitz nehmen, um wahrhaft frei zu werden. Wie sein Lehrer Hegel beschreibt Stirner Aneignung als Prozess der Subjektkonstitution: Nur durch Bearbeitung und Formung der Außenwelt und meiner selbst werde ich wahrhaft zu einem Eigenen. Diese Eigenheit, die Stirner freiheitstheoretisch begründet, hat dann weitere politische und soziale Implikationen (die Stirner letztlich auch wieder von Hegel abgrenzen). »Sich selbst zur Hauptsache zu machen«, sich auf seinen Eigennutz zu besinnen, schützt die Macht des Einzigen gegen die Vereinnahmungsversuche von Kollektivkonstrukten wie Staat, Gesellschaft, Partei oder Religion. Hier insistiert Stirner, der damit Nietzsches Kritik der Sklavenmoral vorwegnimmt, dass der Egoismus der Einzelnen nichts Schlechtes ist, wie ihr das Christentum seit Jahrhunderten weismachen will. Im Gegenteil: Es ist der Eigennutz, der mich dazu treibt, mich von Unterdrückung und Sklaverei zu befreien.

Stirners Ansatz lässt sich plausibilisieren, wenn man Individualität zunächst als ontologische Analysekategorie versteht. Seiner Auffassung nach muss man, gegen alle religiösen oder moralischen Beteuerungen, einfach nüchtern zur Kenntnis nehmen, dass normative Ordnungen mich nur insoweit binden, wie ich mich binden *lasse*. Stirner weist radikal realistisch darauf hin, dass sich grundsätzlich die Stärksten durchsetzen, ob wir das wahrhaben wollen oder nicht – wie sie ihre Macht nutzen, hängt faktisch von ihrer eigenen Entscheidung ab. Die Einsicht, dass die Entscheidung in letzter Instanz immer beim Individuum liegt, wird von Stirner zu einem irreduziblen Konflikt zwischen der Einzigen und den Anderen bzw. der Gesellschaft zugespitzt. Die Anderen sind grundsätzlich »Gegner«, soziale Institutionen wie der Staat und das Recht sind grundsätzlich heteronom: »Alles bestehende Recht ist – *fremdes* Recht.« (Stirner 1972, 204) Selbst wenn mir innerhalb eines bestehenden Rechtssystems Recht gegeben wird, so wird es mir doch von einer fremden, äußeren Instanz gegeben und bleibt mir daher feindlich. Dies gilt für Stirner auch in einer demokratischen Regierungsform, die ebenfalls auf der Unterordnung der Einzigen basiert. Selbst wenn alle Menschen in einem bestimmten Moment ein und denselben Willen hätten, argumentiert Stirner, so würde das dennoch nicht in eine Versöhnung der verschiedenen Einzigen münden, denn mein Wille ändert sich und darf nicht dauerhaft auf eine Momentaufnahme fixiert werden. Dieser unauflösbare Konflikt zwischen der Eigenheit und den sozialen Institutionen setzt das Individuum in den Status eines Verbrechers »von Geburt« (Stirner 1972, 219). Die einzige Möglichkeit, die die Einzigen haben, sich von der Fremdherrschaft durch die Gesellschaft zu befreien, liegt in der »egoistischen« Affirmation der eigenen Macht und der Aufkündigung aller angestammten Bindungen.

Es wäre aber ein Missverständnis, Stirners Verteidigung des Egoismus als Plädoyer für Asozialität und Ungeselligkeit zu verstehen. Die Einzigen, die sich ihres Egoismus versichert haben, gehen in Stirners Modell durchaus Beziehungen miteinander ein. Der Gegenbegriff zur Gesellschaft ist bei ihm der des *Verkehrs*.

Das Naturwüchsige und Heilige der Gesellschaft, so Stirner, schließt echte Verbindungen gerade aus. Echte Verbindungen sind nur da möglich, wo sie nicht erzwungen oder durch ideologische Verführung zustande gekommen sind, sondern wirklich aus dem freien Entschluss der Einzelnen stammen. Dies führt zu einer überraschenden Konsequenz: Wenn individuelle Freiwilligkeit die Bedingung einer authentischen Gemeinsamkeit ist, dann ist es gerade die Gesellschaft, die asozial genannt werden muss. Ich muss mich zuerst aus diesem Zwangsverbund herausarbeiten und mich auf meine ganz individuelle, immer exzentrische und perverse Eigenheit besinnen, um so eine freiwillige Beziehung eingehen zu können: Die Trennung ist die Voraussetzung der Verbindung. Der Staat wird so zum »Natur-Zustand« (Stirner 1972, 342), der ohne meine Zustimmung schon vorher da war und den ich überwinden muss, um eine tatsächlich auf allseitigen Entschluss gegründete Assoziation zu stiften. Eine solche Assoziation, die nicht mehr auf der Selbstverleugnung, sondern dem Eigennutz ihrer Mitglieder basiert, nennt Stirner den »Verein der Egoisten«: eine freiwillige, temporäre und jederzeit auflösbare Verbindung, die nur davon lebt, dass sie für jedes ihrer Mitglieder einen instrumentellen Zweck erfüllt. Um zu verhindern, dass ein solcher Verein zum Selbstzweck erstarrt, so Stirner, ist er auf permanente Neugründung – und somit auf regelmäßige Separierung – angewiesen.

Philosophisch gesehen nimmt Stirner eine Scharnierposition zwischen Hegel und Nietzsche ein, die bislang noch viel zu wenig gewürdigt wurde. Von Hegel übernimmt er die materialistische Theorie der Subjektkonstitution, welche die Freiheit des Einzelnen vom Eigentum, das heißt von materiellen Praktiken der Welt- und Selbstaneignung abhängig macht. Er grenzt sich aber auch scharf von Hegel ab, weil er sich gegen die metaphysische Anmaßung wehrt, die Einzelnen sollten ihre Eigenheit opfern, um an der Substanz des Staates oder des Weltgeistes zu partizipieren. Stattdessen tritt er für eine unapologetische Affirmation der eigenen Macht und Handlungsfähigkeit als Ausdruck eines konsequenten Atheismus ein, was ihn zum Vorläufer Nietzsches macht (den er offenbar stark beeinflusst hat). Dieses Insistieren darauf, dass die wirkliche und freiwillige Zustimmung der Einzelnen der Prüfstein dafür ist, ob gemeinschaftliche Institutionen der Realisierung allgemeiner Freiheit tatsächlich dienen, macht ihn zum bleibenden Korrektiv auch späterer kollektivistischer und kommunistischer anarchistischer Ansätze.

2.1.3 Amerikanischer Transzendentalismus (Emerson, Thoreau)

Als »Transzendentalismus« wird eine literarische, philosophische und politische Bewegung bezeichnet, die ihren Anfang in der ersten Hälfte des 19. Jahrhunderts in Massachusetts nahm. Die wichtigsten Vertreter sind der Essayist und Dichter Ralph Waldo Emerson (1803–1882) und sein Freund und Schüler, der Schriftsteller und Philosoph Henry David Thoreau (1817–1862). Andere wichtige Transzendentalist_innen sind etwa der Pädagoge Amos Bronson Alcott (1799–1888), die Journalistin und Frauenrechtlerin Margaret Fuller (1810–1850), der Abolitionist Theodore Parker (1810–1860), die Pädagogin Elizabeth Palmer Peabody (1804–1894), der Enzyklopädist George Ripley (1802–1880) und der Dichter Walt Whitman (1819–1892). Beeinflusst u.a. von der Romantik, der unitarischen Theologie und indischen Religionen, strebten die Transzendentalist_innen nach intensiven spirituellen Erfahrungen in der Natur und nach einer »Reinigung« vom Konformismus der Gesellschaft. Aus dem Prinzip der Autonomie des Denkens und des Gewissens leiteten sie das Prinzip der radikalen Unabhängigkeit (*independence*) und Selbständigkeit (*self-reliance*) sowie notwendigenfalls des zivilen Ungehorsams ab. Einige Transzendentalist_innen versuchten, diese Prinzipien in experimentellen Schulen und sozialutopischen Siedlungen und Kommunen in Neuengland umzusetzen.

Wie Godwin und Stirner, so bezeichnen sich auch die Transzendentalist_innen nicht selbst als Anarchist_innen. In ihren Schriften lassen sich jedoch so viele Motive finden, die für die spezifisch amerikanische Tradition des Individualanarchismus kennzeichnend sind, dass es wichtig ist, auch diesen Ansatz zu würdigen. Der Ausgangspunkt des Transzendentalismus ist die Überzeugung der ursprünglichen Güte der Natur und der Menschen und des korrumpierenden Einflusses der Gesellschaft. Diese Idee, die ihren Ursprung in der an der Harvard Divinity School gelehrten unitarischen Theologie hat, betont die Bedeutung der individuellen Gewissensbefragung und der freien Vernunftbetätigung. Jedes Individuum ist zu einer radikal originellen Beziehung mit dem Universum fähig. In seinem programmatischen Essay *Self-Reliance* (1841) spitzt Emerson diese Idee zu einer Aufforderung zur heroischen Abkehr von den Anderen und zur Selbstbesinnung zu: »Wer da ein Mann sein will, muß ein Dissident sein. [...] Zuletzt ist nichts heilig außer die Integrität des eigenen Geistes. Sprich dich selber los, und du wirst die Stimme der Welt haben.« (Emerson 2015, 14)

Emerson und Thoreau sind der Meinung, die Individuen sollten sich regelmäßig temporär von den Einflüssen der Gesellschaft zurückziehen, um eine solche Beziehung zu den »transzendenten« Wahrheiten aufzubauen. Wie viele andere Transzendentalist_innen haben beide diese Erfahrung durch ein einsames Leben in der Natur herzustellen versucht, das in Thoreaus Hauptwerk *Walden, or Life in the Woods* (1854) ausführlich protokolliert und reflektiert wird. In den Aufzeichnungen wird deutlich, dass es bei der angestrebten Selbständigkeit und Unabhängigkeit nicht allein darum geht, den aufklärerischen Gedanken des Selberdenkens zu vollziehen, sondern dass der Transzendentalismus eine Ästhetik der Existenz umfasst, die den Einzelnen eine aufmerksamere, unentfremdete und intensivere Lebensführung ermöglichen soll. Dies wird am besten deutlich im Pathos der Passage von *Walden*, die in dem Film *Der Club der toten Dichter* zur Eröffnung jeder Sitzung des ›Clubs‹ zitiert wird: »Ich bin in den Wald gezogen, weil mir daran lag, bewußt zu leben, es nur mit den wesentlichen Tatsachen des Daseins zu tun zu haben. [...] Ich wollte kein Leben führen, das eigentlich kein Leben ist, dazu war es mir zu kostbar. Ich wollte intensiv leben, dem Leben alles Mark aussaugen, so hart und spartanisch leben, daß alles die Flucht ergreifen würde, was nicht Leben war.« (Thoreau 1999, 100 f.)

Die politischen Implikationen des Prinzips der Selbständigkeit liegen nicht allein im Rückzug von der Gesellschaft, sondern gegebenenfalls auch in der Aufkündigung staatlicher Verpflichtungen oder im aktiven Widerstand. Bei einem seiner seltenen Ausflüge in die Stadt während seines zweijährigen Aufenthalts am Walden Pond wurde Thoreau 1846 verhaftet, weil er sich weigerte, die *poll tax* (Kopfsteuer) zu zahlen. Die eine Nacht, die er im Gefängnis verbringen musste, nahm er später zum Anlass einer Reflexion auf die Legitimität staatlicher Zwangsmaßnahmen wie der Besteuerung, die er unter dem Titel *Resistance to Civil Government* (1849) publizierte. Die Bürgerin, argumentiert Thoreau, ist nicht verpflichtet, sich dem Staat zu unterwerfen, wenn dies ihrem autonom getroffenen Gewissensurteil widerspricht, im Gegenteil: In einem solchen Fall hat sie sogar eine moralische Pflicht zum Ungehorsam gegen den Staat. Solche Fälle lagen für Thoreau bei der Institution der Sklaverei sowie beim amerikanischen Expansionskrieg gegen Mexiko eindeutig vor. Thoreau entwickelt hier eine einflussreiche Theorie des zivilen Ungehorsams, den er als die Voraussetzung einer »friedlichen Revolution« begreift: Alle Menschen, die mit diesen gravierenden Ungerechtigkeiten nicht einverstanden sind, sollten sich weigern, sie durch ihre Steuern zu ermöglichen. Sie müssten aber auch bereit sein, für ihre Überzeugungen ins Gefängnis zu gehen; dies entspricht erstens dem Prinzip der radikalen Eigenverantwortung und werde zweitens praktisch dazu beitragen, durch massenhafte Inhaftierung das System zu blockieren und zum Einsturz zu bringen. Diese Anleitung zum gewaltfreien Widerstand hat u.a. Mahatma Gandhi und Martin Luther King inspiriert.

Das Primat des Privaturteils treibt Thoreau schließlich zu einer Infragestellung der Legitimität staatlicher Regierung insgesamt. Auch an die Mehrheit darf die Einzelne ihre Gewissensentscheidung nicht abgeben. Anstatt für Gerechtigkeit einzutreten oder für sie bei der Wahl zu stimmen, fordert Thoreau die Einzelnen dazu auf, bereits im Hier und Jetzt gerecht zu handeln – eine Vorläuferidee des anarchistischen Konzepts der Direkten Aktion. Daraus folgt für Thoreau politisch, dass der Staat – und die anderen Menschen – die Einzelne so weit wie irgend möglich »in Ruhe lassen« sollen. »Ich habe mir den Wahlspruch zu eigen gemacht«, lautet der Anfang von *Resistance to Civil Government*, »›Die beste Regierung ist die, welche am wenigsten regiert‹ [...] Wenn er verwirklicht wird, dann läuft es auf dies hinaus – und daran glaube ich auch: ›Die beste Regierung ist die, welche gar nicht regiert‹, und wenn die Menschen einmal reif dafür sein werden, wird dies die Form ihrer Regierung sein.« (Thoreau 1973, 7) Die Überwindung der Regierung als Endziel – dies ist der Punkt, an dem der Transzendentalismus die größte Nähe zum klassischen Anarchismus aufweist.

Der Transzendentalismus war eine der wichtigsten intellektuellen Strömungen in den USA des 19. Jahrhunderts. Er hat zahlreiche progressive Emanzipationsbestrebungen inspiriert, vor allem die Bewegung zur Abschaffung der Sklaverei, aber auch den Feminismus, den Pazifismus und die Ökologie. Spezifisch anarchistische Anschlüsse an den Transzendentalismus finden sich in dem Ansatz des amerikanischen Individualanarchismus. Damit sind anarchistische Ansätze gemeint, die im 19. und 20. Jahrhundert zentrale Motive des Transzendentalismus, aber auch europäischer Individualist_innen wie Godwin und Stirner aufgenommen und radikalisiert haben. Der Individualanarchismus betont das Primat der unbedingten Rechte der Individuen und sieht sich in expliziter Opposition zum kollektivistischen oder kommunistischen Anarchismus. Einer der Begründer_innen und wichtigsten Vertreter_innen dieser Schule war der Verleger Benjamin Tucker (1854–1939), der die angelsächsische Naturrechtstradition mit einem Stirner'schen Egoismus zu verbinden versuchte und eine Version der anarchistischen Utopie entwarf, die auf Privateigentum und Selbstverteidigung basierte. Anarchismus wird hier einfach als konsequente Weiterführung des Liberalismus verstanden. Transzendentalistische Ideen wie *self-reliance*, Widerstand gegen »tyrannisch« empfundene Eingriffe der (Zentral-) Regierung und die Forderung danach, weitgehend vom Staat unbehelligt zu bleiben, sind bis heute zentrale Motive der amerikanischen *libertarians* (das englische *libertarian* ist nicht zu verwechseln mit dem deutschen »libertär«!). Oft münden diese Konzepte in politische Praktiken wie etwa das unbeirrte Eintreten für das Recht der Einzelnen, Waffen zu tragen (*2nd Amendment Activism*), die eigenen Kinder zu Hause erziehen zu dürfen (*homeschooling*) oder den Widerstand gegen jegliche, auch ökologische, sozial- oder arbeitsschutzrechtliche Regulierung durch die Regierung. Diese Praktiken sind politisch zumeist im extrem konservativen und rechten Spektrum angesiedelt und tragen im Extremfall Blüten wie den Ansatz des »Anarchokapitalismus«, die Vorstellung einer vom Staat vollkommen ungehinderten kapitalistischen Gesellschaft – Auswüchse, welche weder die Transzendentalist_innen noch linke Anarchist_innen vertreten haben, die aber eine bleibende Verlockung anarchistischen Denkens darzustellen scheinen.

2.2 Mutualistischer, kollektivistischer und kommunistischer Anarchismus

2.2.1 Pierre-Joseph Proudhon

Der französische Philosoph, Soziologe und Ökonom Pierre-Joseph Proudhon (1809–1865) gehörte in den 1840er Jahren zu den führenden Vertreter_innen des Frühsozialismus in Paris. Nach seiner Bekanntschaft mit Bakunin im Rahmen der Februarrevolution 1848 trat er verstärkt für einen Sozialismus ohne Gewalt ein. Das bedeutete für Proudhon auch die Ablehnung der von Marx und seinen Anhänger_innen vertretenen Idee der Übernahme der Regierung durch die Arbeiter_innen sowie der autoritären Tendenzen innerhalb der Arbeiter_innenbewegung. Auf ökonomischer Ebene implizierte die von Proudhon verfochtene Idee einer friedlichen Transformation zum Sozialismus die Suche nach Modellen, mit welchen der Kapitalismus gewissermaßen von innen über sich hinausgetrieben werden könnte. Ein Beispiel hierfür ist das von Proudhon entwickelte Konzept der Volksbank, die den Arbeiter_innen kostenlose Kredite gewähren sollte, so dass diese nicht länger von den Kapitalist_innen abhängig sein würden; Proudhons Versuch, diese Idee in die Tat umzusetzen, scheiterte allerdings 1849. Marx, der Proudhon anfangs aufgrund von dessen radikaler Eigentumskritik schätzte, polemisierte seit Mitte der 1840er Jahre scharf gegen ihn, was ein

Vorspiel der bis heute anhaltenden Spaltung zwischen Anarchist_innnen und Marxist_innen bildete. 1848 wurde Proudhon für kurze Zeit Mitglied des französischen Parlaments, ein Jahr später wurde er wegen Beleidigung Louis Bonapartes verhaftet und blieb bis 1852 inhaftiert. Sein späteres Exil in Belgien nutzte er, um seine Prinzipien einer föderativen Staatsorganisation auszuarbeiten. Der politisch isolierte, aber publizistisch geschätzte Proudhon, der gegen Ende seines Lebens der Möglichkeit einer anarchistischen Gesellschaft zunehmend pessimistisch gegenüberstand, starb 1865 in Paris.

Proudhon war der Erste, der den Begriff des Anarchismus positiv verwendete und sich selbst als Anarchist bezeichnete (Proudhon 2014, 307). »Anarchist_in« war vorher jemand genannt worden, der für Chaos und Gewalt eintrat, eine Verwendungsweise, die auch und vor allem in den Schriften der französischen Revolutionär_innen kursierte. Proudhon knüpft demgegenüber an den ursprünglichen Wortgehalt der Anarchie als Bezeichnung einer Gesellschaft ohne Herrschaft an. Diese verstand er gerade nicht als Chaos, sondern als Verbindung von Freiheit und Ordnung.

Proudhon ist einer der Denker_innen, die vor allem durch einen einzigen Satz berühmt geworden sind. In seinem Fall stammt dieser Satz aus der Schrift *Was ist Eigentum?* (1840) und lautet: »Eigentum ist Diebstahl!« (Proudhon 2014, 22) Proudhon meint hier das Privateigentum, das er von »persönlichem Eigentum«, also allem, was der einzelne Mensch zur Befriedigung seiner Grundbedürfnisse braucht, unterscheidet. Privateigentum, so Proudhon, stellt eine Privatisierung von Gütern dar, die sich philosophisch nicht rechtfertigen lässt. Man darf gerade so viel an persönlichem Eigentum besitzen, wie man durch eigener Hände Arbeit hergestellt oder ertauscht hat, darüber hinausgehende Akkumulation bedeutet Bevorzugung gegenüber den anderen

Gesellschaftsmitgliedern und verstößt somit gegen die grundlegenden Prinzipien der Freiheit und Gleichheit. Proudhon wendet sich insbesondere gegen jede Art von Einkommen, das nicht durch eigenhändige Arbeit zustande gekommen ist, wie Mieten, Zinsen, Dividenden oder Renten (vgl. auch Proudhon 1963, 122 ff.). Eigentum ist nicht nur kein rechtmäßiges Resultat von Okkupation oder Arbeit, argumentiert Proudhon, sondern schließt diese sogar aus; wer etwa ein Stück Land besitzt, das er gar nicht selber bestellen kann, entzieht dieses Land dem allgemeinen Gebrauch und vernichtet somit gesellschaftliche Produktivität. Weil das Eigentum eine Sache unter die willkürliche Disposition der Eigentümerin stellt, hat es zudem eine ganze Reihe negativer psychologischer und affektiver Konsequenzen wie die Herausbildung von Habgier, Rücksichtslosigkeit, Despotismus und anderen asozialen Handlungsorientierungen.

An die Stelle der auf Privateigentum basierenden kapitalistischen Gesellschaft sollte für Proudhon ein System treten, in dem die Arbeiter_innen selbst die Kontrolle über die Produkte ihrer Arbeit haben. Produziert wird in von den Arbeiter_innen kontrollierten Kooperativen, welche die Produkte ihrer Arbeit auf einem Markt miteinander tauschen. Aus dieser »Gegenseitigkeit« leitet sich der Name der von Proudhon begründeten ökonomischen Schule des Mutualismus ab, welche sich ebenso vom Individualismus des Privateigentums (wie ihn etwa Stirner vertritt) wie vom Kollektivismus (Bakunin) und Kommunismus (Kropotkin) abgrenzt. Der Mutualismus wendet sich dabei ebenso gegen die staatliche wie gegen die private Verfügung über die Produktionsmittel, weshalb sich Proudhon auch gegen das etwa von seinem Zeitgenossen Louis Blanc vertretene Programm staatlicher Regelungen zur Gleichheit des Arbeitslohns oder gar eine Nationalisierung der Industrie wehrte; nur die Arbeiter_innen selbst können für Proudhon die Selbstorganisation in den Fabriken und Produktionsstätten übernehmen. Seine ökonomische Lehre legte Proudhon in seinem umfangreichen, 1846 erschienenen Werk *System der ökonomischen Widersprüche oder: Philosophie des Elends* dar, in dem er die kommunistische Idee explizit dafür kritisiert, ein System von Gleichmacherei und Rationierung einführen zu wollen, das die Individualität des Lohns und damit das Talent, den Fleiß und die Produktivität der Einzelnen eliminiert (Proudhon 2003, insbes. 482 ff.). Marx hat hierauf mit seiner beißenden Polemik *Das Elend der Philosophie* (1847) repliziert, in der er Proudhon nicht nur eine vollkommen unwissenschaftliche ökonomische Methode, sondern auch einen bürgerlichen Moralismus, unpolitischen Quietismus und das reformistische Festhalten am Prinzip der individuellen Entlohnung vorwirft (Marx 1972).

Die mutualistische Idee des dezentralen Zusammenschlusses lokaler Kooperativen hat bei Proudhon auch eine politische Bedeutung. Proudhon kritisiert die philosophischen Vertragstheorien, welche die Legitimität des Staates aus der Zustimmung der Bürger_innen ableiten, für ihre hypothetische Argumentationsweise: Wenn das Prinzip der Zustimmung irgendeinen Sinn haben soll, so muss diese wirklich, intentional und freiwillig gegeben werden. Daraus folgt auch, dass die Individuen nie ihre gesamte Macht ein für alle Mal abgeben können; sie behalten immer das Recht, neue Zusammenschlüsse zu formen oder alte aufzukündigen. Nur wenn die Möglichkeit einer solchen Initiative auch im Gesellschaftszustand bei den Einzelnen verbleibt, kann verhindert werden, dass sie ihre Freiheit zugunsten des Staatserhalts opfern. In seiner späten Schrift *Über das föderative Prinzip* (1863) buchstabiert Proudhon die institutionellen Konsequenzen dieser Überlegungen aus: An die Stelle eines vereinheitlichten Volkssouveräns, wie ihn Rousseau vorsah, soll eine dezentrale Föderation nach Vorbild der Schweiz treten, in der die

»oberen« Instanzen nur Bevollmächtigte der »unteren« Instanzen sind und diesen gegenüber zwar eine »anregende« (Proudhon 1963, 250) Funktion, aber keine Weisungsbefugnis haben. Neben der politischen Legitimität zeichnen sich solche Zusammenschlüsse auch durch eine Reihe weiterer wünschenswerter Merkmale aus, wie etwa den internen Pluralismus und einen fehlenden Anreiz zu Expansion und Annexion. Obwohl sich Proudhon in diesem Text inzwischen eher kritisch auf den Begriff der Anarchie bezieht, sind seine Kritik am Zentralismus und Vereinigungsdenken sowie sein Konzept der freien Assoziation lokaler Kommunen insbesondere für den Anarchosyndikalismus und die Rätedemokratie einflussreich gewesen.

Vor allem in Proudhons Tagebüchern und nachgelassenen Schriften, die erst in den 1960er Jahren veröffentlicht wurden, finden sich sowohl sexistische als auch antisemitische Passagen. Proudhon war der Meinung, »die Frau« sei »dem Mann« unterlegen, weil sie »das schwache Geschlecht« sei. Frauen sollten sich daher entscheiden, entweder Haushälterin oder Kurtisane zu werden. Am deutlichsten kommt Proudhons Frauenverachtung in einem nachgelassenen Fragment zum Ausdruck, in dem er von einer »geheimen Macht der Frauen«, der »Pornokratie«, fantasiert, welche die Männer durch Promiskuität und Kinderlosigkeit beherrscht; Proudhon geht so weit, ein Recht des Mannes zu postulieren, seine Frau bei Ehebruch umzubringen (Proudhon 1970b, 16). Proudhons Misogynie ist nicht nur besonders drastisch, sondern auch für einen Anarchisten besonders enttäuschend, zumal zahlreiche andere linke Denker_innen schon vor Proudhons Zeit fortschrittliche und feministische Positionen vertreten haben.

An mehreren Stellen von Proudhons Tagebüchern finden sich zudem antisemitische Ressentiments, die zum Teil eliminatorischen Charakter annehmen (vgl. Trimbur 2009). Proudhons Antisemitismus ist – neben gelegentlichen biologistischen Gedankenfiguren – zum einen im religiösen Antijudaismus fundiert, welcher das Judentum als sklavische »Gesetzesreligion« denunziert, zum anderen in einer kryptosozialistischen Ablehnung von »Zinsknechtschaft« und »Parasitentum«. An diesen Motiven wird deutlich, dass die Tendenz zum Antisemitismus seinem sonstigen Werk nicht äußerlich ist. Das Judentum stand im christlich geprägten Europa über Jahrhunderte hinweg für genau die beiden Elemente, die von einem großen Teil des Anarchismus attackiert werden: Gesetz und Geld. Marx' Kritik an Proudhons verkürzter Staats- und Kapitalismuskritik bekommt hier noch einmal eine besondere Pointe: Sie warnt vor einer Verlockung, die bis heute anhält und deren Gefahr sich große Teile der anarchistischen Bewegung noch nicht gründlich genug bewusst gemacht haben.

2.2.2 Michail Bakunin

Michail Bakunin (1814–1876) ist der erste Vordenker der anarchistischen Bewegung, dessen Biografie alle Elemente eines typischen Berufsrevolutionärs vereinigt: Agitationstätigkeiten, Barrikadenkämpfe, Verbannung, Exil, Gefängnisaufenthalte. Bakunin stammt aus einer russischen Adelsfamilie und kam schon in seiner Jugend mit liberalen Ideen in Kontakt. Seine Offizierslaufbahn beendete er früh, eine mögliche Karriere im Staatsdienst lehnte er ab; stattdessen trieb ihn sein Interesse an der deutschen Philosophie nach Berlin, wo er führende Vertreter_innen des Junghegelianismus kennenlernte. In Berlin entfachte sich Bakunins Interesse am Sozialismus, den er aber schon damals explizit antiautoritär verstand. Das feindselige politische Klima veranlasste ihn zur Flucht nach Zürich und Brüssel; weil er sich trotz Anordnung des russischen Konsulats weigerte, nach Russland zurückzukehren, wurde Bakunin in Abwesenheit zu Zwangsarbeit in Sibirien verurteilt und ihm sein Adelstitel aberkannt. Bakunin, der für seine »revolutionäre Ungeduld« bekannt wurde, beteiligte sich in unterschiedlicher Funktion an etlichen Aufständen und Revolutionsversuchen, von der Februarrevolution 1848 in Frankreich über verschiedene Aktivitäten in Frankfurt, Breslau, Prag und Dresden. Diese unermüdliche Reisetätigkeit wurde durch seine Verhaftung 1849 unterbrochen, die zu einer jahrelangen Kerkerhaft unter erbärmlichen Bedingungen und anschließender Zwangsarbeit in Sibirien führte. 1861 gelang es Bakunin mittels einer Finte, seinen Bewachern zu entfliehen und schließlich über Japan und Amerika nach Europa zurückzukehren, wo er seine diversen revolutionären Tätigkeiten an den unterschiedlichsten Orten unverzüglich wieder aufnahm. Seit 1868 beteiligte sich Bakunin an der *Internationalen Arbeiter-Assoziation* (IAA, die sogenannte »Erste Internationale«) und führte dort die Fraktion der »Antiautoritären« an. Zwischen den Antiautoritären und dem Londoner Generalrat um Karl Marx kam es zu immer stärkeren Grabenkämpfen, u.a. in Fragen des Wissenschaftlichkeitsanspruchs des Sozialismus, der Übernahme des Staates, der Diktatur des Proletariats, des Zentralismus in den Arbeiter_innenorganisationen und der Avantgarderolle der Partei. Bakunin und seine Mitstreiter_innen wurden 1872 auf Bestreben von Marx aus der Internationale gedrängt und organisierten sich fortan in der sogenannten *Antiautoritären Internationale*, die für sich beanspruchte, die legitime Weiterführung der IAA zu sein. Mit der offenen Spaltung der IAA war der Bruch zwischen Marxismus und Anarchismus besiegelt. Bakunin selbst zog sich zunehmend von seinen vielen Tätigkeiten zurück und lebte bis zu seinem Tod in der Schweiz, beeinflusste aber weiterhin zahlreiche soziale Kämpfe in Europa. Erst aus seiner letzten Lebensphase stammen seine beiden theoretischen Hauptwerke, *Gott und der Staat* (1871) und *Staatlichkeit und Anarchie* (1873). Wie viele Anarchist_innen war Bakunin der Meinung, Revolutionär_innen sollten ihre Prioritäten auf die aktive Teilnahme am politischen Kampf, nicht auf das Verfassen von Programmen legen. Jedes feste System neigt für Bakunin dazu, in Dogmatismus umzuschlagen, daher versteht er seine eigenen Schriften auch nicht als universell gültige Wahrheiten, sondern als Reflexionen einer historisch situierten Praxis. 1876 starb Bakunin nach schwerer Krankheit in Bern, er ist als einer der sowohl praktisch wie theoretisch einflussreichsten Anarchist_innen des 19. Jahrhunderts in die Geschichte eingegangen.

Bakunins politisches Weltanschauung nimmt ihren Ausgangspunkt zunächst von einer rückhaltlosen Bejahung des freien Denkens, das sich gegen jede Form von Hierarchie und Konformismus richtet. Hieraus folgt zunächst die konsequente Ablehnung religiöser Autoritäten. Der Glaube an Gott ist Ergebnis einer unter miserablen Lebensbedingungen gedeihenden kirchlichen Indoktrination, die mit der menschlichen Freiheit und Gerechtigkeit unvereinbar ist; Bakunin kommt so zu seiner oft zitierten Erkenntnis, wenn Gott existieren würde, müsste man ihn beseitigen (Bakunin 1995, 54). Diese prinzipiell antiautoritäre Haltung wird von ihm verallgemeinert und auch gegen weltliche Autoritäten gerichtet. Er unterscheidet dabei zwischen natürlicher Autorität, die etwa die Schusterin beim Schuhemachen oder die Architektin beim Häuserplanen hat, und einer künstlichen Autorität, die sich Priester und Staatsbedienstete anmaßen (Bakunin 1995, 59 ff.). Autorität ist nur dann gerechtfertigt, wenn ich sie aus freiem Entschluss verleihe, sie ist aber nie unfehlbar, sondern immer nur temporär und bedingt. Ideal ist für Bakunin eine Situation, in der die Autorität unter den Gemeinschaftsmitgliedern zirkuliert, weil sich jede der spezifischen Expertise der anderen zeitweise freiwillig unterwirft. Die Ablehnung künstlicher Autoritäten, welche nur der Errichtung von Hierarchien und Privilegien dienen, veranlasst Bakunin schließlich auch zu einer Kritik am Anspruch der Kommunist_innen, die »eigentlichen« Interessen des Volkes zu vertreten.

Politisch folgt aus seinem konsequenten Antiautoritarismus die von Proudhon geerbte Idee einer Föderation freiwilliger Assoziationen, nach der jedes Individuum und jede aus Individuen zusammengesetzte Assoziation beständig das uneingeschränkte Recht auf absolute Selbstbestimmung behält. Die Weisungsbefugnis verläuft »von unten nach oben« (Bakunin 1972a, 4); eine Zwangsgewalt der Föderation gegenüber den einzelnen Kommunen oder den Bürger_innen existiert hingegen nicht. Sie wird vielmehr allein durch den auf gleichen Interessen und Bedürfnissen basierenden freien Entschluss der Gesellschaftsmitglieder zusammengehalten. Dieses Prinzip der Freiwilligkeit impliziert auch eine Ablehnung der Ehe als staatlicher Institution, die intimen Verbindungen zwischen den Menschen sollen ebenfalls die Form aufgrund gegenseitiger Zuneigung eingegangener freier Bünde annehmen (Bakunin 1972a, 21).

Ökonomisch ist Bakunin der Begründer und Hauptvertreter des kollektivistischen Anarchismus. Dieses Modell unterscheidet sich vom Kapitalismus durch die Kollektivierung der Produktionsmittel: Statt in Privateigentum befinden sie sich unter der Kontrolle demokratisch selbstverwalteter Kollektive. Es unterscheidet sich aber auch vom Kommunismus, wie ihn Marx und später Kropotkin vertraten, weil Bakunin an den Prinzipien der individuellen Entlohnung und eines auf Geld basierenden Marktaustauschs festhalten will. Dieses Modell versteht Gleichheit als »Gleichheit des Ausgangspunkts« (Bakunin 1972a, 15): Alle sollen dieselben Möglichkeiten haben, ihre Talente zu entwickeln und ihre Leistungen einzubringen, woraus sich politisch vor allem die Forderung nach Abschaffung des Erbrechts ergibt. Die Entlohnung soll dabei wahrhaft »gerecht« nach geleisteter Arbeit erfolgen. Damit soll zum einen ein höherer Anteil an der gesellschaftlich zu leistenden Arbeit honoriert werden, zum anderen wird auf diese Weise den Einzelnen ermöglicht, sich eigenständig zwischen entweder mehr Freizeit oder mehr Lohn zu entscheiden. Das später verbreitete anarchokommunistische Alternativmodell sah demgegenüber eine vollständige Abschaffung der Lohnarbeit und eine Güterverteilung nach dem Prinzip »Jede nach ihren Bedürfnissen« vor. Kollektivistische und kommunistische Modelle sind sich jedoch darin einig, dass die Vergesellschaftung der Produktionsmittel unumgänglich ist, um die Ungleichheit der kapitalistischen Klassengesellschaft zu überwinden.

Im Gegensatz zum staatssozialistischen Programm einer wesentlich »politischen Revolution«, das heißt der Übernahme der Staatsmacht als Hebel zur Vergesellschaftung der Produktionsmittel und der Umgestaltung der Gesellschaft, wie es Marx und Engels vor allem im *Kommunistischen Manifest* vorsehen, vertritt Bakunin das Konzept der *sozialen* Revolution. Gesellschaftliche Transformation soll demnach durch spontane Aktionen der »Volksmassen« initiiert werden, die dezentral an Ort und Stelle selbstorganisiert wirken. Diese autonomen Kämpfe sollen sich frei zusammenschließen, so dass sie zunächst in nationale, dann aber in eine weltweite, »universelle Revolution« münden. Damit die Aktionen des Volkes wirklich spontan und nicht wieder autoritär von oben dirigiert werden, wie es für Bakunin Marx' Konzept der Diktatur des Proletariats impliziert, müssen die anarchistischen Revolutionen ohne äußeren Anstoß aus dem Volk selbst entstehen, welches »aus der Tiefe des Seins« (Bakunin 1999, 278) eine neue freie Gesellschaft erschafft. Ideen von einer »Übergangsphase«, in der die Kommunist_innen den Staat ergreifen, bevor er abzusterben beginnt, hält Bakunin für gefährlich, weil dies die Herrschaft von Menschen über Menschen nur fortsetzt. Abschaffung des Staates und Abschaffung des Eigentums sind für Bakunin nicht zwei getrennte Komponenten, die als Etappen aufeinander folgen können, sondern zwei Seiten derselben Medaille. Das Modell für Bakunins Konzept der sozialen Revolution stellt die Pariser Kommune dar, in der die Arbeiter_innen ohne Anleitung von oben eigenständig ihre Lebensverhältnisse in die Hand nehmen (Bakunin 1972b).

Die Art und Weise, wie Marx und Bakunin den Streit um die Frage der revolutionären Umwälzung der Gesellschaft geführt haben (Bakunin 2004; Bakunin 2011), mag paradigmatisch für die bis heute anhaltende Unfähigkeit der Linken stehen, mit internen Differenzen umzugehen. Beide Seiten schenken sich nichts. Marx, der mehrfach außerordentlich scharf gegen Bakunin polemisierte, hat Bakunin und seine Anhänger_innen, die in der IAA faktisch die Mehrheit stellten, mittels eines Tricks aus der Internationale gedrängt (der Londoner Generalrat legte die entscheidende Konferenz nach Den Haag, in das der mit Haftbefehl gesuchte Bakunin nicht reisen konnte); auf der anderen Seite geht auch Bakunin mit Marx nicht gerade zimperlich um, und seine Ausführungen zu Marx sind immer wieder von zutiefst antisemitischen Ressentiments geprägt (Bakunin 1972c).

In seiner Ablehnung autoritärer Tendenzen geht Bakunin so weit, sich gegen jede Form eines revolutionären Programms oder einer politischen Doktrin zu verwehren, wie sie die »Doktoren der Philosophie aus der Schule Hegels« (Bakunin 1999, 276) verfolgen; allein das tatsächliche Begehren des Volkes soll für die anarchistische Praxis handlungsanleitend sein. Die Abschaffung von Privateigentum und Staat werde dazu führen, dass sich dieses ohnehin vorhandene Begehren auf »natürliche« (Bakunin 1999, 280) Weise entwickeln kann. Dennoch bedarf das Volk einer

»Geburtshilfe« durch entschlossene Revolutionär_innen. Diese sollen jedoch nicht durch theoretische Agitation, sondern durch praktische Beispiele im Volk wirken, wie etwa durch die Gründung von Produktionsgenossenschaften und Arbeiterkooperativen; dies hilft nicht nur, die Macht der privaten Akkumulation zu untergraben, sondern bildet bei den Arbeiter_innen auch Fähigkeiten zur Selbstorganisation und Autonomie aus. Dieses Prinzip ist grundlegend für die anarchistische Tradition des Syndikalismus, welche dem gewerkschaftlichen Kampf um die Verbesserung der Arbeitsbedingungen und dem Kampfmittel des Streiks sowie der Fabrikbesetzung eine besondere Bedeutung einräumt. Transformationstheoretisch stößt Bakunins Konzept hier an seine offensichtliche Grenze: Einerseits wendet er gegen die autoritären Aspirationen der Marxist_innen ein, im Volk sei der Wille nach Freiheit bereits vollständig vorhanden, andererseits muss er einräumen, dass sich dieser Wille offenbar gegenwärtig nicht umsetzt und erst von den Revolutionär_innen (die sich für Bakunin sogar in »Geheimgesellschaften« zusammenschließen sollen) entfacht werden muss. Dieses Problem entpuppt sich fast als Grundparadoxie der anarchistischen Idee: Wie ist es möglich, Menschen zur Gesellschaftsveränderung zu bewegen, ohne sie – offen oder subtil – zu bevormunden? Das Verhältnis von Theorie und Praxis, von Revolutionär_innen und Volksmassen, stellt seither eine der wichtigsten Herausforderungen des Anarchismus dar.

2.2.3 Peter Kropotkin

Wie viele andere Anarchist_innen vor und nach ihm, so stammt auch der Geograf und Schriftsteller Peter Kropotkin (1842–1921) aus »gutem Hause«, in diesem Fall: aus dem russischen Hochadel, was ihm später den Beinamen »der anarchistische Fürst« eingebracht hat. Kropotkin wurde in Moskau in eine Familie mit dem zweithöchsten Rang innerhalb der russischen Aristokratie geboren: 1200 Leibeigene arbeiteten auf den Ländereien des Vaters, was dem jungen Peter schon früh einen Anlass für Empörung über Ungerechtigkeit und Ungleichheit gab. Die Ausbildung im Pagenkorps brachte ihm nicht nur eine hervorragende Bildung ein, sondern auch die Gelegenheit, als Kammerpage des Zaren das Leben im Palast kennenzulernen. Der anschließende Dienst in der Kaiserlich-Russischen Armee führte ihn nach Sibirien, wo er sich zum ersten Mal intensiv mit den Ideen des Anarchismus auseinandersetzte. Kropotkin unternahm mehrere Expeditionen und Forschungsreisen, die nicht nur wichtige Erkenntnisse zur Geologie und Geografie Nordostasiens lieferten, sondern auch erste Überlegungen zur Kritik an Charles Darwins Evolutionstheorie inspirierten. Das Leben mit den sibirischen Bäuer_innen ließ ihn zum einen den Wert der Kooperation, zum anderen die Überflüssigkeit staatlicher Verwaltung erkennen. Nach der Beendigung seiner Militärzeit intensivierte Kropotkin seine naturwissenschaftlichen Studien an der Universität von St. Petersburg und arbeitete anschließend mehrere Jahre als Geograf. Der Tod seines Vaters 1871 und das damit einhergehende Erbe ermöglichten ihm weitere ausgedehnte Reisen, die ihn in der Schweiz außerdem mit den von Bakunin geprägten aktivistischen sozialistischen und anarchistischen Kreisen in Kontakt brachten. Kropotkin beschloss, sich in Russland für die anarchistische Idee einzusetzen, wurde nach seiner Rückkehr aber bald von der zaristischen Polizei verhaftet – was aufgrund seiner adeligen Herkunft für große Furore sorgte. Er verbrachte zwei Jahre im Gefängnis, konnte von dort jedoch 1876 durch die Unterstützung seiner Freund_innen ausbrechen und über Finnland nach England fliehen, bevor er sich wieder ins Schweizer Jura-

Gebiet absetzte. Kropotkin engagierte sich in den folgenden zehn Jahren in verschiedenen europäischen Ländern vor allem publizistisch und durch Vorträge für den Anarchismus, verfasste aber weiterhin auch naturwissenschaftliche Texte. Den Großteil dieser Schaffensphase verbrachte er in England.

1892 erschien eine Kompilation seiner anarchistischen Artikel unter dem Titel *Die Eroberung des Brotes*, das wohl wichtigste Werk Kropotkins. Kropotkin skizziert hier die Grundlinien des kommunistischen Anarchismus, eine Weiterentwicklung, Radikalisierung und Kritik der bis dahin vorherrschenden kollektivistischen Konzepte. Genau zehn Jahre später veröffentlichte er die Resultate seiner naturwissenschaftlichen Überlegungen, *Gegenseitige Hilfe in der Tier- und Menschenwelt* (1902), eine Kritik an Darwins Behauptung der evolutionsbiologischen Zentralität des Konkurrenzkampfs. Kropotkin wich zu Beginn des 20. Jahrhunderts von der anarchistischen Mehrheitsmeinung ab, weil er entschieden dafür eintrat, dass sich Anarchist_innen im Kriegsfall – der dann mit dem Ersten Weltkrieg tatsächlich eintrat – am Krieg gegen Deutschland beteiligen sollten. Während die meisten Anarchist_innen dezidiert antimilitaristische oder pazifistische Positionen vertraten, sah Kropotkin im deutschen Imperialismus die größte Gefahr für die europäische Arbeiter_innenklasse. Dieser Streit führte zur Isolation und schließlich zum Bruch mit vielen Anführer_innen der anarchistischen Bewegung, so dass der auch gesundheitlich zunehmend angeschlagene Kropotkin nach der russischen Februarrevolution 1917 nach St. Petersburg zurückkehrte, wo der berühmte Fürst enthusiastisch empfangen wurde. Nach der Oktoberrevolution blieb Kropotkin aufgrund seiner Beliebtheit von Repressionen weitgehend unbehelligt; es kam sogar zu einem Treffen zwischen Kropotkin und Lenin, bei dem Kropotkin die autoritären Maßnahmen der Bolschewiki offen kritisierte. Die letzten Jahre seines Lebens verbrachte er mit dem Versuch, eine Geschichte der menschlichen Moral zu schreiben, deren erster Teil 1923 unter dem Titel *Ethik* erschien. Kropotkin starb 1921 an einer Lungenentzündung; an seiner Beerdigung nahmen Zehntausende Menschen aus aller Welt teil – es war die letzte Großdemonstration von Anarchist_innen in der Sowjetunion.

Einer der Hauptvorwürfe gegen den Anarchismus lautet, dieser lege ein zu »optimistisches« Menschenbild zugrunde: Weil Gewalt, Konkurrenz und Herrschaftsstreben in der menschlichen Natur angelegt seien, könne eine anarchistische Gesellschaft nicht funktionieren. Solchen Einwänden versucht Kropotkin auf naturwissenschaftlicher Basis zu entgegnen. Sein Buch *Gegenseitige Hilfe* unternimmt eine Erweiterung und Korrektur von Darwins Vorstellungen zur Evolution. Richtig an Darwins Theorie ist, dass die Artenentwicklung nicht einem göttlichen Plan folgt, sondern der Adaption der Spezies an neue Bedingungen nach dem Prinzip des »survival of the fittest«. Falsch aber ist es, die Überlegenheit einer Spezies individualistisch einzuengen: Nicht diejenige Art ist die erfolgreichste, deren Mitglieder sich rücksichtslos gegen andere durchzusetzen versuchen, sondern diejenige, welche am besten zu kooperieren vermag. Kropotkin zeigt anhand von Insekten, Vögeln und Säugetieren, dass Praktiken wie gemeinsames Jagdverhalten, Sorge um kranke Artgenoss_innen, Versorgung schwacher Gruppenmitglieder und Vermeidung gruppeninterner Konflikte für das Überleben ausschlaggebend sind; die ungeselligen Arten, schlussfolgert er, »sind zum Untergang verurteilt« (Kropotkin 2011, 229). Das von Darwin postulierte Gesetz der Konkurrenz ist daher gegenüber dem Prinzip der gegenseitigen Hilfe als nachrangig zu betrachten. Aus der evolutionstheoretischen Rationalität der gegenseitigen Hilfe, so Kropotkin, hat sich schon bei Tieren und bei den ersten Menschen das Gefühl des Altruismus, also der uneigennützigen Hilfe für andere, entwickelt. So wie der Sozialdarwinismus ein vorgeblich »natürliches« Konkurrenzverhalten auf die moderne Gesellschaft übertragen zu können glaubt, will Kropotkin im Gegenteil aus der biologischen Überlegenheit kooperativen Verhaltens auf die Rationalität gegenseitiger Hilfe auch unter Menschen schließen. Die Rationalität der Kooperation, so Kropotkin weiter, lässt sich auch historisch an vielen menschlichen Institutionen studieren, wie etwa in den Marktgenossenschaften der primitiven Dorfgemeinschaften, den mittelalterlichen Zünften oder modernen Sozialinstitutionen wie Gewerkschaften, Genossenschaften oder freiwilligen Hilfsorganisationen wie der Seerettung oder den unzählbaren dörflichen Unterstützungsvereinen. Entscheidend ist dabei, dass gegenseitige Hilfe keine Soll-Anforderung an die Menschen ist, sondern eine reale Praxis, deren funktionale Überlegenheit und Stabilität sich über die Jahrhunderte gezeigt hat. Kropotkins Theorie der gegenseitigen Hilfe hat nicht nur in neueren moralgenetischen und soziobiologischen Forschungen eine bemerkenswerte Renaissance erfahren, sie stellt auch bis heute eines der produktivsten Motive anarchistischer Praxis dar.

In *Die Eroberung des Brotes* buchstabiert Kropotkin die gesellschafstheoretischen Implikationen der Idee der gegenseitigen Hilfe aus. Er verwendet das Beispiel der Eisenbahn: Es ist möglich – das schreibt Kropotkin 1892 –, von Madrid nach St. Petersburg zu fahren, ohne angehalten zu werden oder auch nur den Wagen wechseln zu müssen (Kropotkin 2014, 147 ff.). Das gigantische europäische Eisenbahnnetz ist nicht durch die Planungen irgendwelcher Staatsmänner zustande gekommen. Vielmehr wurden in den einzelnen Ländern Teilstrecken gebaut, die irgendwann zu Gesamtstrecken zusammengeschlossen wurden. Dafür war es nötig, dass Hunderte von Eisenbahngesellschaften ihre Bauvorhaben, Abfahrtszeiten, Preise etc. koordinieren. Dies geschah durch Kommunikation, Korrespondenz, Beratung, aber ohne Eingriff des Staates, ohne Gesetz und ohne Gewalt; im Gegenteil: Hätte sich ein Beamter zentralistisch an der Gestaltung des Fahrplans versucht, so wäre er grandios gescheitert. Ähnliches lässt sich für den Postverkehr oder für die Binnenschifffahrt zeigen. All dies, wendet Kropotkin gegen den bürgerlichen ebenso wie den sozialistischen Staat ein, sind Errungenschaften der »freien Vereinbarung«, das heißt eines zwischenmenschlichen Einvernehmens, das sich allein auf die Rationalität gegenseitiger Kooperation, nicht auf Konkurrenz oder Gewalt stützt. Staat und Privateigentum erweisen sich als dysfunktional. Bereits in der gegenwärtigen Gesellschaft, schließt er, ist der Keim einer kommunistischen Gesellschaft vorhanden. In der befreiten Gesellschaft werde es möglich sein, diese Potenziale eines Lebens in allseitiger Sympathie und Kooperation freizusetzen und zu verwirklichen.

Ökonomisch impliziert dies für Kropotkin einen anarchistischen Kommunismus (Kropotkin 2014, 57 ff.). Ähnlich wie Marx diagnostiziert er einen Widerspruch zwischen gesellschaftlicher Arbeit und privater Aneignung: Die ungeheuren Reichtümer der kapitalistischen Gesellschaft konnten nur entstehen, weil sie von Tausenden von Menschen gemeinsam produziert wurden, daher hat niemand das Recht, sie sich allein anzueignen. Aus gemeinschaftlicher Arbeit folgt gemeinschaftliches Eigentum. Dies spricht für Kropotkin auch grundlegend gegen kollektivistische Lohnmodelle, wie sie etwa Bakunin vertreten hatte. Das Prinzip der individuellen Entlohnung setzt nur die kapitalistische Lohnknechtschaft unter anderen Vorzeichen fort. Statt der *Leistung* der Einzelnen müssten, so Kropotkin, ihre *Bedürfnisse* im Mittelpunkt stehen: Aus den gesellschaftlichen Ressourcen sollen alle das bekommen, was sie als besondere Wesen spezifisch brauchen. Das Argument, man könne die Menschen nur dann zur Arbeit motivieren, wenn sie durch Bezahlung entlohnt würden, ist für Kropotkin ideologisch, es verwechselt die existierende kapitalistische Arbeit mit Arbeit an sich. Wenn Arbeit nicht mehr unter kapitalistischen Konkurrenzbedingungen erfolgt, ist es möglich, sie »angenehm« (Kropotkin 2014, 137 ff.) zu gestalten, das heißt sie zu einer sozialen, erfüllenden und anerkannten Tätigkeit zu machen. Maßnahmen hierfür sind z.B. eine radikale Arbeitszeitverkürzung, die Reduktion gefährlicher oder anstrengender Arbeit auf ein Minimum und die Schaffung von Möglichkeiten, den eigenen Tätigkeitsbereich häufig zu wechseln. Auf diese Weise, so hofft Kropotkin, kann sich nicht nur die Konsumtion, sondern auch die Produktion an den realen Bedürfnissen der Menschen orientieren.

Politisch vertritt Kropotkin wie Bakunin das Modell der freiwilligen Mitgliedschaft in dezentralen autonomen Kommunen, die sich in größeren Föderationen zusammenschließen. Auch dieses Modell ist bei Kropotkin aus dem Prinzip der Rationalität der Kooperation abgeleitet. Weil uneigennützige Kooperation ohnehin dem Wesen des *zoon politikon* Mensch entspricht, wird sie sich auch auf freiwilliger Basis herausbilden. Die konkrete Gestalt und Funktion solcher Assoziationen ergibt sich, wenn sie Ergebnis freier Vereinbarung sind, aus den Interessen und Bedürfnissen der Menschen. Der Staat, auch der demokratische, nimmt hingegen den Einzelnen die Möglichkeit zu solcher Freiwilligkeit und entmündigt sie dadurch. Aus diesem Grund verbietet es sich auch, den Staat für revolutionäre Zwecke in Dienst nehmen zu wollen. Ökonomische und politische Reorganisation der Gesellschaft müssen Hand in Hand gehen, besser gesagt: »es wird unmöglich sein, an dem Eigentum zu rütteln, ohne zugleich einen neuen Modus des politischen Lebens zu finden« (Kropotkin 2014, 67).

Die Ablehnung der Strategie der Eroberung des Staates (*politische* Revolution) impliziert, dass die Reorganisation der Gesellschaft nach den Bedürfnissen der Menschen nur auf dem Terrain des gesellschaftlichen Lebens selbst, das heißt in Form einer *sozialen* Revolution vonstattengehen kann. Statt eine revolutionäre Avantgarde die bisherige Staatlichkeit imitieren und autoritär von oben irgendwelche Pläne oder Programme verkünden zu lassen, müssen die Arbeiter_innen die Kontrolle über die Produktionsmittel ergreifen und sofort mit der Selbstorganisation beginnen. Wie das genau gehen könnte, veranschaulicht Kropotkin am Beispiel der Wohnung (Kropotkin 2014, 103 ff.). Auch hier gibt es einen gravierenden Widerspruch: Die prächtigsten Wohnungen werden von den Arbeiter_innen gebaut, die aber selbst in dreckigen Baracken wohnen müssen. Anstatt, wie es die Staatssozialist_innen tun, ein vom Staat garantiertes »Recht auf Wohnung« zu fordern, sollten die Arbeiter_innen direkt damit anfangen, die Wohnungsfrage selbst zu klären, indem sie zunächst die am meisten Benachteiligten von ihrer Sache überzeugen und dann durch Besetzungen und Expropriationen eine Neuverteilung des zur Verfügung stehenden Wohnraums erzwingen. Sind erst mal ihre Grundbedürfnisse gesichert, werden die Steinmetze und Maurer_innen Zeit haben, freiwillig ein paar Stunden zu opfern und neue Wohnungen zu bauen oder die alten zu verbessern (wer keine Miete mehr zahlen muss, muss weniger Stunden in Lohnarbeit investieren und kann die frei werdende Zeit in freiwillige Tätigkeiten stecken). Diese freiwillig geleistete Arbeit wird automatisch humaner sein, weil sie allein aus Lust an der Kooperation geleistet wird. Eine solche direkte Aneignung des sozialen Lebens, das Kropotkin am Beispiel der Wohnung vorgeführt hat, lässt sich auf andere Bereiche der Gesellschaft übertragen. Auf diese Weise wird nach und nach nicht nur das gesellschaftliche Mehrprodukt gerechter verteilt, sondern auch ein Ausstieg aus der Lohnarbeitsgesellschaft vollzogen. Kropotkin, der sich wie alle Anarchist_innen gegen das Verfassen von Programmen und Plänen verwahrt hat, hat hier ungeahnt eine Blaupause gesellschaftlicher Transformation vorgelegt, die heute, in Zeiten immaterieller Arbeit und globaler Vernetzung, eine noch ungleich größere Plausibilität beanspruchen darf.

2.2.4 Gustav Landauer

Die Verbreitung anarcho-sozialistischer Ideen in Deutschland zu Beginn des 20. Jahrhunderts ist vor allem dem Schriftsteller, Übersetzer und Aktivisten Gustav Landauer (1870–1919) zu verdanken. Der aus einer säkularen jüdischen Familie in Karlsruhe stammende Landauer studierte vorwiegend neuere Philologie und Philosophie, bevor er als Journalist und Übersetzer arbeitete. In den 1890er Jahren erwachte in Berlin Landauers Interesse am anarchistischen Sozialismus und er begann, für unterschiedliche Organe zahlreiche Artikel u.a. zu kunsttheoretischen, religiösen, philosophischen, politischen und ökonomischen Fragen zu verfassen. Auch belletristische Texte stammen aus Landauers Feder. 1893 wurde Landauer zum ersten Mal wegen »Aufforderung zum Ungehorsam« zu einer Gefängnisstrafe verurteilt, die er für neun Monate in Sorau absaß. Anschließend setzte er seine regelmäßige Publikationstätigkeit fort. Gemeinsam mit seiner zweiten Frau, Hedwig Lachmann, übersetzte Landauer einige Werke der Weltliteratur ins Deutsche, u.a. von Oscar Wilde und Walt Whitman, aber auch wichtige Werke des Anarchismus, etwa von Proudhon und Kropotkin. Verschiedene Auslandsaufenthalte, u.a. eine Reise nach England, die ihm eine Bekanntschaft mit Kropotkin ermöglichte, inspirierten ihn zur Ausarbeitung seiner Idee einer Organisierung der Landarbeiter_innen in anarchistisch-sozialistisch angelegten landwirtschaftlichen Siedlungsgemeinschaften.

1908 gründete Landauer den »Sozialistischen Bund«, an dem u.a. Erich Mühsam und Martin Buber teilnahmen. Die Flugblätter des Bundes, die von Landauer verfasst wurden, geben Auskunft über seine spezifische Transformationstheorie, politisch blieb die Organisation jedoch weitgehend bedeutungslos. 1914 vertrat Landauer eine dezidiert pazifistische und antimilitaristische Position und trat entschieden gegen den Ersten Weltkrieg ein, so dass er als einer der Hauptvertreter_innen der Strömung des Anarchopazifismus gelten kann. Nach Ende des Krieges beteiligte sich Landauer 1919 auf Bitte Kurt Eisners an der Münchener Räterepublik, wo er für kurze Zeit den Posten des Beauftragten für Volksaufklärung innehatte; nachdem die undogmatisch-antiautoritäre Fraktion der Räteregierung jedoch durch KPD-Funktionäre verdrängt wurde, erklärte Landauer schon nach knapp einer Woche den Rücktritt von seinem Amt. Nach der blutigen Niederschlagung der Räterepublik durch rechtsextreme Freikorps wurde er verhaftet und im Gefängnis Stadelheim von deutschen Soldaten misshandelt und ermordet.

Landauer nimmt die mutualistischen, kollektivistischen und kommunistischen Impulse von Proudhon, Bakunin und Kropotkin auf, integriert sie aber in sein eigenes anarchistisches Konzept. Dieses legt einen Schwerpunkt auf die *demonstrative* und *antizipierende* Funktion anarchistischer Praxis: Anstatt für eine Zerstörung alles Bestehenden und eine Neuschaffung eines ganz Neuen theoretisch zu agitieren, sollten Anarchist_innen im Hier und Jetzt zeigen und vorführen, wie ein besseres Zusammenleben aussehen kann. Dies ergibt sich zunächst aus Landauers Einsicht, wonach Staat und Kapital keine Dinge sind, die man entweder in Besitz nehmen oder zerschlagen kann, sondern soziale *Verhältnisse*: »Staat ist ein Verhältnis, ist eine Beziehung zwischen den Menschen, ist eine Art, wie die Menschen sich zueinander verhalten; und man zerstört ihn, indem man andere Beziehungen eingeht, indem man sich anders zueinander verhält. [...] Wir sind der Staat – und sind es so lange, als wir nichts anderes sind, als wir die Institutionen nicht geschaffen haben, die eine wirkliche Gemeinschaft und Gesellschaft der Menschen sind.« (Landauer 2010, 234) Die Etablierung neuer, politisch anarchistischer und ökonomisch sozialistischer Beziehungen nimmt für Landauer die Form genossenschaftlicher Landkommunen an, die von besonders Entschlossenen gegründet werden und die sich dann zu sozialistischen Bünden zusammenschließen sollen.

Landauer übernimmt hier die klassisch anarchistische Idee einer dezentral verankerten Föderation freiwillig eingegangener Assoziationen (Landauer 2010, 126 f.), buchstabiert aber ihre Implikationen als *Transformationstheorie* in besonderer Weise aus. Zunächst widerspricht er allen Vorstellungen, die davon ausgehen, für gesellschaftsverändernde Praxis müsse man zuerst auf die richtigen Bedingungen oder eine günstige Gelegenheit warten. Weder muss es dem Proletariat zuerst ausreichend schlecht gehen, bevor es sich in ein revolutionäres Subjekt verwandeln kann, noch ist die Möglichkeit zum Sozialismus vom Stand der Produktivkraftentwicklung abhängig, wie unterschiedliche Spielarten des Marxismus meinen; Sozialismus, behauptet Landauer, beruht zuallererst auf dem *Entschluss*, er ist in jedem Stadium der Geschichte und unter allen Bedingungen gleichermaßen möglich (Landauer 2009, 41 ff.). Dass die Einrichtung des Sozialismus einfach vom Entschluss der Menschen abhängig ist, bedeutet auch, dass es keine Klasse gibt, die in besonderer Weise zur Revolution disponiert wäre. Das Proletariat hat sich von jeher geweigert, seine von den Marxist_innen proklamierten »objektiven Interessen« wiederzuerkennen, andererseits leiden auch die Kapitalist_innen selbst an der Ausbeutung. Daraus schlussfolgert Landauer, dass die Arbeiter_innen, wie alle anderen Menschen auch, nur insofern sozialistisch sind, als sie den Sozialismus eben machen (Landauer 2010, 175 ff.). Um sie dazu zu bewegen, bedarf es der Initiative einer Avantgarde, die sich aus den bisherigen Verhältnissen löst und mit der Etablierung neuer menschlicher Beziehungen beginnt. Landauer greift das aus dem Judentum stammende Motiv des Exodus auf, wenn er dafür die Metapher eines von wenigen angeleiteten Auszugs aus der Knechtschaft verwendet: »Durch Absonderung zur Gemeinschaft« (Landauer 2010, 186).

Landauer versteht die Aufgabe dieser ersten Gemeinschaften aber nicht vordringlich als eine moralische oder politische Pflicht. Jedes heroische Askesedenken, nach dem es die Aufgabe der Revolutionär_innen ist, sich für eine unbestimmte Zukunft oder gar das Glück der nächsten Generation zu opfern, liegt ihm fern. Vielmehr muss sich das neue Zusammenleben auch schon unmittelbar auszahlen: In den sozialistischen Landkommunen zu leben wird sich als nicht nur gerechter, sondern auch als weniger entfremdet, als erfüllender und insgesamt freudvoller erweisen. Der demonstrative Effekt der Schaffung solcher Gemeinschaften kann sich nur dann entfalten, wenn sie für die Individuen auch tatsächlich attraktiv sind. »Was wir Sozialismus nennen«, schreibt Landauer, »ist freudiges Leben in gerechter Wirtschaft. Die Menschen wissen heute nicht, erleben es nicht mit dem wahrhaften Wissen des Dabeiseins und Erfassens, mit dem Wissen, das Neid und Lust und Nachahmung mit sich führt, was das ist: freudiges, schönes Leben. *Wir müssen es ihnen zeigen.*« (Landauer 2010, 143) Mit dieser Idee, dass sich die Schönheit und Freude ebenso wie die Gerechtigkeit des sozialistischen Zusammenlebens unmittelbar bewähren sollen und können und dass sich daher alternative Lebenspraktiken wie von selbst immer mehr ausweiten werden, will Landauer auch das klassische Problem der Machtergreifung umgehen. Weder ist es nötig, den Staat zu erobern und für die eigenen Zwecke zu verwenden – im Gegenteil hält Landauer solche Strategien für naiv und gefährlich –, noch muss eine gegnerische Klasse nach Vorbild des Krieges in einem Barrikadenkampf überwältigt werden. Statt einer binären Einteilung in Freund_in oder Feind_in setzt Landauer ganz auf die Überzeugungskraft des gelebten Beispiels. Das aus solchen konkreten Lebenspraktiken resultierende Ethos nennt Landauer – etwas mystisch verbrämt – den »Geist«, der schließlich die ganze Gesellschaft anstelle des Staates zu integrieren vermag (Landauer 2015, 50).

Landauer hat am konsequentesten eine spezifisch anarchistische Idee ausgearbeitet, nach der die Reorganisation des sozialen Lebens durch Etablierung neuer Beziehungen jenseits von Staat und Kapital erfolgen muss. Diese Idee war nicht nur zu Beginn des 20. Jahrhunderts einflussreich, etwa in der jüdischen Kibbuzbewegung in Palästina, sondern scheint auch interessante Anschlussmöglichkeiten an ähnliche Überlegungen etwa zeitgenössischer queer-feministischer Ansätze zu bieten. Allerdings liegt ebenso auf der Hand, dass sich Landauers Hoffnung zumindest im größeren Maßstab bislang nicht eingelöst hat. Jeder Versuch, die Strategie des »sozialistischen Beginnens« unter gegenwärtigen Bedingungen zu aktualisieren, wird sich daher der von Landauer gravierend unterschätzten Renitenz staatlicher Gewaltverhältnisse und der Integrationskraft kapitalistischer Vergesellschaftung ernsthaft zu stellen haben.

2.2.5 Emma Goldman

Alle Komponenten eines anarchistischen Lebens scheinen sich in der Biografie von Emma Goldman (1869–1940) zu vereinen:

Publikation, Agitation, Aktion, beantwortet mit Zensur, Denunziation, Gefangenschaft und Deportation. Kaum ein anderes Leben hat sich so bedingungslos und leidenschaftlich dem unermüdlichen Kampf gegen Unterdrückung und Ausbeutung an den unterschiedlichsten Fronten verschrieben wie dasjenige Emma Goldmans und kaum ein anderes besitzt eine so anhaltend schillernde Ausstrahlungskraft. Goldman stammte aus einer orthodox jüdischen Familie und wuchs im heutigen Litauen auf, wo sie schon als Schülerin nicht nur mit elenden Arbeitsverhältnissen, Antisemitismus und sexualisierter Gewalt konfrontiert war, sondern auch mit militanten anarchistischen Ideen in Berührung kam. Im Alter von 16 Jahren emigrierte sie gemeinsam mit ihrer Schwester in die USA, wo sie als Näherin in einer Textilfabrik zu arbeiten begann. Durch eine nur kurz währende Ehe erlangte sie die amerikanische Staatsbürgerschaft. Beeindruckt durch die Aktionen von Anarchist_innen während der Chicagoer Haymarket Riots intensivierte sich ihr Interesse für die antiautoritäre Bewegung. Nach der ersten Begegnung in New York mit ihrem lebenslangen Freund und zeitweiligen Geliebten Alexander Berkman, der sie mit dem radikalen Publizisten Johann Most in Kontakt brachte, reifte bei Goldman schließlich die Überzeugung, dass der Einsatz von Gewalt für soziale Veränderung unumgänglich sei; gemeinsam mit Berkman und Most wurde Goldman zu einer der wichtigsten Anhänger_innen des Konzepts der »Propaganda der Tat«.

Goldman betätigte sich für einige Jahre als Rednerin und Autorin, bevor sie 1892 zusammen mit Berkman in den Streik der Stahlarbeiter in Homestead, Pennsylvania, involviert wurde. Nachdem die Werksleitung unter Führung des glühenden Gewerkschaftsgegners Henry Clay Frick mithilfe von Streikbrechern und einem privaten Sicherheitsdienst eine Werksbesetzung zu beenden versuchte, kam es dort zu einem mehrstündigen bewaffneten Kampf, durch den mehrere Menschen getötet wurden. Ermutigt durch die mediale Aufmerksamkeit, beschlossen Berkman und Goldman, ein Attentat auf Frick zu verüben. Davon erhofften sie sich, die Arbeiter_innen gegen das kapitalistische System aufzuwiegeln. Berkman schoss mehrfach auf Frick, wurde aber dabei von den anwesenden Arbeitern keineswegs unterstützt, sondern zusammengeschlagen und an die Polizei ausgeliefert. Frick überlebte den Attentatsversuch, Berkman hingegen wurde wegen versuchten Mordes zu 22 Jahren Haft verurteilt. Die Polizei konnte Goldman, die die Aktion später als unüberlegt bereute, keinerlei Beteiligung nachweisen, so dass sie mit ihren unermüdlichen Reden und Publikationstätigkeiten fortfahren konnte.

1893 wurde sie wegen »Aufwiegelung zum Aufruhr« zu einer einjährigen Gefängnisstrafe verurteilt (der erste von insgesamt drei Gefängnisaufenthalten); bei ihrer Freilassung wurde sie, inzwischen zum Medienstar der anarchistischen Bewegung avanciert, von Hunderten von Anhänger_innen bejubelt. In der Folge arbeitete sie als Hebamme, nicht ohne weiter im ganzen Land Reden zu halten. Nachdem 1901 der Versuch der Polizei, Goldman mit dem Attentat auf den US-Präsidenten McKinley in Verbindung zu bringen, gescheitert war, zog sie sich für eine Zeit aus der Öffentlichkeit zurück und konzentrierte sich auf ihre Tätigkeit als Pflegerin und Krankenschwester, fand aber bald wieder zurück in die anarchistische Bewegung. 1906 gründete sie die Zeitschrift *Mother Earth*, in der sie zahlreiche Artikel, u.a. zu feministischen Themen veröffentlichte; bald übernahm der aus dem Gefängnis entlassene Berkman die Redaktion der Zeitschrift, was Goldman ihre rastlose Reisetätigkeit ermöglichte. Wie keine andere vermochte es Goldman, die Massen zu elektrisieren. Einen Schwerpunkt ihrer Beschäftigung bildeten zunächst die reproduktiven Rechte der Frauen, bevor sie sich nach Anbruch des Ersten Weltkriegs zunehmend gegen den Militarismus einsetzte und in einer Kampagne gegen die Wehreinberufung engagierte, was der als immer gefährlicher geltenden Goldman 1917 abermals einen Gefängnisaufenthalt einbrachte. Direkt nach ihrer Freilassung 1919 wurde Goldman und Berkman unter dem von J. Edgar Hoover durchgesetzten, antikommunistisch motivierten »Anarchist Exclusion Act«, der es erlaubte, Anarchist_innen des Landes zu verweisen, die amerikanische Staatsbürgerschaft aberkannt, und beide wurden nach Russland deportiert, wo sie Zeitzeug_innen der Russischen Revolution wurden. Goldman, die als Anarchistin ein kritisches, aber solidarisches Verhältnis zu den Bolschewiki einnahm, war vom Ausmaß der autoritären Entwicklungen in Russland schockiert und verließ die junge Sowjetunion nur zwei Jahre später. Sie lebte einige Jahre in Deutschland, England und Frankreich, wo sie ihre Autobiografie *Living my Life* verfasste, die in den USA vom Publikum mit großem Interesse aufgenommen wurde. Die vom Selbstmord ihres Freundes Berkman erschütterte Goldman zog es 1936 erneut zur Revolution, im Spanischen Bürgerkrieg schlug sie sich auf die Seite der Anarchist_innen und machte dort Erfahrungen, die ihr Vertrauen in die Solidarität unter kämpfenden Genoss_innen wieder herstellten. Goldman starb 1940 während eines Aufenthalts in Toronto.

Der Anarchismus nimmt für sich selbst häufig eine grundsätzliche Praxisorientierung in Anspruch: Während der Marxismus sich in Lehren und Programmen ausdrücken lasse, müsse man den Anarchismus anhand seiner Praxis beschreiben. Zumeist wird diese Gegenüberstellung mit einer Kritik am Wissenschaftlichkeitsanspruch des Marxismus begründet: Die Praxisorientierung des Anarchismus stellt demnach kein Defizit (»Theoriefeindlichkeit«) dar, sondern sei einfach die Konsequenz einer grundsätzlichen antidoktrinären, im konkreten Kampf situierten Haltung. Für eine solche Haltung steht am deutlichsten die

Biografie Emma Goldmans. Das umfangreichste Buch, das sie neben ihren unzähligen Artikeln, Flugblättern und Reden verfasst hat, ist ihre Autobiografie: Ihr Anarchismus manifestiert sich nicht im Text, sondern im Leben. Bei ihr hat dies, neben einem Vorbehalt gegen »autoritäre« Anwandlungen des wissenschaftlichen Marxismus, noch eine andere Pointe. Immer wieder betont Goldman die ethisch-ästhetische Dimension politischen Engagements: Für Befreiung zu kämpfen ist nicht nur moralisch und politisch richtig, es ist auch erfüllend, berauschend, erwärmend. Dies kommt in einer Äußerung zum Ausdruck, mit der Goldman am häufigsten in Verbindung gebracht wird (die sie jedoch so nie getan hat, sondern die nur eine Anspielung auf eine Formulierung aus ihrer Autobiografie darstellt (Goldman 2010, 63)): »If I can't dance to it, it's not my revolution«. Goldmans Insistieren auf dem Recht, auch angesichts und trotz der Ungerechtigkeit der Welt noch »Schönes und Sinnvolles zu tun«, wie etwa zu tanzen (Goldman 2010, 63), bringt den häufig vernachlässigten affektiven und emotionalen Ertrag einer revolutionären Lebensführung zur Geltung.

Obwohl sich bereits andere Anarchist_innen (wie Louise Michel oder Voltairine de Cleyre) mit der Unterdrückung von Frauen auseinandergesetzt hatten, war es vor allem Emma Goldman, die das Geschlechterverhältnis für den Anarchismus auf die Tagesordnung setzte. Für Goldman war die Befreiung der Frauen integraler Bestandteil der allgemeinen Befreiung der Menschen von Herrschaft. Schon früh erkannte sie die Bedeutung der Geburtenkontrolle: Weil Kinder aus einer Verbindung der Liebe entspringen sollen und nicht aus Not, ist es unerlässlich, Frauen Zugang zu Empfängnisverhütung zu gewähren. Die bürgerliche Frauenbewegung und die Suffragettenbewegung kritisierte sie für deren Fokussierung auf das Wahlrecht. Weil Wahlen nicht geeignet sind, an der grundsätzlichen Struktur der sozialen Reproduktion etwas zu ändern, müsse der Anarchismus bei der Änderung der Lebensverhältnisse ansetzen. Auch hier ruft Goldman ethisch-ästhetische Motive auf: Die patriarchale Kultur hat ein Frauenbild erzeugt, nach dem die Frau sorgende Mutter und liebende Ehefrau ist – wahre Emanzipation findet dort statt, wo sich Frauen gegen ein solches Leben und für ein Leben in Freiheit, Liebe und Ekstase entscheiden (Goldman 2013, 180 ff.). Goldman war dementsprechend eine scharfe Kritikerin der Institution der Ehe und Anhängerin der freien Liebe; nur wenn Liebe aus Freiheit und nicht aus Zwang oder Gewohnheit kommt, kann sie sich ohne verdeckte Unterdrückung realisieren. Hierbei machte sie zwischen hetero- und homosexueller Liebe keinen Unterschied, Goldman war eine der ersten Vertreter_innen der vollständigen Gleichstellung von Schwulen und Lesben, eine auch unter Anarchist_innen dieser Zeit extrem seltene Position.

Aufschlussreich und für die anarchistische Bewegung bedeutsam ist ferner Goldmans ambivalente Position zur Gewaltfrage, die sich im Laufe ihres Lebens wandelte. Unter dem Einfluss Johann Mosts, von dem sich Goldman später distanzierte, vertrat sie zu Beginn ihrer aktivistischen Laufbahn das Konzept der »Propaganda der Tat«. Durch gezielte, öffentlichkeitswirksame Gewaltakte sollten die Massen dazu gebracht werden, die Ungerechtigkeit der bestehenden Ordnung zu erkennen und sich ihr zu widersetzen. Obwohl Gewalt gegen Menschen dem anarchistischen Prinzip widerspricht (Goldman 2013, 28 ff.), stelle die Propaganda der Tat nur die natürliche Reaktion auf ungleich gravierendere Gewaltverhältnisse dar und könne daher als Teil einer befreienden Gesamtstrategie gerechtfertigt sein; in solchen Fällen, schreibt Goldman in Bezug auf das Attentat auf Frick, rechtfertigte für sie »der Zweck die Mittel« (Goldman 2010, 91; vgl. auch Goldman 2013, 64 ff.). Gewandelt hat sich demgegenüber nicht so sehr Goldmans moralphilosophische Position als ihre politische Einschätzung; dass sich die Arbeiter_innen durch Berkmans Intervention keineswegs radikalisierten, sondern im Gegenteil mit ihrem Unterdrücker solidarisierten, ließ sie erkennen, dass Gewalt vor allem als propagandistisches Mittel – ein solches soll sie ja im Rahmen der Propaganda der Tat sein – nur sehr begrenzt geeignet ist. Noch skeptischer war Goldman gegenüber der institutionalisierten und auf Dauer gestellten Gewalt, wie sie sie in Russland erlebte, hier verwandelt sich die revolutionäre Tat in genau dasjenige, wogegen sie sich eigentlich richtete: einen autoritären, bewaffneten Staatsapparat, welcher die Initiative und den Tätigkeitsdrang der Massen abtötet (Goldman 1987, 21). Goldman verzichtet allerdings darauf, aus dieser Analyse eine grundsätzliche Gewaltfreiheit abzuleiten; u.a. mit Verweis auf die Sklaverei in den USA argumentiert sie, es gebe Unterdrückungsinstitutionen, die sich erwiesenermaßen nur durch militanten Widerstand abschaffen lassen. Auch in Bezug auf die Gewaltfrage – eine klassische Grundsatzfrage der anarchistischen Bewegung – vertritt Goldman also einen praxisorientierten, in der spezifischen historischen Konstellation situierten Ansatz.

2.3 Anarchismus nach 1968: Feministische, antikoloniale, ökologische und poststrukturalistische Herausforderungen

Zwischen den 40er und den 60er Jahren des 20. Jahrhunderts war der Anarchismus weitgehend von der Landkarte der geistesgeschichtlich relevanten Positionen verschwunden. Der Nationalsozialismus und der Faschismus im Westen, der Bolschewismus im Osten hatten anarchistische Bewegungen mit Waffengewalt zerschlagen. Auch im sich anschließenden Zeitalter der Blockkonfrontation konnte sich der Anarchismus nicht als dritte Alternative zu Kapitalismus und Staatskommunismus etablieren. In den westlichen Universitäten verstanden sich die meisten Linken eher als Marxist_innen, so dass es auch hier die – ohnehin hierarchiefeindlichen und daher institutionenkritischen – Anarchist_innen nicht vermochten, diskursiven Einfluss zu erlangen.

Erst mit den weltweiten Revolten um 1968 erlebte der Anarchismus eine Renaissance. Unter dem Einfluss des antiautoritären und revolutionären Klimas, dem der orthodoxe Marxismus keine neuen Impulse mehr geben zu können schien, begannen Intellektuelle und Aktivist_innen, die Texte anarchistischer Klassiker_innen auszugraben und erneut zu studieren. Im Rahmen dieser Revitalisierung musste sich die anarchistische Theoriebildung allerdings auch beträchtlichen Herausforderungen stellen, die zum Teil grundlegende Revisionen des theoretischen Grundgerüsts anarchistischen Denkens zur Folge hatten. Die Frauenbewegung hat die weitgehende Ausblendung des Geschlechterverhältnisses und das auch in der anarchistischen Bewegung verbreitete »Mackertum« infrage gestellt, mit den antikolonialen Befreiungsbewegungen drängten Akteur_innen aus der sogenannten »Dritten Welt« auf die Bühne der Weltgeschichte, und mit der ökologischen Krise entstand ein ganz neues politisches Themenfeld. Zudem wurden ausgehend von Theorien der Neuen Linken insbesondere in Frankreich, vor allem durch Denker_innen aus dem Umfeld des Poststrukturalismus wie Michel Foucault, Gilles Deleuze und Félix Guattari, wichtige Grundsatzfragen an zentrale anarchistische Prämissen gestellt. All diesen Bewegungen ist gemeinsam, dass sie die Verankerung des Anarchismus in der Moderne herausarbeiten und infrage stellen. Der klassische Anarchismus, so die Kritik, geht von einem zu stark der europäischen Aufklärung verhafteten Vernunft-, Fortschritts- und Menschenbild aus, das nicht nur naiv und reduktionistisch ist, sondern sich auch über die eigene Situiertheit innerhalb historischer Ausschluss- und Gewaltverhältnisse zu wenig Rechenschaft ablegt.

Wie bei anderen linken Bewegungen, so bestand auch für anarchistische Gruppen und Ansätze die Bedeutung der feministischen Bewegung zunächst vor allem darin, das Geschlechterverhältnis überhaupt erst einmal als Ausbeutungs- und Unterdrückungsverhältnis zu thematisieren. Ähnlich wie Kommunist_innen und Sozialist_innen gingen auch viele Anarchist_innen zumindest implizit davon aus, dass dem Kampf gegen Kapital und Staat eine Priorität zukommen müsse und die – durchaus als solche erkannte – Unterdrückung von Frauen als nachrangig zu behandeln sei. Im Zuge der Zweiten Frauenbewegung (des »Second Wave Feminism«) drängten vor allem weibliche Anarchistinnen ihre männlichen Genossen dazu, Fragen etwa der reproduktiven Arbeit, der Kindererziehung, der geschlechtlichen Rollenbilder und der sexualisierten Gewalt politisch ernst zu nehmen und auch in den eigenen Zusammenhängen praktisch anzugehen. Auf diese Weise ergaben sich natürliche Allianzen vor allem zwischen dem Anarchismus und der Strömung des *Radical Feminism*, die auf eine fundamentale Umstrukturierung der patriarchalen Ordnung drängte, dabei aber auf eine Distanz zu Staat und Recht bestand und stattdessen auf Praktiken des *consciousness raising* und der Selbstorganisation setzte. »The radical feminist perspective«, so die amerikanische Anarcha-Feministin Peggy Kornegger 1975, »is almost pure anarchism« (Kornegger 1996, 159). Allerdings ergeben sich zwischen Anarchismus und Feminismus nicht nur Übereinstimmungen, sondern auch Spannungen. Eine feministische Kritik am *Radical Feminism*, die den Anarchismus in besonderer Weise trifft, hat die Aktivistin Jo Freeman mit ihrem einflussreichen Essay *The Tyranny of Struc-*

turelessness vorgelegt. Der Versuch, die eigenen Gruppen möglichst unhierarchisch und ohne Anführer_innen zu organisieren, argumentiert Freeman, kann zu informellen Hierarchien, unsichtbaren Arbeitsteilungen und unreflektierten Erwartungshaltungen führen, die bestehende Machtverhältnisse auf subtile Weise fortschreiben. Freeman zieht hieraus den Schluss, dass demokratisch kontrollierbare, klar identifizierte Strukturen der »Tyrannei der Strukturlosigkeit« vorzuziehen sind (Freeman 1972). Weitere Kurskorrekturen am klassischen Anarchismus hat seit den 1990er Jahren vor allem die queere Bewegung und Theorie eingefordert. Die Zurückweisung der Vorstellung einer Natürlichkeit der Kategorie Geschlecht veranlasst die jüngere Generation von Anarchist_innen dazu, biologistische Restbestände, wie sie sich etwa noch in den Texten Emma Goldmans finden lassen, zu thematisieren, und die Suche nach Formen eines transgressiven, perversen Begehrens inspiriert dazu, die asketischen, rationalistischen und essenzialistischen Elemente der anarchistischen Tradition zu hinterfragen (vgl. exemplarisch die Beiträge in Daring et al. 2013).

Ein weiteres Themenfeld, das im klassischen Anarchismus für lange Zeit ausgeklammert wurde, ist der Kolonialismus. Auch dies änderte sich in den 1960er Jahren. Indien, Vietnam, Algerien hatten eine Unabhängigkeit von ihren früheren Kolonialmächten erkämpft, Kuba, Nicaragua und Chile wehrten sich gegen den Imperialismus der USA. Zugleich hörten aber koloniale, post- und neokoloniale Bestrebungen nicht auf, die Weltpolitik zu bestimmen. Die sich als antiimperialistisch verstehenden Studierendenproteste in den westlichen Metropolen nahmen für sich in Anspruch, die eigenen Kämpfe mit denen des globalen Südens zu verbinden. Der Anarchismus hatte sich zwar für gewöhnlich antimilitaristisch oder pazifistisch positioniert und auch an vielen nationalen Befreiungsbewegungen beteiligt. Hierfür bot nicht nur Bakunins frühe Unterstützung der panslawischen Idee, sondern auch das von ihm eingeforderte Ernstnehmen der Landbevölkerung (im Gegensatz zum industrialisierten Proletariat) eine gute theoretische Basis. Zur *spezifischen* Analyse und Kritik der kolonialen Situation schien der Anarchismus hingegen wenig beizutragen zu haben. Im Gegenteil blieben anarchistische Theorien allzu oft von eurozentrischen Weltbildern, etwa unreflektiert europäischen Vorstellungen von Rationalismus, Humanismus und Universalismus, geprägt, ohne für die Besonderheiten nicht-europäischer Kulturen sensibel zu sein. Mit der Konjunktur des Antiimperialismus begannen Anarchist_innen zunehmend, auch die Rolle nicht-westlicher Anarchist_innen zu würdigen (vgl. dazu exemplarisch Anderson 2013; Hirsch/van der Walt 2010) sowie nicht-westlichen Modellen der Anarchie, die zum Teil an indigene Praktiken anknüpfen können, stärker Berücksichtigung zu schenken (vgl. exemplarisch für Afrika Mbah/Igariwey 1997). Von Anarchist_innen *of color* wurde zudem ein größeres Ernstnehmen kolonialer und rassistischer Erfahrungen eingefordert, was insbesondere in den USA in die Strömung des *Black Anarchism* mündete (vgl. Black Rose Anarchist Federation 2016; Bey 2022).

Seit Anfang der 1970er Jahre rückte zudem die ökologische Frage immer mehr ins Bewusstsein der Öffentlichkeit. Naturkatastrophen, Hungersnöte, Artensterben, Ozonloch und Klimawandel ließen es dringend geboten scheinen, dass die Linke eine Antwort auf die Tendenz der immer ungezügelteren Naturbeherrschung und die damit einhergehende Zerstörung der Lebensgrundlagen formulierte. Für den Anarchismus bedeutete das, den vor allem bei Godwin und Kropotkin, aber auch bei einigen anderen Theoretiker_innen anzutreffenden Fortschrittsoptimismus auf den Prüfstand zu stellen. Von der zunehmenden technologischen Entwicklung ließ sich keine automatische Erleichterung der Arbeit und auch nicht unbedingt ein Befreiungspotenzial erwarten. Auf der anderen Seite schien der Anarchismus vor allem mit der bereits einigermaßen ausgereiften Idee des Dezentralismus gut gewappnet, Konzepte für einen nachhaltigen Umgang mit der Natur zu entwickeln. Einer der bekanntesten Vertreter_innen eines libertären Kommunalismus ist der amerikanische Anarchist Murray Bookchin, der in seinem Buch *Die Ökologie der Freiheit* das Modell dezentraler, demokratisch produzierender Zusammenschlüsse entwickelt (Bookchin 1985). Die dahinter stehende Analyse kommt zum Ergebnis, dass das Ausmaß der gegenwärtigen Umweltzerstörung nicht nur durch den technischen Fortschritt, sondern auch durch die wirtschaftliche und politische Monopolisierung in der Moderne möglich geworden ist. Kleinräumige Strukturen ermöglichen demgegenüber eine weitaus bessere Anpassung der menschlichen Lebensweise an die lokalen Umweltbedingungen. Die Strömung des Öko-Anarchismus hat diese Idee aufgegriffen und um Modelle der Reduzierung des Ressourcenverbrauchs, des Bioregionalismus und der Wachstumskritik ergänzt. Tierbefreiungsgruppen und Vegan-Anarchist_innen haben zudem öko-anarchistische Ansätze auf nicht-menschliche Lebewesen ausgeweitet; in der veganen und nachhaltigen Lebensführung hat diese Theorie auch eine konkrete ethische Dimension. Eine Radikalisierung hat der Öko-Anarchismus im sogenannten Anarcho-Primitivismus gefunden, einem Ansatz, der die menschliche Zivilisation insgesamt als herrschaftsförmig und zerstörerisch zurückweist und eine Rückkehr zu einem voragrikulturellen Leben im Einklang mit der Natur propagiert (vgl. dazu als deutschsprachigen Überblick Huber 2015).

Diese Herausforderungen – Feminismus, antikoloniale Kämpfe und Ökologie – veranlassen also nicht nur eine thematische Ausdehnung anarchistischer Ansätze auf neue Themenfelder, sondern erfordern auch eine inhaltliche Neuausrichtung. Deren gemeinsamer Nenner besteht in einer Infragestellung der Schlüsselkategorien der europäischen Moderne. Das Projekt der Aufklärung, das auf einer spezifischen Vorstellung von Vernunft, Universalismus und Fortschritt beruht, war nicht nur nicht in der Lage, der globalen Ungerechtigkeit Einhalt zu gebieten, sondern hat sie oft genug legitimatorisch abgesichert. Der klassische Anarchismus bleibt diesem Projekt verhaftet, zumeist jedoch ohne die eigene historische Einbettung kritisch zu reflektieren. Die von den angeführten sozialen Bewegungen artikulierten Vorbehalte gegen den Anarchismus als Erscheinung der Moderne finden ebenfalls seit den 1960er Jahren auch ein philosophisches Sprachrohr: im französischen Poststrukturalismus.

Die Pointe der poststrukturalistischen Intervention lässt sich gut anhand eines Themenfeldes veranschaulichen, das auch Anarchist_innen immer wieder beschäftigt hat, nämlich des Gefängnisses. Für Anarchist_innen ist der Anspruch des Staates, seine Bürger_innen zu bestrafen, einer der deutlichsten Ausdrücke seines herrschaftsförmigen Charakters. Sie sehen das Gefängnis als repressiven Apparat: Der Staat greift mit Mitteln der Gewalt in die Freiheit der Individuen ein. Michel Foucault hat 1975 mit seinem Buch *Überwachen und Strafen* eine Analyse und Kritik des modernen Gefängnissystems und der Disziplinargesellschaft vorgelegt, die eine Korrektur der anarchistischen Sichtweise notwendig gemacht hat. Foucault kommt in seinem Buch zu dem Ergebnis, dass die Subjektivität des modernen Menschen insgesamt von disziplinarischen Praktiken konstituiert ist. »Der Mensch, von dem man spricht und zu dessen Befreiung man uns einlädt«, schreibt er, »ist bereits in sich das Resultat einer Unterwerfung, die viel tiefer ist als er.« (Foucault 1979, 42) Nach dieser Erkenntnis ist es nicht länger möglich, Staat und Individuum einfach einander gegenüberzustellen: Wenn das Individuum (in seiner Individualität) selbst Ergebnis der Disziplinierung ist, dann kann der Kampf gegen die Disziplinierung nicht im Namen des Individuums geführt werden. Der Mensch ist vielmehr in seine eigene Unterwerfung verstrickt. Diese Verstrickung hat Konsequenzen sowohl für die Seite der Macht als auch für die des Subjekts. Die Macht kann nicht etwas rein Negatives sein: Sie produziert Handlungsfähigkeit ebenso wie Unterwerfung, Widerstand ebenso wie Repression. Das heißt auch, dass eine von Macht befreite, sich selbst transparente, harmonische und rationale Welt, wie sie in den Utopien einiger Anarchist_innen imaginiert wird, nicht nur unmöglich, sondern auch gar nicht wünschenswert ist. Auf der Seite des Subjekts haben Foucault und andere poststrukturalistische Theoretiker_innen gezeigt, dass es kein ahistorisches Wesen des Menschen gibt, dessen Freiheit dann von außen eingeschränkt wird. Dies macht viele der essenzialisierenden Annahmen, etwa über die Gestalt eines vernünftigen, nicht-entfremdeten, erfüllten oder glücklichen Lebens, die sich bei Anarchist_innen finden lassen, problematisch. Zugleich inspiriert diese Einsicht dazu, für den politischen Kampf neue Bezugspunkte anstelle des Individuums zu finden und den anarchischen Impuls bis zur Infragestellung der eigenen Existenzbedingungen weiterzutreiben. Dies ist das Projekt, das etwa Gilles Deleuze und Félix Guattari in ihren Büchern *Anti-Ödipus* (1972) und *Tausend Plateaus* (1980) angehen. Sie denunzieren auf radikale Weise die »Mikrofaschismen«, welche die psychische und affektive Struktur unserer Subjektivität organisiert haben, und machen sich auf die Suche nach einer antifaschistischen und daher transgressiven Lebensweise: »Laßt keinen General in euch aufkommen!« (Deleuze/Guattari 2005, 41)

Vor allem im englischen Sprachraum hat eine Gruppe von Autor_innen versucht, die Einwände des Poststrukturalismus in einen neuen anarchistischen Ansatz zu integrieren, für den sich mittlerweile die Bezeichnung Postanarchismus durchgesetzt hat. Im englischen Sprachraum sind die Hauptvertreter_innen u.a. Todd May, Saul Newman und Lewis Call, im deutschen Kontext beschäftigen sich u.a. Autor_innen wie Jens Kastner, Gabriel Kuhn und Jürgen Mümken mit postanarchistischen Ideen (vgl. für den amerikanischen Kontext den Sammelband von Rousselle/Evren 2011; in deutscher Sprache Kuhn 2009). Das Präfix Post- soll dabei nicht einfach ein Hintersichlassen bezeichnen, sondern eine kritische Auseinandersetzung und Weiterentwicklung, die sich aber noch immer in derselben Tradition verortet. Der amerikanische Philosoph Todd May, einer der Hauptvertreter_innen des Postanarchismus, hat als Erster das anarchische Potenzial poststrukturalistischer Theorien herausgearbeitet. Aufgrund ihres Fokus auf Pluralität, Heterogenität und Relationalität sowie ihrer Kritik an Repräsentation, Tradition und Autorität scheinen poststrukturalistische Autor_innen naheliegende Alliierte für Anarchist_innen zu sein, mehr noch: Der Poststrukturalismus kann als die philosophische, der Anarchismus als die politische Seite ein und derselben Medaille verstanden werden (May 1989, 178). Zugleich ist damit aber auch beträchtlicher Revisionsbedarf am anarchistischen Kernbestand, etwa an dessen Humanismus, Essenzialismus und Rationalismus, angemeldet. Die Verbindung von Anarchismus und Poststrukturalismus – ebenso wie mit Feminismus, Antikolonialismus und Ökologie – scheint nur um den Preis einer Aufgabe tragender Prämissen möglich zu sein. Ebenso klar ist aber: Nur wenn es dem Anarchismus gelingt, sich den Herausforderungen dieser politischen Bewegungen und philosophischen Ansätze zu stellen, ohne dabei seine zentralen Ideen aufzugeben, kann er auch heute noch eine lebendige Alternative sowohl zum bürgerlichen Liberalismus als auch zum autoritären Marxismus darstellen.

3. Motive und Diskurse

3.1 Freiheit zwischen Individuum und Gemeinschaft

Kein anderer Begriff wird in der anarchistischen Literatur so häufig bemüht wie der der Freiheit. Freiheit ist seinem Selbstverständnis zufolge derjenige Wert, der den Anarchismus gegenüber allen anderen politischen Ansätzen besonders auszeichnet. Zwar nehmen so gut wie alle politischen Strömungen für sich in Anspruch, Freiheit verwirklichen zu wollen, sei es der Liberalismus, der Republikanismus oder der Marxismus; selbst nationale und völkische Bewegungen meinen, für »Freiheit« einzutreten. All diese Ansätze, so der anarchistische Einwand, wollen jedoch nur eine teilweise, eine falsch verstandene oder eine auf wenige Menschen begrenzte Freiheit erreichen. Der Anarchismus hingegen sei die einzige Bewegung, die für eine vollständige, wahre und umfassende Befreiung eintritt.

In Anbetracht seiner zentralen Rolle für den Anarchismus bleibt der Begriff der Freiheit in der anarchistischen Diskussion allerdings oft verblüffend schwammig. So beantwortet etwa Alexander Berkman in seinem *ABC des Anarchismus* die Frage »Was ist Anarchismus?« wie folgt: »Ein Leben ohne Zwang bedeutet natürlich Freiheit, das heißt frei zu sein von Druck und Zwang, die Möglichkeit so zu leben, wie es Ihnen gefällt.« (Berkman 1999, 18) Diese Definition ist tautologisch: Die Begriffe »Freiheit« und »ohne Zwang« tauchen auf beiden Seiten der Gleichung auf.

Unklar bleibt also, was genau Freiheit sein soll und was demgegenüber als Zwang zu qualifizieren ist. Auch der Zusatz »so zu leben, wie es Ihnen gefällt« hilft hier nicht weiter – sind wirklich alle Einschränkungen meines Wollens zugleich Einschränkungen meiner Freiheit? Bin ich unfrei, wenn ich nicht fliegen kann, wenn ich mich beim Tennisspielen an die Regeln halten muss, wenn ich verliebt bin (die vielleicht intensivste Erfahrung von Fremdbestimmung, die ein Individuum machen kann)? Zu solchen, in der anarchistischen Literatur häufig anzutreffenden terminologischen Verlegenheiten kommt hinzu, dass der Freiheitsbegriff auch innerhalb des anarchistischen Diskurses umstritten ist. Max Stirner oder die amerikanischen Individualanarchist_innen halten jeden Eingriff der Gemeinschaft in die Rechte des Individuums für eine Attacke auf die Freiheit – während Kollektivist_innen wie Bakunin oder Kommunist_innen wie Kropotkin entschieden der Meinung sind, das Individuum könne sich nur in und mit der Gemeinschaft frei entfalten. Die beiden Positionen gehen also von so unterschiedlichen freiheitstheoretischen Prämissen aus, dass es fast zweifelhaft erscheint, sie überhaupt unter ein und denselben Ansatz zu rubrizieren. Um den Freiheitsbegriff des Anarchismus – bzw. die verschiedenen Freiheitsbegriffe des anarchistischen Diskurses – zu präzisieren und besser verstehen zu können, mag es daher hilfreich sein, sie zunächst innerhalb eines breiteren philosophischen Rahmens zu verorten.

Der britische Philosoph Isaiah Berlin hat 1958 in einem einflussreichen Essay zwei Freiheitsbegriffe voneinander unterschieden: *negative* und *positive* Freiheit (Berlin 2006). Negative Freiheit kann man als *Freiheit von*, positive Freiheit hingegen als *Freiheit zu* verstehen. Negative Freiheit bedeutet Abwesenheit von äußerem Zwang, von Einmischung oder Beschränkung. Im negativen Sinne frei bin ich, wenn ich mich entscheide, ein Eis zu essen, und das auch tun kann, ohne dass mich jemand – meine Eltern, der Verband der Zahnärzt_innen oder eine wohlmeinende Regierung – daran hindert. Ein klassisches Beispiel rechtlich verstandener negativer Freiheit ist die Redefreiheit: Ich kann sagen, schreiben und publizieren, was ich will, ohne zensiert zu werden. Negative Freiheit wird meistens *individualistisch* verstanden: Die Gesellschaft hat für diese Form der Freiheit nur einen abgeleiteten und instrumentellen Wert, auf keinen Fall darf sie zu stark in die Handlungssphäre des Individuums eingreifen. Positive Freiheit ist hingegen die Möglichkeit, die Bedingungen meiner eigenen Handlungen und meines eigenen Wesens (mit)zubestimmen. Im positiven Sinne frei bin ich, wenn ich in der Lage bin, mir auf Grundlage von guter Bildung, freier Kommunikation mit Ernährungsberater_innen und ausreichenden materiellen Möglichkeiten zu überlegen, ob und unter welchen Umständen ich ein Eis essen möchte, und diese Entscheidung dann auch realisieren zu können. Ein klassisches Beispiel rechtlich verstandener positiver Freiheit ist das Wahlrecht: Ich beteilige mich an der kollektiven Gestaltung meines Lebens und Zusammenlebens. Positive Freiheit wird meistens als soziale Freiheit verstanden: Das Individuum verdankt seine Freiheit erst der Partizipation an gesellschaftlichen Praktiken. Es wird hier deutlich, dass negative und positive Freiheit nicht einfach zwei Elemente oder Dimensionen von Freiheit sind, die sich gegenseitig ergänzen. Es handelt sich vielmehr um zwei Freiheits*begriffe*, das heißt um miteinander konkurrierende Verständnisse dessen, was Freiheit ist, die unterschiedliche und zum Teil entgegengesetzte politische Implikationen haben.

Die wichtigste und einflussreichste ideengeschichtliche Strömung, welche sich die Verteidigung der negativen Freiheit zum Hauptziel gesetzt hat, ist der Liberalismus. Liberale Philosoph_innen wie etwa John Locke, John Stuart Mill oder Charles de Montesquieu treten dafür ein, dass der Freiheit des Individuums bei der Einrichtung einer Gesellschaftsordnung ein absolutes Primat zukommen muss. Das Grundverständnis des Liberalismus lautet, dass meine Freiheit erst dort endet, wo deine Freiheit eingeschränkt wird. Der Staat hat die Aufgabe, diese individuelle Freiheit zu garantieren, das heißt dafür zu sorgen, dass die einzelnen Individuen sich nicht gegenseitig in ihrer jeweiligen Freiheit lädieren. Unveräußerliche Grund- und Menschenrechte sollen dabei die Rolle des Staates begrenzen und die Bürger_innen vor illegitimen Eingriffen seitens der Regierung schützen.

Einige Positionen innerhalb des Anarchismus können als Radikalisierung des Liberalismus verstanden werden. Libertäre Denker_innen und Individualist_innen wie Godwin, Stirner und Thoreau sowie die diversen nachfolgenden Strömungen des Individualanarchismus gehen ebenfalls von einem absoluten Vorrang des Individuums aus, lehnen aber staatliche Regularien als illegitime Eingriffe in die Freiheit grundsätzlich ab. Selbst ein »Minimalstaat«, der nur für Sicherheit sorgt, oder ein »Nachtwächterstaat«, der im Fall einer ökonomischen Krise interveniert, beruht auf einer zwangsförmigen Unterordnung des Individuums und ist deshalb abzuschaffen. »Hat das Individuum das Recht zur Selbstbestimmung«, schlussfolgert etwa der amerikanische Individualanarchist Benjamin Tucker, »dann ist alle fremde Regierung Tyrannei« (Tucker 1922, 22). Im Anschluss an Stirner ist für die meisten Anarchist_innen, die sich in dieser Tradition verorten, das durch eigene Arbeit produzierte individuelle Eigentum Bedingung und Garant persönlicher Freiheit. Nur wenn ich etwas besitze, bin ich von den Anderen wirklich unabhängig. Individualistische Anarchist_innen haben zudem meistens keine Einwände gegen einen marktbasierten Gütertausch, solange dieser nicht durch den Staat reguliert oder durch wirtschaftliche Monopole manipuliert wird.

Freiheitstheoretisch beruhen solche Positionen auf der Annahme einer absoluten Souveränität des Individuums. Ausgehend von der Prämisse des Selbsteigentums (*self-ownership*), wonach allein die Einzelne über ihren Körper und ihre Lebensweise zu bestimmen hat, wird das Individuum als von seiner Umwelt und seinem Mitmenschen isoliert angesehen und hat im Normalfall Interessen und Bedürfnisse, die mit denen der Anderen konfligieren. Das Eigentum ist dabei nicht nur Garant der Freiheit, sondern gibt auch ihr Modell ab: Freiheit wird insgesamt als die Einrichtung einer individuellen Handlungssphäre verstanden, in der ich – wie mit meinem Eigentum – nach Belieben verfahren darf, ohne dafür irgendjemandem Rechenschaft ablegen zu müssen. Um der Gefahr des Konformismus mit der Gemeinschaft zu entgehen und individuelle Autonomie und Unabhängigkeit aufrechtzuerhalten, wird häufig angestrebt, diese Isolation auch räumlich herzustellen, etwa durch den Auszug in die Natur, Wanderschaft oder den Aufbau autarker, subsistenzorientierter Ökonomien. Während sich die Anhänger_innen der meisten Strömungen des Individualanarchismus in solchen Praktiken der »Selbständigkeit« (*self-reliance*) üben, kann er in anderen allerdings auch die Form des »Freidenkertums«, der (sub-)kulturellen Devianz, der lebensstilistischen Extravaganz oder des intentionalen Immoralismus oder Illegalismus annehmen; weil jede Form der Gesetzgebung und gesellschaftlichen Organisation die Freiheit des Individuums abtötet, sind die Einzelnen demnach berechtigt und aufgefordert, diese Grenzen zu sprengen und nach nietzscheanischem Vorbild zu überschreiten. All diesen individualistischen Strömungen ist es jedenfalls gemeinsam, dass sie ein Konzept negativer Freiheit vertreten: Freiheit ist hier *Freiheit von* dem Staat, der Gesellschaft und den anderen Menschen.

Eine andere philosophische Strömung hat gegenüber dem negativen, individualistischen Freiheitsverständnis eine grundlegende Kritik formuliert. In der Moderne ist der wichtigste Philosoph eines positiven, sozialen Freiheitsverständnisses G.W.F. Hegel. Hegel knüpft an Aristoteles' Bestimmung des Menschen als *zoon politikon*, das heißt als gesellschaftliches Tier an. Menschliches Leben, so lautet Aristoteles' und Hegels Beobachtung, kann es außerhalb von Gesellschaft nicht geben. Selbst Robinson auf seiner Insel ist noch immer ein gesellschaftlich geprägtes Wesen, weil er seine in Gesellschaft erlernten Fähigkeiten und seine Sprache verwendet, um sich in seiner Umwelt zu orientieren. Würde die Sozialität des Menschen zerstört, so wäre das menschliche Leben gar nicht mehr als menschlich erkennbar. Weil das menschliche Selbst also irreduzibel sozial ist, muss auch die Freiheit als Praxis der Selbst-Bestimmung sozial sein. Diese Erkenntnis beinhaltet zunächst eine Aussage über die Reichweite von Selbst-Bestimmung: Die Gestaltung meines Lebens kann nie monologisch und isoliert erfolgen, sondern muss immer die Anderen und das Netz der sozialen Praktiken, in denen ich mich immer schon bewege, einbeziehen. Mit dieser Reichweitenbestimmung ist aber zugleich eine inhaltliche Bestimmung verbunden: Wenn der Mensch nur unter Bedingungen der Gesellschaft existieren und gedeihen kann, dann macht es keinen Sinn, Freiheit als *Freiheit von* Gesellschaft zu verstehen. Freiheit ist vielmehr *Freiheit zur* Gesellschaft, das heißt die Möglichkeit, an sozialen Praktiken zu partizipieren und sich in ihnen zu Hause zu fühlen. Das Modell einer so verstandenen Freiheit geben die Freundschaft und die Liebe ab: Frei fühlt man sich in solchen Beziehungen nicht dann, wenn man von der Anderen möglichst allein gelassen wird, sondern wenn man die Möglichkeit hat, die Beziehung gemeinsam mit der Anderen zu gestalten. Ein solcher Freiheitsbegriff hat Konsequenzen sowohl für die objektive als auch für die subjektive Seite: Einerseits muss die Beziehung, in der ich mich befinde, es objektiv erlauben, von mir angeeignet zu werden (sie darf zum Beispiel nicht tyrannisch oder chaotisch sein), andererseits darf ich mich auch nicht allein auf meine eigene Perspektive kaprizieren und mich egoistisch gegen die Andere versteifen. Hegel drückt dies in seinen *Grundlinien der Philosophie des Rechts* so aus: In der Freundschaft und Liebe »ist man nicht einseitig in sich, sondern man beschränkt sich gern in Beziehung auf ein Anderes, weiß sich aber in dieser Beschränkung als sich selbst« (Hegel 1986, 57 [§7]). Die von Hegel formulierte Idee des Im-Anderen-bei-sich-selbst-Seins macht den Kern eines sozialen Begriffs von Freiheit aus, dessen Realisierung sich sowohl der marxistische als auch der anarchistische Kommunismus verschrieben haben.

Marx übernimmt den sozialen Freiheitsbegriff von Hegel. Im Unterschied zu Hegel war Marx allerdings der Meinung, dass sich innerhalb des Kapitalismus eine soziale Freiheit nicht verwirklichen lässt. In der Tat, so Marx, ist gerade der liberale, negativ-individualistische Freiheitsbegriff der perfekte ideologische Ausdruck der bürgerlichen Gesellschaft. Es ist lediglich die bestehende, auf Konkurrenz basierende Produktionsweise, die es so erscheinen lässt, als seien meine Interessen und Bedürfnisse mit deinen Interessen und Bedürfnissen grundsätzlich unvereinbar; es ist der Kapitalismus, so Marx, der »jeden Menschen im andern Menschen nicht die Verwirklichung, sondern vielmehr die Schranke seiner Freiheit finden« (Marx 1976, 364) lässt. Die Liberalen und die ultraliberalen Anarchist_innen wie Max Stirner, die ein individualistisches Konzept von Freiheit vertreten, haben daher nicht nur ein einseitiges oder verkürztes, sondern ein grundlegend falsches und sogar ideologisches Verständnis von Freiheit. Marx und Engels widmen über zweihundert Seiten ihrer Schrift *Die deutsche Ideologie* der polemischen Kritik von Stirners *Einzigem* (ein größerer Seitenumfang, als Stirners Buch selbst hatte). Stirner verkennt demzufolge, dass das Eigentum, das er zum Garanten seiner Unabhängigkeit und Autonomie machen will, selbst von gesellschaftlichen Produktions- und Verkehrsweisen abhängig ist. Individualistische Freiheitskonzepte blenden somit ihre eigene Bedingtheit von präetablierten sozialen Praktiken aus. Wahre Freiheit ist hingegen nur gesellschaftlich realisierbar, nämlich durch eine Überwindung der kapitalistischen Produktionsweise und der mit ihr korrespondierenden Gemeinschaftssurrogate wie dem Staat. »In der wirklichen Gemeinschaft«, so Marx und Engels, »erlangen die Individuen in und durch ihre Assoziation zugleich ihre Freiheit.« (Marx/Engels 1969, 74)

Mit dieser Bestimmung von Freiheit als »Freiheit in und durch Assoziation« sind kollektivistische und kommunistische Anarchist_innen im Wesentlichen einverstanden. Bakunins Freiheitsdefinition macht direkte Anleihen bei Marx, wenn er von der »Freiheit eines jeden« spricht, »die weit entfernt ist, vor der Freiheit anderer wie vor einem Grenzpfahl haltzumachen, in derselben im Gegenteil ihre Bekräftigung und ihre unendliche Ausdehnung findet, – die Freiheit eines jeden, unbegrenzt durch die Freiheit aller, die Freiheit durch die Solidarität, die Freiheit in der Gleichheit« (Bakunin 1972b, 300). Die Begründung der Präferenz eines sozialen vor einem individualistischen Freiheitsbegriff liegt auch hier in der Einsicht, dass individuelle Freiheit immer von sozialen Bedingungen abhängig ist – und daher ihnen gegenüber keinen Vorrang haben kann. Kropotkin buchstabiert dies konkret anhand der Abhängigkeit des Individuums von der Arbeit aus. Der Kommunismus, diagnostiziert er, wird aufgrund der Umverteilung von Arbeit und der Freisetzung gesellschaftlicher Produktivität dem Individuum eine sehr viel geringere Anzahl an zu leistenden Arbeitsstunden abverlangen. Anders als die Lohnknechtschaft des Kapitalismus, erst recht als die individualisierte Subsistenzwirtschaft einer individualanarchistischen Produktionsweise, kann der Kommunismus allgemeinen Wohlstand gewährleisten und dabei zugleich den Individuen ungleich mehr Zeit zu ihrer freien Verfügung lassen. Eine der drückendsten Formen von Unfreiheit, so Kropotkin, kann also nur unter eminent gesellschaftlichen, nämlich kommunistischen Bedingungen überwunden werden (Kropotkin 2007).

Man darf sich den Unterschied zwischen negativer und positiver Freiheit allerdings nicht so vorstellen, dass es in der negativen um die Freiheit des Individuums, in der positiven um die Freiheit des Kollektivs ginge. Zwar wollen die Vertreter_innen des negativen Freiheitsverständnisses die Gemeinschaft dem Individuum unterordnen: Für sie sind nur solche Gemeinschaften legitim, zu denen sich das Individuum souverän entschlossen hat. Auf der anderen Seite wollen die Vertreter_innen eines positiven Freiheitsbegriffs aber nicht einfach das Individuum der Gemeinschaft unterordnen: Dies wäre auch für sie eine Form der Tyrannei und der Unfreiheit. Vielmehr vertreten sie eine Dialektik von Individuum und Gemeinschaft, in der die Freiheit der Einzelnen und die Freiheit der Gesellschaft wechselseitig voneinander abhängig sind. Wie bei Hegels am Beispiel persönlicher Intimbeziehungen gebildeten Freiheitsverständnis hat dies sowohl eine objektive als auch eine subjektive Seite. *Objektiv* ist es eine Tatsache, dass jede individuelle Freiheit von gesellschaftlichen Bedingungen abhängig ist. Damit sich das Individuum voll entfalten kann, seine je spezifischen Fähigkeiten, Talente und Neigungen entwickeln und seine Bedürfnisse erfüllen kann, ist es zum Beispiel darauf angewiesen, dass in der Gesellschaft, in der es lebt, die Arbeit auf eine Weise organisiert ist, die es in ausreichendem Maße von entfremdenden Tätigkeiten freistellt. Dies ist, wie es der deutsche Anarcho-Kommunist Erich Mühsam ausdrückt, »die Freiheit jedes einzelnen durch die allgemeine Freiheit« (Mühsam 2005, 37). Zugleich kann sich diese allgemeine Freiheit aber durchaus nur durch eine *subjektive* Selbst-Beschränkung der Individuen realisieren. Die Individuen müssen, wenn sie frei sein wollen, jene objektive Bedingung *einsehen.* Ebenso wie eine Freundschaft oder Liebe nur dann funktionieren kann, wenn die Beteiligten sich nicht gegenseitig nur als Mittel ihrer egoistischen Zwecke sehen, sondern sich freiwillig für die Andere zurücknehmen, so lebt auch eine Gesellschaft davon, dass ihre Mitglieder ihre Abhängigkeit von den anderen anerkennen und affirmieren. »Wir bestreiten die Möglichkeit und auch die Wünschbarkeit des vom Ganzen losgelösten Individuums«, so Mühsam gegen die Individualanarchist_innen, »dessen vermeintliche Freiheit nichts anderes sein könnte als Vereinsamung, mit der Folge des Untergangs im sozial luftleeren Raum.« (Mühsam 2005, 38) Einerseits muss also der Kommunismus die Freiheit der Individuen – der wirklichen, konkreten, lebenden Individuen – real ermöglichen, andererseits müssen die Individuen ihn als die Ermöglichungsbedingung ihrer Freiheit erkennen und sich dementsprechend an ihm beteiligen. Indem sie eine solche Dialektik von allgemeiner und individueller Freiheit annehmen, beanspruchen die Vertreter_innen eines positiven Freiheitsverständnisses, die negative Freiheit nicht abgelehnt, sondern in sich aufgenommen zu haben.

An dieser Stelle taucht ein Problem auf, das für den positiven Begriff der Freiheit schon von Anfang an virulent ist. Wenn sich die Freiheit der Individuen in der allgemeinen Freiheit und die allgemeine Freiheit in der Freiheit der Individuen realisiert, wie sind dann potenzielle Konflikte zwischen einem Individuum und der Gemeinschaft aufzulösen? Anders gefragt: Wenn sich ein Individuum in einer Gesellschaft unfrei fühlt, woher kann man dann wissen, ob diese Gesellschaft objektiv unfrei ist oder ob sich nur das Individuum egoistisch auf seine privaten Interessen versteift, seine objektive Freiheit also nur noch nicht erkannt hat? Eine in anarchistischen Texten häufig zu findende Antwort auf dieses Problem ist die Behauptung, im anarchistischen Kommunismus könne es zu wirklichen Konflikten zwischen den Einzelnen und der Gesellschaft gar nicht mehr kommen. Wenn die konkurrenzbasierte Produktionsweise und die autoritäre Staatsgewalt weggefallen sind, so die Prognose, wird der Mensch ohnehin eine soziale Handlungsorientierung ausbilden und auf diese Weise sein Wesen als *zoon politikon* realisieren. Am deutlichsten findet sich diese Idee bei dem italienischen Anarchisten Errico Malatesta ausgesprochen. »Die Solidarität«, schreibt er, »das heißt die Harmonie der Interessen und Gefühle, das Mitwirken eines jeden am Wohle Aller, und das Zusammenwirken Aller zum Wohl eines jeden Einzelnen – dies allein ist die Art und Weise, wie der Mensch seiner Natur gemäß leben und den höchsten Grad der Vollkommenheit und des Wohlstandes erreichen kann. Dies ist das Ziel, das die menschliche Entwicklung verfolgt; dies ist das oberste Prinzip, das alle heutigen Gegensätze löst, die sonst unlösbar sind, und das bewirkt, daß die Freiheit eines jeden in der Freiheit der anderen *nicht ihre Grenze, sondern ihre Ergänzung*, ihre notwendige Existenzvoraussetzung findet.« (Malatesta 2009, 37) Das Ergebnis dieser allseitigen Harmonie ist eine allgemeine Synchronisierung der Einzelwillen miteinander und mit der Gesellschaft als ganzer. Ein Widerspruch zwischen einem individuellen Willen und dem sozial Gebotenen kann aus diesem Grund gar nicht mehr entstehen. Die Selbstbeschränkung, deren es zur Bildung einer Gemeinschaft bedarf, ist folglich noch immer mit der anarchistischen Losung »Tu, was du willst!« vereinbar; als Anarchist ist Malatesta davon überzeugt, »daß in einer harmonischen Gesellschaft, in der es kein Privateigentum und keine Regierung gibt, ›ein jeder das wollen wird, was er soll‹« (Malatesta 2009, 57).

Solche Formulierungen – wonach Freiheit angeblich darin besteht, zu wollen, was man soll – sind Wasser auf die Mühlen der

Individualist_innen. Eines der wichtigsten Bedenken der Vertreter_innen negativer Freiheit gegen einen positiven Freiheitsbegriff lag von Anfang an in der Gefahr des Paternalismus, das heißt der Anmaßung der Gemeinschaft, besser zu wissen, was gut für das Individuum ist, als das Individuum selbst. Bei Hegel ist diese Gefahr der autoritären Einmischung in die Handlungssphäre des Individuums ganz deutlich: Weil das Individuum seine Freiheit nur kraft seiner Teilnahme am Gemeinwesen erlangt, darf es das Gemeinwesen nicht seinerseits infrage stellen; »es ist nichts anderes von ihm zu tun«, schreibt Hegel, »als was ihm in seinen Verhältnissen vorgezeichnet, ausgesprochen und bekannt ist« (Hegel 1986, 298 [§150]). In einigen Varianten des autoritären Marxismus lassen sich durchaus Spielarten dieser Forderung finden, die Einzelnen sollten sich dem Wohl der Allgemeinheit unterordnen, statt es eigenständig erst noch kritisch zu hinterfragen. Ein solcher Konservatismus ist der ganzen anarchistischen Idee zwar auf den ersten Blick sehr fremd, weil eine anarchistische Gesellschaft ja gerade von der *freiwilligen* Zustimmung und Beteiligung ihrer Mitglieder lebt. Anders als bei Hegel und im Staatssozialismus gibt es im kommunistischen Anarchismus auch keinen Staat, der die Gesellschaftsmitglieder zur Befolgung des für sie Guten zwingen kann. Individualist_innen haben dennoch Anlass zur Befürchtung, dass die Betonung der Bedeutung der Sozialität zu einer Beeinträchtigung individueller Freiheit führen könnte. Formulierungen wie diejenige Malatestas eliminieren den Eigenwillen des einzelnen Subjekts als Prüfstein allgemeiner Freiheit. »Ist einmal die Gemeinschaft dem Menschen Bedürfnis und findet er sich durch sie in seinen Absichten befördert«, warnt etwa Max Stirner, »so schreibt sie ihm auch, weil sein Prinzip geworden, sehr bald ihre Gesetze vor, die Gesetze der – Gesellschaft.« (Stirner 1972, 347) Die »Gesetze der Gesellschaft« können zum Beispiel die Form eines normalisierenden und uniformisierenden Konformismus seitens der Gruppe annehmen. Anstelle der offenen Staatsgewalt wird das Individuum dann dem Druck eines subtilen Moralismus ausgesetzt. Gegen die Gefahr eines solchen Gemeinschaftsterrors scheinen jedenfalls Individualanarchist_innen auf den ersten Blick besser gewappnet zu sein, die sich von vornherein jede moralische Einmischung der Anderen in die Lebensführung verbitten; sie anerkennen daher auch, wie Benjamin Tucker schreibt, »das Recht des Trunkenbolds, des Spielers, des Wüstlings, der Dirne, ihren eigenen Lebenswandel zu befolgen, bis diese aus freier Wahl demselben zu entsagen sich entschließen« (Tucker 1922, 24).

Es wäre jedoch keine überzeugende Antwort auf die Gefahr des Paternalismus und Konformismus, sich wieder einfach auf den Standpunkt der negativen Freiheit zurückzuziehen. Ebenso wenig handelt es sich bei dem Verhältnis von Individuum und Gesellschaft um einen, wie Cindy Milstein in ihrem einführenden Essay schreibt, »Balanceakt«, der immer wieder neu zu vollführen wäre (Milstein 2013, 12). Der positive hat den negativen Freiheitsbegriff mit zwei guten Gründen überzeugend kritisiert. Erstens, weil er die sozialen Bedingungen individueller Freiheit verkennt: Wenn der Mensch immer schon in soziale Praktiken eingebettet ist, muss jede Form der Selbst-Bestimmung eine Reichweite haben, die diese Praktiken mit einbezieht. Zweitens, weil er die vom Kapitalismus erzeugten Interessengegensätze mit natürlichen Interessengegensätzen verwechselt. Der negative Freiheitsbegriff ist daher nicht nur falsch, sondern auch ideologisch, er ist selbst Ausdruck und Resultat einer von Ausbeutung und Unterdrückung geprägten Situation, ohne sich diese historische Bedingtheit einzugestehen. Aus dieser Kritik folgen zwei Konsequenzen: Erstens müssen die gesellschaftlichen Verhältnisse so gestaltet werden, dass das Individuum sich in ihnen entfalten kann. Zweitens darf das Individuum sich selbst nicht als a-soziales Wesen begreifen, sondern muss sich, wenn es wahrhaft frei sein will, zur Gesellschaft und zu den anderen hin öffnen. Die von Malatesta (und anderen) propagierte Identität von Allgemeinheit und Individuum ist aber dennoch problematisch. Sie ist nicht nur (zumal in einer multikulturellen und pluralistischen Gesellschaft) unrealistisch, sondern auch gar nicht wünschenswert. Denn sie verkennt, dass die Möglichkeit der Dissidenz zugleich die Möglichkeit der Zustimmung ist. Nur wenn die Einzelnen die Möglichkeit haben, sich von präetablierten Normen zurückziehen und sich ihnen zu verweigern, kann es auch eine im authentischen Sinne freiwillige Partizipation geben. Dissidenz darf dabei keine leere, rein formale Möglichkeit sein, sondern muss als lebendige Option im Zusammenleben präsent sein.

Der Anarchismus bietet hier das Potenzial für die Entwicklung eines dritten Freiheitsbegriffs, den man als *ästhetische Freiheit* bezeichnen könnte.[15] Dies ist die Freiheit einer Sozialität, die ihrer eigenen Überschreitung einen inhärenten Wert zuschreibt. Eben hierin könnte auch der besondere Beitrag der anarchistischen Tradition zur Freiheitstheorie gegenüber dem Hegelmarxismus liegen. Die Träger_innen einer solchen Freiheit sind dann zum Beispiel die von Tucker erwähnten Trunkenbolde, Spieler_innen, Wüstlinge und Dirnen, aber auch die Freaks, Queers, Monster und Perversen, all jene also, welche die eingespielten Routinen einer bestehenden Gesellschaft aktiv herausfordern. Der Unterschied zwischen der ästhetischen und der negativen Freiheit besteht darin, dass die von solchen Figuren verkörperten Transgressionen keine individuellen, sondern kollektive Unterfangen sind. Sie kaprizieren sich nicht auf einen als natürlich und vorsozial verklärten Willen, sondern weisen ihre Exzentrik selbst als soziales Moment aus. Der Unterschied zwischen der ästhetischen und der positiven Freiheit besteht darin, dass die ästhetische Freiheit nicht auf eine Übereinstimmung mit allgemein validierten Werten hofft, sondern ihren Beitrag zur Gesellschaft gerade in der Differenzproduktion erblickt. Praktisch ergibt sich daraus die Aufgabe, eine anarchistische Gesellschaft zu denken, die ihre eigene beständige Kontestation erlaubt, ohne dabei einen Rückfall in die Herrschaft oder ihre eigene Dissoziation zu riskieren.

3.2 Staat

Das Zeitalter der europäischen Nationalstaaten, notiert Hannah Arendt in ihrer Vorlesung *Was ist Politik?*, ist zugleich das Zeitalter, in dem zum ersten Mal in der Geschichte die Möglichkeit besteht, »dem Leben der Menschheit und allem organischen Leben überhaupt ein Ende zu machen« (Arendt 2003, 70 f.). Auch in vormodernen Zeiten gab es Gewalt und despotische Herrschaft, aber sie war lokal und konnte sich daher nicht auf die Gesamtgesellschaft ausbreiten. Erst die Monopolisierung und Zentralisierung von Gewaltmitteln durch moderne Staaten, so Arendt, hat eine dermaßen ungeheure Konzentration und technische Verbesserung von Zerstörungs- und Vernichtungsmethoden – allein in Form der Atombombe – hervorgebracht, dass die schiere Fortexistenz der Gattung auf dem Spiel steht. Arendts Beobachtung widerlegt die weitverbreitete Auffassung, der Staat sei allein Garant und nicht auch Risiko für Leib und Leben der Menschen. Selbst wenn man bereit wäre, alle andere politischen Werte diesem einen Wert der Sicherheit zu opfern, ist die Einrichtung eines Staates irrational: Der Staat ist das größte Sicherheitsrisiko in der Geschichte der Menschheit.

Hannah Arendt ist keine Anarchistin (auch wenn sich in ihrem Werk durchaus anarchistische Motive finden lassen). Aber sie bringt in ihrer Vorlesung besonders plastisch auf den Punkt, wogegen Anarchist_innen seit über 150 Jahren kämpfen. Für Anarchist_innen jeglicher Couleur ist der Staat der Inbegriff illegitimer Herrschaft des Menschen durch den Menschen. Angesichts der jahrhundertelangen blutigen Geschichte real existierender Staaten ist es ihnen ein Leichtes, die negative Bilanz dieser Form der Gesellschaftsorganisation zu ziehen: Staaten stellen gigantische Gewaltaggregate dar, die vom gesellschaftlichen Leben entfremdet und ihm entgegengesetzt sind, sie fördern Privilegierung und moralische Korruption, sie beschränken die Freiheit Einzelner und sozialer Kollektive durch Zwang und Repression, sie führen Kriege gegeneinander und stacheln deshalb zu Patriotismus und Nationalismus an und sie zeigen sich aufgrund institutioneller Blindheiten und struktureller Blockaden unfähig zur Lösung der drängenden Probleme ihrer Zeit. Angesichts dieser erdrückenden Beweislast ist es erstaunlich, dass es noch immer gelingt, Anarchist_innen als unrealistische Träumer_innen hinzustellen – in Wirklichkeit sind es eher die unzähligen Abhandlungen und Traktate der bürgerlichen politischen Philosophie, die dazu gedacht sind, den Staat und seine Gewaltapparate zu legitimieren, denen man das Etikett »utopisch« zusprechen müsste.

Der Gewalt- und Zwangscharakter gehört zu den Wesensmerkmalen des modernen Staates. Staaten beanspruchen nicht die Beendigung, sondern die Monopolisierung von Gewalt (so die berühmte Staatsdefinition von Max Weber (1994, 36)). Historisch lässt sich ausführlich studieren, wie blutig Staatsgründungen, Staatseroberungen und Staatserhaltungen verlaufen sind (vgl. für den bürgerlichen Staat Gerstenberger 1990). Die gesamte traditionelle politische Philosophie, so unterschiedliche Positionen sie im Einzelnen auch umfasst, stellt einen Diskurs der Gewaltrechtfertigung dar: Sie sucht nach immer neuen Gründen, warum die Gewalt des Staates unproblematisch, alternativlos oder moralisch gefordert ist. Der Anarchismus hingegen ist die einzige politische Philosophie, welche diese Legitimität staatlicher Gewalt grundsätzlich bestreitet. Im Politischen liegt immer schon die Möglichkeit, Konflikte eben nicht durch Gewalt, sondern vernünftig zu lösen (zu diesem Argument vgl. Loick 2012). Anarchist_innen halten die Fortexistenz von Gewalt in zivilisierten Gesellschaften daher nicht für unproblematisch, sondern für einen *Skandal*: Gewalt soll nicht sein. Wenn aber Gewalt zu den Definitionsmerkmalen des Staates gehört, so folgt konsequenterweise der Auftrag, andere Formen der politischen Organisation zu finden als staatliche.

In Monarchien oder Diktaturen ist staatliche Gewalt leicht zu kritisieren. Hier handelt es sich einfach um eine repressive Macht, mit der Minderheiten Mehrheiten zu unterdrücken versuchen: Wenn A eine Gruppe von X, Y und Z unterdrückt, werden X, Y und Z in ihrer Freiheit eingeschränkt und sie werden versuchen, sich der Tyrannei durch A zu entledigen. Anarchist_innen haben solche Tyrannei immer wieder mit klaren und oft pathetischen Worten kritisiert und rückhaltlos bekämpft. Der Anarchismus hat soziale Herrschaftsverhältnisse dabei häufig mit dem Begriff der *Autorität* beschrieben, eine illegitime Anmaßung der Regelungskompetenz eines Menschen über die Angelegenheiten eines anderen. Das autoritäre Milieu par excellence war das zaristische Russland, eine der Geburtsstätten des Anarchismus, dessen politische und moralische Pathologien Bakunin und Kropotkin unermüdlich herauszustellen versucht haben. Bemerkenswert ist daran, dass Herrschaft für Anarchist_innen nicht nur aus Perspektive der Beherrschten abzulehnen ist, auch die Herrschenden selbst werden durch ihre eigene Machtausübung beschädigt. »Der politisch oder ökonomisch Privilegierte«, schreibt Bakunin, »ist intellektuell und moralisch depraviert.« (Bakunin 1995, 58) Weil sich nämlich die Freiheit des Einzelnen nur zusammen mit anderen realisieren lässt, gibt es keine Freiheit ohne

Gleichheit; wenn A über X, Y und Z herrscht, heißt das, sind nicht nur X, Y und Z unfrei, sondern A ebenso.

Schwieriger ist die Kritik der Gewalt im Falle demokratischer Rechtsstaaten. In ihnen soll die Staatsgewalt, wie es etwa in Artikel 20 des deutschen Grundgesetzes heißt, »vom Volke« ausgehen. Polizei, Gefängnisse und Militär dienen dieser Idee zufolge nicht länger der einfachen Unterdrückung des Volkes, sondern sollen ihm selbst entspringen. Dieser Idee zufolge ist das Volk nur dann souverän, wenn seine Vertreter_innen nicht nur ein Gesetz aushandeln und beschließen, sondern dieses Gesetz dann auch um- und im Zweifelsfall durchgesetzt wird. Ohne einen solchen Zwang zum Rechtsgehorsam, so die Theorie, würde das Gesetz der vollständigen Bedeutungslosigkeit anheimfallen und die demokratische Beratschlagung damit ad absurdum geführt. Die anarchistische Kritik kann hier nicht einfach die staatliche Gewalt als despotisch zurückweisen, da sie keine externe mehr ist, sondern der Immanenz des Volkes selbst entstammt: X, Y und Z wählen A und B als ihre Vertreter_innen und sind damit an die von A und B ausgehandelten Regeln gebunden. Auch diese demokratisch legitimierte Form des Zwangs wird jedoch vom Anarchismus zurückgewiesen. Dabei geht es Anarchist_innen vor allem um zwei Kernprinzipien demokratischer Gewaltrechtfertigung: *Repräsentation* und *Zwang*.

Staaten beruhen auf dem Konstrukt der *Repräsentation*, das heißt auf der Annahme, dass die Interessen, Ansichten und Bedürfnisse der Menschen von anderen Menschen vertreten werden können. Je nach ihren freiheitstheoretischen Prämissen beklagen Anarchist_innen entweder die staatliche Unterdrückung Einzelner, sozialer Kollektive oder der Gesellschaft insgesamt: Max Stirner hält zum Beispiel jeden Staat aus dem Grund für despotisch, dass er dem Einzelnen ein Gesetz auch ohne dessen Zustimmung oktroyiert (vgl. Stirner 1972, 215), während etwa

Peter Kropotkin den Staat vor allem dafür kritisiert, dass er die wesentlichen Aufgaben usurpiert, die eigentlich von der Gesellschaft selbst ausgeführt werden sollten (vgl. Kropotkin 2008). Der Staat verhindert also sowohl die wirkliche Freiheit der Individuen als auch die ihrer Beziehungen zueinander. Gemeinsam ist den verschiedenen anarchistischen Spielarten aber, dass sie das Konzept der Volksvertretung insgesamt infrage stellen: Der Gedanke der politischen Repräsentation, so lautet der anarchistische Einwand, enteignet die Bürger_innen insgesamt ihrer Verantwortung, ihrer moralischen Autonomie und ihrer Urteilskompetenz. A und B sind auch dann nicht befugt, für X, Y und Z zu sprechen, wenn sie demokratisch gewählt wurden, denn erstens autorisiert die Minderheit nicht die von der Mehrheit gewählten Vertreter_innen, zweitens kann sich auch die Meinung der Mehrheit im Laufe der Zeit ändern. Der Anarchismus ist hier eine konsequente Weiterführung des aufklärerischen Gedankens der Mündigkeit: Die Menschen können und dürfen ihre Verantwortung niemals an eine fremde Instanz abgeben, sie behalten stets das Recht zurück, ihre Zustimmung zu einer bestimmten Regel vorzuenthalten oder zu widerrufen.[16]

Dass sich Einzelne oder kleinere Kollektive vom Staat nicht wirklich repräsentiert sehen, zeigt sich gerade an der Notwendigkeit des Einsatzes von *Zwang*. Würde der Staat wirklich nur das umsetzen, was seine Bürger_innen wollen, so müsste er sie nicht mit Gewaltmitteln zur Einhaltung des Gesetzes bringen. Die politische Philosophie der Neuzeit hat versucht, auch noch diese Zwangsbefugnis des Staates aus einer Zustimmung der Untertanen abzuleiten. Die bekannteste Begründungsstrategie ist hier die Idee des Gesellschaftsvertrags, wie sie unter anderem von Hobbes, Locke und Rousseau vertreten wird: Politische Herrschaft ist demnach deshalb legitim, weil die Menschen, um den kriegerischen Naturzustand zu verlassen, selbst zugestimmt haben sollen, ihre persönliche Macht aufzugeben und auf die politische Autorität zu übertragen. Anarchist_innen nehmen den schon von bürgerlichen Philosoph_innen eingestandenen Zustimmungsbedarf legitimer Regierung ernst, bestreiten aber, dass die Menschen eine solche Zustimmung jemals gegeben haben: Der Gesellschaftsvertrag wurde nie unterzeichnet. Auch der Kunstgriff der »stillschweigenden Zustimmung«, die für einige Vertragstheoretiker_innen schon durch Anwesenheit auf dem Staatsgebiet gegeben worden sein soll, kann eine solche explizite Zustimmung nicht ersetzen; bereits William Godwin bemerkt, dass den meisten Gesellschaftsmitgliedern allein schon die materiellen Möglichkeiten fehlen, den Staat zu verlassen, weshalb ihr Verbleib im Staatsgebiet nicht als Zustimmung zu dessen Gesetzen gewertet werden kann (Godwin 2004, 145). Auch die Möglichkeit, sich an Wahlen zu beteiligen, kann den Zustimmungsbedarf nicht erfüllen, da sie die Minderheit noch immer unter die Herrschaft der Mehrheit bringen. Vielmehr zeigt sich ja im Fall des Rechtsbruchs gerade, dass die Einzelne dem Gesetz faktisch und praktisch *nicht* zustimmt; die Zwangshandlungen des Staates erscheinen aus ihrer Perspektive dann als das, was sie sind: repressive Eingriffe in ihre Handlungsfreiheit und moralische Autonomie. Aus dieser Sicht gibt es daher auch keinen qualitativen Unterschied zwischen der Despotie einer Monarchie oder derjenigen der Majorität. An diese Erkenntnis anknüpfend hat sich in der amerikanischen analytischen Philosophie seit den 1970er Jahren – allerdings vollkommen unabhängig von jeder aktivistischen Szene oder politischen Bewegung – der Ansatz des *Philosophical Anarchism* herausgebildet, der etwa von Autor_innen wie Robert Wolff und John Simmons vertreten wird. Weil die Menschen faktisch nie die Zustimmung zu ihrer Beherrschung gegeben haben, so argumentiert etwa Wolff in seiner *Defense of Anarchism*, sind sie existierenden Staaten gegenüber nicht zum Rechtsgehorsam verpflichtet (vgl. Wolff 1998, insbes. Teil 3).

Neben der grundsätzlichen *Legitimität* kann auch die *Effektivität* des Einsatzes von Zwang als Mittel des Rechts bezweifelt werden. Am deutlichsten lässt sich die Ineffektivität staatlicher Zwangsmaßnahmen am Beispiel der Strafsanktion belegen. Schon William Godwin war davon überzeugt, dass die Bestrafung weder ein geeignetes Mittel zur Abschreckung noch zur Resozialisierung der Straftäterin ist; Strafen stellen im Gegenteil Erniedrigungen und Stigmatisierungen dar, die es gerade verhindern, dass eine Täterin tatsächliche Reue empfinden kann (Godwin 2004, 643). Wie die Statistiken mittlerweile seit mehr als hundert Jahren bestätigen, hat die staatliche Strafzumessungspolitik keine Auswirkung auf die Kriminalitätsrate. Am Gefängnis lässt sich vielmehr sehen, dass die Bestrafung keineswegs zur Rehabilitierung, sondern zur weiteren Isolation der Straffälligen führt, was die Chance auf einen erneuten Rechtsbruch eher erhöht (Goldman 2013, 91 ff.; vgl. auch Kirchheimer/Rusche 1981, 272–286; Foucault 1979, 341).[17] Ein anderes Beispiel für die Ineffektivität staatlichen Zwangs zur Durchsetzung von Recht stellt die Polizei dar. Die Polizei neigt auch in demokratischen Staaten regelmäßig dazu, sich von ihrem Status als Mittel zu emanzipieren und sich eigene Zwecke zu setzen. »Die Behauptung«, »daß die Zwecke der Polizeigewalt mit denen des übrigen Rechts stets identisch oder auch nur verbunden wären«, diagnostiziert der Philosoph Walter Benjamin bereits 1921 in seiner *Kritik der Gewalt*, »ist durchaus unwahr.« (Benjamin 1991, 189)[18] Immer wieder kommt es dazu, dass gerade diejenigen, die das Recht schützen sollen, selbst einen Rechtsbruch begehen. Das reicht von kleineren Schikanen über Korruption von Beamten bis hin zu den rassistisch motivierten Morden an schwarzen Menschen durch die Polizei, die in den USA in den letzten Jahren von der *Black-Lives-Matter*-Bewegung angeprangert werden.[19] Alle staatlichen Zwangsinstitutionen, resümiert Kropotkin bereits vor einem Jahrhundert, kultivieren die bösartigsten Leidenschaften und die grausamsten Instinkte unter den Menschen und blockieren auf diese Weise die Entwicklung anderer, nicht gewaltbasierter Umgangsweisen (Kropotkin 1972, 133 ff.). Wenn X, Y und Z A beauftragen, sie voreinander zu beschützen, heißt das, dann werden sie in Kauf nehmen müssen, dass A Charaktereigenschaften ausbildet, Gewaltmittel ansammelt und Kompetenzen einfordert, die sich letztlich selbst als Gefahr für die Sicherheit entpuppen. Indem gezeigt wird, dass die staatlichen Zwangsagenturen Gefängnis und Polizei also das Recht nicht nur nicht schützen, sondern selbst bedrohen, ist jedenfalls das Grunddogma bürgerlicher Gewaltrechtfertigung grundlegend infrage gestellt: Gewalt ist nicht nur *philosophisch illegitim*, sondern auch *empirisch ineffektiv*.

Repräsentation und Zwang sind die beiden internen Grundelemente demokratischer Herrschaft, die von Anarchist_innen kritisiert werden. Hinzu kommt, dass sich bürgerliche Staaten in Form von *Nationen* organisieren, woraus sich weitere Gewalteffekte ergeben. Nationen beruhen darauf, dass auf dem Globus Grenzen gezogen werden und die Menschheit auf diese Weise in unterschiedliche »Völker« geteilt wird. »Die Existenz eines einzigen, begrenzten Staates«, führt Bakunin 1867 auf dem Gründungskongress der *Friedens- und Freiheitsliga* aus, »setzt zwangsläufig die Existenz mehrerer Staaten voraus oder führt gegebenenfalls zu deren Bildung, da es ganz natürlich ist, dass die Individuen, die ihm nicht angehören und von ihm in ihrer Existenz und ihrer Freiheit bedroht werden, sich ihrerseits gegen ihn zusammenschließen. So ist also die Menschheit in eine Vielzahl einander fremder, feindseliger und bedrohender Staaten geteilt.« (Bakunin 2000, 124) Diese Aufteilung der Welt in Staaten führt zum einen zur Einrichtung von Grenzen, die Menschen nicht nur in ihrer Bewegungsfreiheit einschränkt, sondern sie auch von der materiellen Teilhabe und politischen Partizipation im Gemeinwesen ihrer Wahl ausschließt. Der Zusammenschluss von X, Y und Z in einer Nation führt notwendigerweise zum Ausschluss von أ , ب und ج.[20] Zum anderen werden durch die nationale Formierung politischer Gemeinschaften die Völker der einzelnen Staaten gegeneinander aufgestachelt. Die Ideologie dieser nationalistischen Spaltung ist der Patriotismus.

Patriotismus bringt die Ausgebeuteten eines Landes dazu, den Feind nicht in ihren Ausbeuter_innen, sondern in den Ausgebeuteten eines anderen Landes zu erblicken. Die extremste Konsequenz solcher nationalstaatlich produzierter Feindseligkeiten ist der Krieg. Emma Goldman liefert eine Beschreibung dieser Eskalationsdynamik, die sich bis heute vielfach bestätigt hat: »Patriotismus geht davon aus, dass unsere Erde in kleine Orte unterteilt ist, die allesamt durch eiserne Zäune voneinander abgegrenzt sind. Wer das Glück hatte, an einem bestimmten Ort geboren zu sein, betrachtet sich als besser, edler, großartiger und intelligenter als die Menschen, die einen anderen Ort bewohnen. Daher ist es die Pflicht eines jeden Menschen, der an jenem auserwählten Ort lebt, zu kämpfen, zu töten und zu sterben, um damit allen anderen seine Überlegenheit aufzuzwingen. Die Bevölkerung der anderen Orte denkt selbstverständlich ähnlich, was dazu führt, dass schon der Geist der Kinder von klein auf mit blutrünstigen Geschichten über die Deutschen, die Franzosen und Französinnen, die ItalienerInnen, die RussInnen usw. vergiftet wird. Ist das Kind dann erwachsen, ist es förmlich durchtränkt mit dem Glauben, dass es vom Herrn selbst auserwählt wurde, sein Land gegen den Angriff oder die Invasion jeglicher AusländerInnen zu verteidigen. Darum schreien die Menschen nach einer größeren Armee und Kriegsmarine, nach mehr Kriegsschiffen und Munition.« (Goldman 2013, 108) Gegen diese Eskalationsdynamik hat der Anarchismus nicht nur zumeist eine pazifistische, sondern auch eine grundsätzlich internationalistische Orientierung gesetzt – die Assoziation des Menschen mit dem Menschen sollte nicht vor den Landesgrenzen haltmachen, sondern bis zur universellen Verschwisterung der Menschen auf dem ganzen Planeten fortschreiten.

Neben dieser ganzen Batterie an Kritiken, die sich gegen den Gewalt- und Zwangscharakter des Staates richten, wurden in der anarchistischen Literatur noch zahlreiche weitere Bedenken gegen eine staatliche Organisation menschlicher Gemeinschaften vorgebracht. Eine schon von Kropotkin gemachte Beobachtung ist zum Beispiel die Tatsache, dass Staaten an einer *institutionell bedingten Blindheit oder Fantasielosigkeit* leiden. Das einzige Medium, über das sie zum Umgang mit gesellschaftlichen Problemen verfügen, ist das der Gesetze und Verordnungen. Dies wiederum führt dazu, dass die Menschen bei jedem Problem ein neues Gesetz verlangen und verlernt haben, andere Lösungen zu entwickeln. Nicht nur können die Gesetzgeber_innen aber gar keine Ahnung von allen Bereichen haben, über die sie Regelungen beschließen, auch sind starre Regeln und Verordnungen als solche häufig ungeeignet, bestimmten Missständen Abhilfe zu leisten. Stattdessen engen die starren Vorschriften des Staates die Spontaneität und Flexibilität alltagsfunktionaler Umgangsweisen und historisch gewachsener Gewohnheiten in hohem Maße ein (Kropotkin 1972, 116 ff.). Seit der Jahrtausendwende hat Kropotkins Beobachtung neue Rückendeckung von zwei der bekanntesten Anarchist_innen der Gegenwart bekommen, nämlich dem Politikwissenschaftler James C. Scott und dem Anthropologen David Graeber.

In seiner groß angelegten Studie *Seeing Like a State* (Scott 1998) hat James Scott gezeigt, dass staatlich initiierte Planungsvorhaben und sozialtechnologische Großentwürfe im 19. und 20. Jahrhundert immer wieder daran gescheitert sind, den vielfältigen sozialen Interdependenzen gesellschaftlicher Verhältnisse gerecht zu werden. Autoritär implementierte Schemata neigen dazu, die Komplexität einer spezifischen Situation zu vereinfachen und lokale Besonderheiten zu ignorieren. Scott führt dies auf die Perspektive des Staates zurück: Wer »aus der Brille« der Staatlichkeit schaut, bekommt immer nur potenzielle Felder der Legislation und Administration in den Blick. Wie Scott an zahlreichen Beispielen – von der preußischen Klassifikation der Bäume über brasilianische Stadtplanung bis hin zur massenhaften Umsiedelung von Bauern in Tansania und der sowjetischen Landkollektivierung – vorführt, führen solche Vorhaben regelmäßig zu katastrophalen Konsequenzen, von ökonomischer Ineffektivität und Unproduktivität bis zu staatlichem Terror und Gewalt. Der Grund für die Übernahme der Staatsperspektive liegt für Scott in der rationalistischen Ideologie des »High Modernism«, der von einer politischen Programmierbarkeit der ganzen Gesellschaft ausgeht. Gerade fortschrittliche Bewegungen sind für diese Ideologie anfällig, wie sich an Lenin, Mao und Pol Pot zeigt. Statt aber die gesamte Gesellschaft nach einem einzigen einheitlichen Schema umgestalten zu wollen, so Scotts anarchistisch inspirierter Einwand, müsste es darum gehen, die alltäglichen Erfahrungen der Akteur_innen, ihr praktisches Wissen und ihre epistemischen Ordnungen, ernst zu nehmen und bei ihnen anzusetzen.

In eine ganz ähnliche Kerbe wie Scott schlägt David Graeber mit seinem Buch *The Utopia of Rules* (Graeber 2015). Graeber untersucht hier die Funktionsweise und die Effekte moderner Bürokratie. Er nimmt das Beispiel seiner Mutter als Ausgangspunkt, die nach einem Schlaganfall pflegebedürftig wurde. Um staatliche Unterstützung zu erhalten, musste Graeber diese komplexe konkrete lebensweltliche Erfahrung in die Sprache der Bürokratie konvertieren: unendliche Formulare, lange Schlangen, unzählige Behördengänge und Telefonanrufe. Diese bürokratischen Erfordernisse sind aber nicht nur langweilig, aufreibend und entmündigend, sondern haben einen ihrer eigenen Absicht zuwiderlaufenden Effekt: Schon aufgrund ihrer internen Fehleranfälligkeit bringen sie genau diejenigen Lösungen zum Scheitern, die sie eigentlich ermöglichen sollen. Diese ironischen Effekte nennt Graeber »institutionelle Dummheit« und verallgemeinert die Diagnose zu einer Regel, die er das »eherne Gesetz des Liberalismus« nennt: Jede Marktreform, die dazu gedacht ist, dem Spiel der ökonomischen Kräfte freien Lauf zu lassen, führt unweigerlich zu mehr Gesetzen, Regularien, Papierarbeit und Staatsbeamten. In Deutschland lässt sich das gut am Beispiel der Hartz-IV-Gesetzgebung zeigen: Die neoliberale Arbeitsmarktreform hat keineswegs dazu geführt, dass sich der Staat aus der Wirtschaft heraushält, sondern zum Ergebnis, dass der staatliche Verwaltungsaufwand immens zugenommen und sich damit der Einfluss des Staates auf das Leben der Menschen radikal intensiviert hat. Man stelle sich vor, welche Möglichkeiten für eine wirklich solidarische Kooperation verfügbar würden, würde man diese gigantischen bürokratischen Apparate abbauen und die frei werdenden Ressourcen den Menschen für eine lokal verankerte gegenseitige Hilfe zur Verfügung stellen.

Der Staat ist also per se autoritär, er unterdrückt durch Repräsentation und Zwang die Individuen und ihre freien Verbindungen zueinander, er beruht auf Exklusion und der Reproduktion kriegerischer Auseinandersetzungen und er erzeugt institutionelle Blindheiten und Blockaden. Aber dennoch ist der Staat nicht einfach ein Irrtum oder eine schlechte Idee – es gibt vielmehr materielle Gründe dafür, *warum* sich die Menschen einen Staat gegeben haben. Bedenkt man, welch große Rolle die Skandalisierung staatlicher Unterdrückung im Anarchismus spielt, fällt die materialistische Analyse der Entstehung und Funktion von Staaten in der anarchistischen Literatur allerdings zumeist frustrierend eindimensional und platt aus. Die Existenz des Staates wird häufig aus den persönlichen Herrschaftsinteressen unsichtbarer Eliten oder den Ausbeutungsbestrebungen der »herrschenden« oder »besitzenden« Klasse erklärt. »Die Regierung besteht heute vollständig aus Besitzenden und aus solchen Leuten, die ihnen dienen. Darum steht sie vollkommen in Diensten der Besitzenden« (Malatesta 2009, 26), heißt es etwa bei Errico Malatesta, und Erich Mühsam behauptet: »Staat ist nichts anderes, kann nichts anderes sein als zentralisierter Ausführungsdienst einer vom Volk gelösten Klasse zur Beherrschung des entrechteten und zur beherrschten Klasse erniedrigten Volkes. [...] Ausschließlich zu diesem Zweck ist der Staat geschaffen, niemals hat er einem andern Zweck gedient, niemals könnte er anderen Zwecken nutzbar werden.« (Mühsam 2005, 51 f.) Solche Beschreibungen werden historischen oder kulturellen Besonderheiten ebenso wenig gerecht wie der Prägung des Staates durch andere als ökonomische Herrschaftsverhältnisse. Sie bleiben daher auch analytisch hochgradig unterkomplex und unzureichend. Der Staat ist kein monolithischer Block, der von der »herrschenden Klasse« beliebig als Instrument eingesetzt werden kann, sondern, um den marxistischen Staatstheoretiker Nicos Poulantzas zu zitieren, die »materielle Verdichtung eines Kräfteverhältnisses« (Poulantzas 2002, 159), das heißt, er ist irreduzibel umkämpft und damit politisch ambivalent. Dies hat wiederum politische Konsequenzen: Der Staat hat historisch gesehen gerade nicht immer denselben Interessen gedient, sondern durchaus auch die Rolle eines Emanzipationsvehikels angenommen, etwa wenn es sozialen Bewegungen gelungen ist, soziale oder politische Teilhaberechte zu erkämpfen.

Die Frage des Staates markiert von jeher den wichtigsten Unterschied des Anarchismus zum Marxismus. Zwar stimmen beide Strömungen im Wesentlichen in ihrer Analyse und Kritik des bürgerlichen Staates überein; auch Marx und Engels waren der Meinung, dass es im Kommunismus keiner eigenständigen politischen Gewalt mehr bedürfe und der Staat daher nach der Revolution »absterben« werde. Allerdings sprechen Marx und seine Anhänger_innen dem Staat beim Übergang der kapitalistischen in eine kommunistische Gesellschaft eine wesentliche Rolle zu. Die Kommunistische Partei sollte demnach zuerst die Staatsmacht erobern und in eine »Diktatur des Proletariats« (Marx 1973b, 28) verwandeln. Der Staat wird so zum Hebel der Umwälzung der Produktionsverhältnisse, bevor er nach und nach an Bedeutung verliert und schließlich ganz überflüssig wird. Diese Vorstellung hat Marx in die Programmatik der *Internationalen Arbeiter-Assoziation* aufnehmen lassen, sie wurde in der nachfolgenden Arbeiter_innenbewegung und insbesondere in Lenins Revolutionskonzept äußerst einflussreich. Für Anarchist_innen hingegen ist ein solcher kommunistischer Staat nichts weiter als die Fortsetzung tyrannischer Herrschaft unter anderen Vorzeichen. Statt das Volk in die Mündigkeit zu entlassen und ihm sofort die Regelung der eigenen Angelegenheiten zu ermöglichen, wird es wiederum bevormundet und geknechtet, diesmal von autoritären Parteifunktionär_innen. Autoritäre Kommunist_innen, so Bakunin in *Staatlichkeit und Anarchie*, behaupten, dass ein »staatliches Joch, eine Diktatur, ein unvermeidliches und vorübergehendes Mittel zur vollständigen Befreiung des Volkes sei: Anarchie oder Freiheit ist das Ziel, Staat oder Diktatur – das Mittel. So ist es also zur Befreiung der Volksmassen erst nötig, sie zu knechten. [...] Sie versichern, daß allein die Diktatur, natürlich die ihre, die Freiheit des Volkes schaffen kann; wir dagegen behaupten, daß eine Diktatur kein anderes Ziel haben kann, als nur das eine, sich zu verewigen, und daß sie in dem Volk, das sie erträgt, nur Sklaverei zeugen und nähren kann; Freiheit kann nur durch Freiheit geschaffen werden, d.h. durch einen allgemeinen Volksaufstand und durch die freie Organisation der Arbeitermassen von unten nach oben.« (Bakunin 1972d, 615) Wenn der Staat erst einmal übernommen ist, so die weise Voraussicht der Anarchist_innen, wird er nicht absterben, sondern sich verfestigen. Die Funktionär_innen, selbst wenn sie ursprünglich aus dem Volk bzw. dem Proletariat stammen, werden beginnen, ihre eigenen Interessen zu verfolgen und ihre Macht auszubauen. Um dies zu verhindern, insistieren Anarchist_innen darauf, dass sich gesellschaftliche Transformation gar nicht erst um die Eroberung des Staates drehen darf, sondern auf den verschiedenen gesellschaftlichen Schauplätzen selbst stattfinden muss: Statt einer *politischen* vertreten Anarchist_innen das Konzept einer *sozialen* Revolution. Für den Staat heißt das, dass die anarchistische Bewegung nicht darauf hofft, er werde in ferner Zukunft absterben, vielmehr fordert und betreibt sie seine Ignorierung schon in der Gegenwart, seine Überwindung oder Zerschlagung.

Staaten sind historisch eine relativ junge Erscheinung. Für Jahrhunderte haben Menschen in nicht-staatlichen Gemeinschaften zusammengelebt. Diese vorstaatlichen Gemeinschaften waren keine anarchistischen Utopien (sondern oft patriarchale Tyranneien), aber sie beweisen, dass das Leben im Staat nicht alternativlos ist. Welches Alternativmodell zum Staat hat aber der Anarchismus zu bieten? Wie sonst, wenn nicht staatlich, soll die politische Gemeinschaft organisiert werden? Die wichtigste Idee, die innerhalb der anarchistischen Theorie zur politischen Reorganisation der Gesellschaft entwickelt wurde, ist die der *Föderation dezentraler Assoziationen.* Dieses in seinen Grundzügen bereits von Proudhon formulierte Konzept (vgl. Proudhon 1963, 226 ff.) versucht, das Prinzip der Freiwilligkeit auf allen Ebenen des Zusammenschlusses zur Geltung zu bringen. Das ist zunächst die Freiwilligkeit zur Assoziation selbst: Die Einzelnen schließen sich aus eigenem Entschluss zur Assoziation zusammen und behalten jederzeit das Recht, sie wieder zu verlassen. Sie können (und dürfen) niemals die Verantwortung an eine übergeordnete Instanz abgeben, sondern müssen immer beurteilen, ob eine gegebene Assoziation (weiterhin) ihren Interessen, Bedürfnissen und Ansichten entspricht. Die Ablehnung des Majoritätsprinzips als Tyrannei der Mehrheit führt in manchen anarchistischen Konzepten zudem dazu, dass das Konsensprinzip – wie es in linken Aktionsgruppen bereits erfolgreich praktiziert wird (vgl. etwa Graeber 2008, 98 ff.) – als einzig wahrhaft anarchistischer Entscheidungsmodus anerkannt wird. Weil dieses Prinzip freilich umso schwieriger umzusetzen ist, je mehr Mitglieder die Gruppe hat, lassen sich andere Abstimmungsmodi denken, die zum Beispiel eine Mehrheitsregel beinhalten, die Einzelmitglieder aber mit einem Vetorecht ausstatten, das sie bei besonders gravierender Missbilligung eines Beschlusses ausüben können.

Die auf lokaler Ebene eingegangenen Assoziationen können sich dann wiederum zusammenschließen, bis hin zu einer weltweiten Föderation anarchistischer Assoziationen. Innerhalb des Anarchismus ist hier das Konzept der Rätedemokratie einflussreich, das heißt eine Form der demokratischen Entscheidungsfindung, in der die Delegierten einzelner Körperschaften durch ein imperatives Mandat gebunden, verantwortlich und absetzbar sind. Aus dem Rückbehalt der Urteilskompetenz der Individuen folgt, dass es keine Zwangsgewalt von oben nach unten geben kann, und zwar weder seitens der Zusammenschlüsse gegenüber ihren Mitgliedern noch von einer höher gestellten Assoziation gegenüber einer tiefer angesiedelten. »Die zukünftige soziale Organisation«, schreibt Bakunin, »darf nur von unten nach oben errichtet werden durch die freie Assoziierung und Föderierung der Arbeiter zunächst in den Assoziationen, dann in den Gemeinden, den Distrikten, den Nationen und zuletzt in einer großen internationalen und universellen Föderation. Erst dann wird die wahre und lebengebende Ordnung der Freiheit und des allgemeinen Glücks verwirklicht werden, diese Ordnung, welche die Interessen der einzelnen und der Gesellschaft nicht leugnet, sondern sie vielmehr bejaht und in Übereinstimmung bringt.« (Bakunin 1972b, 308) Dieses Modell, so simpel es in seinen Grundzügen klingt, soll geeignet sein, die Gesamtheit der Probleme des bürgerlichen Staates zu kurieren: Der dezentrale Charakter verhindert eine zu große Ansammlung von Gewaltmitteln, die Zustimmung der Mitglieder schließt Gewalt und Zwang aus, die Internationalisierung der lokalen Föderationen überwindet nationale Spaltungen, und die allgemeine Relativierung der Bedeutung des Staates für das Leben der Menschen ermöglicht staatsjenseitige Strategien zur Lösung entstehender Probleme.

Freiwilligkeit ist also die Bedingung sowohl für die Legitimität als auch für die Stabilität der anarchistischen Gesellschaft. Dies wirft die unmittelbare Frage auf, wie mit Leuten umgegangen werden soll, die diese Zustimmung verweigern. Zunächst darf eine anarchistische Gesellschaft darauf hoffen, dass allein schon die Vermehrung und Intensivierung politischer Partizipation die Bereitschaft zur Regelbefolgung erhöht (vgl. Loick 2012, Teil III): Wer an der Aushandlung einer Regel beteiligt war, ist erfahrungsgemäß eher bereit, sich an sie zu halten, und zwar selbst dann, wenn er gegen die Regel gestimmt hat.[21] Die Verbindlichkeit kollektiver Beschlüsse für das Individuum ergibt sich hier aus dem Wert, den es der gemeinsamen Beratschlagung und Beschlussfassung selbst zuspricht. Die Entfaltung solcher zwangloser Bindungsenergien, die aus der Erfahrung der gemeinsamen Entscheidungsfindung entstehen, ist so erstens in der Lage, die Integrität auch großer sozialer Zusammenhänge zu garantieren. Zweitens treibt das Moment der deliberativen Partizipation die anarchistische Gesellschaft über den reinen Liberalismus hinaus. Der einzelne Wille wird nicht als vorsozial naturalisiert, sondern muss sich an den Argumenten, Bedürfnissen und Interessen der Anderen brechen und weiterentwickeln. Nur so wird die politische Freiheit des Anarchismus zu einer sozialen Freiheit: Selbstbestimmung ist keine individuelle, sondern eine kommunikative Praxis.

Der Verzicht auf Zwang riskiert nicht nur den Austritt einiger Menschen aus der Gesellschaft, sondern vielmehr auch den offenen, freiheitseinschränkenden und/oder gewalttätigen Regelbruch. Zwar können Anarchist_innen zu Recht darauf verweisen, dass in einer anarchistischen Gesellschaft ein Großteil der Gründe für kriminelles Verhalten obsolet wird: Die meisten Eigentumsdelikte kann es in einer kommunistischen Gesellschaft nicht mehr geben, auch können viele Straftatbestände (wie etwa der Drogenkonsum oder Verstöße gegen das sogenannte Ausländerrecht) durch einfache Entkriminalisierung wegfallen. Zudem hält der Anarchismus eine Zunahme gesellschaftlicher Solidarität, gegenseitiger Hilfe und eine Verfeinerung der Verhaltensweisen für erwartbar, was zur Etablierung neuer Umgangsweisen miteinander führen kann. Dennoch ist mit Recht darauf hingewiesen worden, dass auch in einer anarchistischen Gesellschaft keine Aussicht auf eine vollständige Überwindung individueller Devianz besteht. Der britische Philosoph Bertrand Russell, selbst ein Sympathisant der anarchistischen Idee, nennt drei Beispiele: Auch in einer anarchistischen Gesellschaft können noch Diebstähle geschehen, etwa wenn Einzelne mit der Rationierung von Luxusgütern nicht einverstanden sind, es kann zu Gewaltverbrechen etwa aus Eifersucht oder pathologischer Grausamkeit kommen, und vor allem besteht die Gefahr einer bewaffneten konterrevolutionären Organisation mit dem expliziten Ziel der Zerstörung der Gesellschaft (vgl. Russell 1971, 99 ff.). Wie wird in einer anarchistischen Gesellschaft mit solchen Angriffen umgegangen? Zunächst bestreiten alle Anarchist_innen die Effektivität des Instruments des Strafrechts zur Resozialisierung und der Herstellung von Sicherheit. Einige Anarchist_innen sind zudem dafür eingetreten, abweichendes Verhalten und Regelbrüche nicht länger mit dem Vokabular des Strafrechts, sondern mit jenem der Medizin zu beschreiben und zu behandeln: Wenn eine zum Beispiel eine andere verletzt, ist sie nicht in erster Linie eine Verbrecherin, sondern eine Kranke, die geheilt werden muss (vgl. exemplarisch Malatesta 2009, 58). Auch diese Strategie geht aber von dem letztlich normalisierenden und konformistischen Ideal einer harmonischen Gesellschaft aus, in der es keine Abweichung mehr gibt. Dieses Ideal der vollständigen Überwindung von Devianz ist nicht nur unrealistisch, sondern auch gar nicht wünschenswert. Wenn Freiwilligkeit nämlich Bedingung der anarchischen Gesellschaft ist, so darf auch die Möglichkeit der Nicht-Zustimmung nicht bloß eine leere formale Option sein, sondern muss als lebbare Möglichkeit präsent sein. Die Verbrecherin stellt nicht nur eine Gefahr für die freie Gesellschaft dar – sie garantiert zugleich ihre Möglichkeit. Diesem Dilemma, Verbrechen zugleich begrenzen als auch ermöglichen zu müssen, lässt sich womöglich nicht anders begegnen als durch eine einseitige Verzichtserklärung: Eine anarchistische Gesellschaft wird sich des Einsatzes von Gewalt selbst dann versagen, wenn ein solcher Einsatz extern provoziert wird (eine Möglichkeit, der Russell skeptisch gegenübersteht). Sie hofft einfach auf die letztliche Überzeugungskraft der errungenen Freiheit. Peter Kropotkin resümiert das so: »Darum lehrt der Anarchismus: Eine freie und gerechte Gesellschaft kann nur dort sein und erstehen, wo es keine Gesetze, keine Richter mehr gibt! Die Freiheit, die Gleichheit und Ausübung der Solidarität sind die einzigen wirksamen Schutzwehren, welche wir den antisozialen Instinkten Einzelner innerhalb der Gesellschaft entgegenstellen können.« (Kropotkin 1972, 136) Der Anarchismus, heißt das, geht letztlich eine Wette ein: dass Ordnung und Freiheit ohne Gewalt für Menschen möglich sind.

Gegen die anarchistische Staatskritik wurden im Laufe der letzten zweihundert Jahre zahlreiche und grundlegende Einwände formuliert. Drei der für eine aktuelle Reformulierung dieser Kritik wichtigsten Herausforderungen lassen sich als der *analytische*, der *politische* und der *institutionelle* Einwand bezeichnen.

Der *analytische* Einwand problematisiert die Sichtweise, die der Anarchismus auf historisch reale Staaten hat. Er lässt sich gut anhand einer Bemerkung darstellen, die Michel Foucault Ende der 1970er Jahre im Rahmen seiner Vorlesungen zur *Geburt der Biopolitik* gemacht hat (vgl. Foucault 2004, 261 ff.). Foucault geht hier auf eine damals in der französischen Linken weitverbreitete Haltung ein, die er »Staatsphobie« nennt. Foucault zählt vier Kritikpunkte an der staatsphobischen Einstellung auf: Erstens sei sie historisch ungenau, weil sie nicht mehr zwischen unterschiedlichen staatlichen Praktiken unterscheiden kann, die Sozialversicherung, so Foucault, gehöre dann in die selbe Kategorie wie das Konzentrationslager. Zweitens folge die Staatsphobie dem Prinzip der »Disqualifikation durch das Schlimmste«, das ein geringeres Übel durch ein größeres definiert (die Sozialversicherung ist dann deshalb schlecht, weil der Staat auch Konzentrationslager einrichtet). Drittens negiere sie die Komplexität und Ambivalenz des real existierenden Staates, der weder durch seine Geschichte noch durch seine Funktion vollständig determiniert wird. Viertens vernachlässige die Staatsphobie die problematische Tradition und theoretische Nachbarschaft, in der sie selbst steht, nämlich die Nähe zum neoliberalen Projekt, das ebenfalls auf den Rückbau des Staates drängt. Die Staatsphobie, die Foucault hier mit guten Argumenten kritisiert, kann auch als charakteristisch für den Anarchismus angesehen werden. Eine anarchistische Staatskritik, die Foucaults Einwände aufnehmen und ihnen gerecht werden will, muss daher analytisch differenziert verfahren: Sie muss die Eigenlogiken und Funktionsweisen konkreter staatlicher Praktiken *spezifisch* beschreiben und bewerten. Diese analytische Umstellung hat auch eine strategische Konsequenz: Es kann sich herausstellen, dass in einer gegebenen historischen Situation der Staat nicht der Hauptfeind ist und dass sich bestimmte Institutionen gegebenenfalls sogar als Bündnispartner oder als zu verteidigende Errungenschaften darstellen. Das beinhaltet sogar dic Möglichkeit, dass einzelne Elemente des existierenden Staates noch in der anarchistischen Gesellschaftsorganisation einen Platz behalten.

Der *politische* Einwand befragt das anarchistische Modell kollektiver Selbstbestimmung auf das hier zugrunde gelegte Politikverständnis. Einige neuere Ansätze in der politischen Philosophie haben sich zum Beispiel skeptisch mit der Kritik der Repräsentation auseinandergesetzt, die unter anderem von der anarchistischen Tradition formuliert wurde. So weist Oliver Marchart in seinem Buch über Hannah Arendt (Marchart 2005, 154 ff.) auf die Tendenz plebiszitärer Demokratiekonzeptionen hin, das Volk als einheitliche Entität zu denken, deren Wille jederzeit unmittelbar abgefragt werden kann. Diese Vorstellung, die an die Stelle der politischen Repräsentation die volle Präsenz des Volkes treten lassen will, trägt für Marchart bereits totalitäre Züge, weil sie identitäre, homogenisierende und konformistische Effekte hat. Demgegenüber besteht Marchart auf dem befreienden Moment gerade der Abwesenheit des Volkes und der Notwendigkeit politischer Repräsentation und Deliberation. Emanzipatorisch ist demnach gerade ein solches Handeln, das die Besetzung des leeren Ortes der Macht durch ein einheitliches Subjekt verhindert, statt sie zu befördern. Diese Kritik betrifft auch zentrale Elemente der anarchistischen Konzeption wie das Konsensverfahren, das imperative Mandat und einige Modelle der Rätedemokratie. Die anarchistische Repräsentationskritik legt häufig ein Bild zugrunde, wonach die Individuen schon dann in ihrer Freiheit beeinträchtigt werden, wenn das Ergebnis einer Entscheidung für sie verbindlich sein soll, obwohl sie es nicht mitgetragen haben. Dieses Bild impliziert die Möglichkeit einer unvermittelten Kontinuität zwischen dem individuellen Willen und der kollektiven Entscheidung. Die Notwendigkeit der Vermittlung erzeugt jedoch eine nicht auflösbare Spaltung, eine irreduzible Nicht-Identität des demokratischen Subjekts mit sich selbst. Statt politische Repräsentation als heteronom abzulehnen, sollte die anarchistische Staatskritik daher versuchen, einen neuen Begriff der Repräsentation zu entwerfen, der auf ein einheitliches Kollektivsubjekt verzichtet und stattdessen agonistische und plurale Aushandlungsprozesse ermöglicht. Dies würde auch einen neuen Begriff politischer Verbindlichkeit notwendig machen, die nicht aus der persönlichen Zustimmung zur einzelnen Entscheidung resultiert und dennoch keinen Zwangscharakter annehmen muss.

Der *institutionelle* Einwand weist auf die gravierenden Herausforderungen politischer Steuerung einer globalisierten und hochkomplexen Gesellschaft hin. Der Anarchismus zielt auf eine grundlegende Umstrukturierung der Weltgesellschaft und eine globale Beendigung von Machtkonzentration und staatlicher Gewalt. Ein zentrales Moment ist dabei die Idee der Dezentralisierung und Lokalisierung: Politische Entscheidungen sollen nicht von Expert_innen oder Bürokrat_innen, sondern von den betroffenen Menschen selbst in ihren alltäglichen Bezugssystemen und Lebensrealitäten getroffen werden: Anarchismus ist sowohl theoretisch wie auch aktivistisch Teil der Anti-Globalisierungsbewegung. Allerdings fehlt dem Anarchismus bislang eine ausgearbeitete Theorie der *alternativen Globalisierung* (oder »Alter-Mondialisation«), das heißt eine Theorie darüber, wie eine anarchistische Weltgesellschaft aussehen könnte. Diese würde unter anderem ein Konzept für das Treffen solcher politischer Entscheidungen beinhalten, die weltweite Reichweiten haben. Allein die ungleiche globale Ressourcenverteilung sowie die gegenwärtigen technologischen Potenziale, ob in Form des Internets, des internationalen Verkehrs oder im Extremfall der Energiegewinnung durch Atomkraftwerke, machen Entscheidungen nötig, die so große Auswirkungen und Effekte haben, dass sie nicht von einer Kommune allein getroffen werden können, sondern verbindlicher internationaler Koordinierung und Kooperation bedürfen.

Diese Einwände markieren drei der wichtigsten Herausforderungen für eine aktuelle anarchistische Staatskritik. Keiner davon diskreditiert dieses Projekt als solches: Die anarchistische Kritik bleibt angesichts des vielgestaltigen und unaufhörlichen Gewaltgebarens der Staaten ein essenzieller Bestandteil emanzipatorischer Politik. Nur wenn es dem anarchistischen Programm jedoch gelingt, eine analytisch differenzierte Analyse, ein postkonventionelles Verständnis politischer Repräsentation und ein zeitgemäßes Modell globaler Selbstregierung zu entwickeln, wird es sich als in der Lage erweisen, eine überzeugende politische Perspektive für die Gegenwart zu eröffnen.

3.3 Kapitalismus und Antikapitalismus

In den Jahren 2007 bis 2011 haben vier Millionen Menschen in den USA ihr Haus verloren. Dies liegt nicht daran, dass in Amerika eine Knappheit an Wohnraum bestehen würde. Im Gegenteil: Die *subprime mortgage crisis* wurde dadurch ausgelöst, dass *zu viele* Leute Kredite aufgenommen hatten, um sich ein Eigenheim zu finanzieren. Menschen werden obdachlos, heißt das, weil zu viele Häuser gebaut wurden – es ist unmittelbar einsichtig, dass eine Ökonomie, die solche Effekte hat, nicht rational sein kann. Dieser ganz offensichtlich absurde Effekt ist aber nur ein Teilelement in einem Netz von Praktiken, das sich auch insgesamt als irrational beschreiben lässt. Zum Beispiel waren die meisten Menschen, die ihr Haus verloren haben, Arbeiter_innen. Viele von ihnen haben bereits ein ganzes Leben lang geschuftet – und dabei Dinge produziert, die in ihrer Gesamtheit weit mehr kosten würden als ein Haus. Sie haben also gigantische Werte geschaffen, die ihnen aber selbst nicht gehören, stattdessen sind sie oft tief verschuldet. Wichtige Entscheidungen über ihr eigenes Leben können diese Menschen zudem nicht selbst treffen, sondern sind stattdessen den Entscheidungen anderer, ihrer Chefs oder ihrer Banken, ausgesetzt; oft ist es heute sogar so, dass in Wirklichkeit gar niemand bewusst eine Entscheidung trifft – ökonomische Krisen sind Ergebnisse von Prozessen auf den Aktienmärkten, die kaum ein Mensch überhaupt nur überblicken geschweige denn verstehen kann. Noch unzählige weitere Negativeffekte der gegenwärtigen Wirtschaftsweise lassen sich nennen: zwischenmenschliche Konkurrenz und Ellenbogenmentalität, soziale Ungleichheit und Verelendung, arbeitsbedingte psychische Erkrankungen und Burnout, Konsumdenken und Waren-Fetischisierung, Raubbau an der Natur und Zerstörung von Ressourcen.

Die Ironie, dass die Gesellschaft einen ungeheuren Reichtum produziert, diesen aber zugleich der Mehrheit ihrer Mitglieder vorenthalten muss, wurde besonders prägnant von Marx analysiert und kritisiert. »Die Arbeit«, schreibt er in seinen *Ökonomisch-philosophischen Manuskripten* (1843/44), »produziert Wunderwerke für die Reichen, aber sie produziert Entblößung für den Arbeiter. Sie produziert Paläste, aber Höhlen für den Arbeiter. Sie produziert Schönheit, aber Verkrüppelung für den Arbeiter. Sie ersetzt die Arbeit durch Maschinen, aber sie wirft einen Teil der Arbeiter zu einer barbarischen Arbeit zurück und macht den andren Teil zur Maschine.« (Marx 1968, 513). Als die Ursache für diese Dynamik identifiziert Marx den Kapitalismus, als dessen wichtigstes Definitionsmerkmal er das Privateigentum an Produktionsmitteln bestimmt. Auf der einen Seite besitzen die Kapitalist_innen die Fabriken und Maschinen und können daher andere bezahlen, um sie für sich arbeiten zu lassen, auf der anderen Seite besitzen die Proletarier_innen nichts außer ihrer Arbeitskraft und müssen diese daher an die Kapitalist_innen verkaufen. Diese Grundkonstellation führt zum berühmten Widerspruch zwischen gesellschaftlicher Arbeit und privater Aneignung: Die Proletarier_innen produzieren gemeinsam Waren, die ihnen dann aber nicht gemeinsam gehören, sondern privat durch die Kapitalistin angeeignet werden. Dies ermöglicht der Kapitalistin zum einen das Erzielen von Profit, weil sie die Waren zu einem höheren Preis verkauft, als sie die Entlohnung ihrer Arbeiter_innen kostet (*Ausbeutung*), zum anderen erzeugt diese Produktionsweise bei den Arbeiter_innen ein Gefühl der Abstumpfung, Langeweile und des Unglücklichseins, weil die Bedingungen ihrer Arbeit nicht von ihnen selbst, sondern von anderen bestimmt werden (*Entfremdung*). Schließlich erweist sich diese Produktionsweise periodisch wiederkehrend als instabil, unter anderem weil die Kapitalist_innen zum Zwecke der Profitmaximierung regelmäßig mehr herstellen, als sie auf dem Markt absetzen können, was zu Überproduktion und dysfunktionalen Koordinierungsschwierigkeiten führt (*Krisen*).[22] Aufgrund dieser Effekte, die der Kapitalismus nicht zufällig, sondern notwendigerweise hat – Ausbeutung, Entfremdung und

Krise –, trat Marx gemeinsam mit vielen anderen Kommunist_innen für eine Überwindung der kapitalistischen Produktionsweise und für eine Vergesellschaftung der Produktionsmittel ein: Was die Menschen gemeinsam produzieren, soll ihnen auch gemeinsam gehören.

Die meisten Anarchist_innen sind sich mit Marx und dem Marxismus in der Kritik des Kapitalismus weitestgehend einig (eine Ausnahme stellen einige extreme Individual-Anarchist_innen und Anarcho-Kapitalist_innen dar, die aber im Folgenden ausgeklammert werden). Peter Kropotkin beginnt sein Buch *Die Eroberung des Brotes* mit einem Staunen über das Ausmaß der gigantischen Reichtümer, die die Gesellschaft mittlerweile produziert hat. Die Entwicklung der Produktivkräfte ist so weit fortgeschritten, dass ohne Probleme für jeden Menschen auf der Welt Nahrung, Unterkunft, Wärme, Bildung und sogar Luxus möglich wären. Dieser Reichtum kommt aber gerade denjenigen nicht zugute, die ihn produzieren, sondern den wenigen Kapitalist_innen. Wie Marx, so zieht auch Kropotkin aus dieser grundlegenden Ironie den Schluss, dass die Produktionsmittel in Kollektivbesitz überführt werden müssen: »Alles soll Allen gehören, da Alle dessen bedürfen [und] da alle nach Maßgabe ihrer Kräfte den Reichtum haben schaffen helfen.« (Kropotkin 2014, 46) Statt des Profitinteresses der Kapitalistin sollen für Kropotkin also die Bedürfnisse der Menschen den Grund der Produktion abgeben. Hier wird deutlich, dass es um mehr als die gerechtere Verteilung der vorhandenen Güter geht. Vielmehr wird die Kollektivierung der Produktionsmittel neue sowohl ökonomische als auch soziale Potenziale freisetzen. Wenn bedürfnisorientiert produziert wird, kann auch effektiver produziert werden: Unglaublich viel unnütze Arbeit – von Militär und Rüstung über Banken, Versicherungen, das Rechtswesen und die staatliche Bürokratie bis zur Werbe- und PR-Industrie – kann abgeschafft werden, Produktionshemmnisse wie Patente oder das Copyright können entfallen. Die Menschen arbeiten produktiver, wenn sie Spaß an der Arbeit haben und sich in ihr selbst verwirklichen können. Schließlich kann es auch nicht mehr zu Überproduktionskrisen kommen, wenn für die Bedürfnisse statt für das Profitinteresse produziert wird. Kropotkin stimmt also Marx darin zu, dass alle Hauptprobleme des Kapitalismus (Ausbeutung, Entfremdung und Krisen) durch die Enteignung der Kapitalist_innenklasse überwunden werden können.

Eine Differenz zwischen Marxismus und Anarchismus gibt es jedoch in Bezug auf die Frage, wie genau eine alternative Ökonomie gestaltet werden soll. Der Marxismus hat die Tendenz, die Vergesellschaftung der Produktionsmittel als *Verstaatlichung* zu verstehen: Die gesellschaftliche Produktion untersteht einer politischen Instanz, welche die Produktion und Distribution der Güter zentral organisiert. »Das Proletariat«, heißt es etwa im *Manifest der Kommunistischen Partei*, »wird seine politische Herrschaft dazu benutzen, der Bourgeoisie nach und nach alles Kapital zu entreißen, alle Produktionsinstrumente in den Händen des Staats, d.h. des als herrschende Klasse organisierten Proletariats, zu zentralisieren und die Masse der Produktionskräfte möglichst rasch zu vermehren.« (Marx/Engels 1972, 481) Anarchist_innen haben von Anfang an befürchtet – zu Recht, wie sich im Nachhinein sagen lässt –, dass eine solche zentralistisch geführte Ökonomie den Bedürfnissen der Menschen ebenso wenig gerecht werden würde wie die kapitalistische. Eine solche Planungsinstanz werde nicht nur notwendigerweise mit der Programmierung einer ganzen Volkswirtschaft überfordert sein, sondern auch neue Entfremdung, Ungleichheiten und Privilegierungen erzeugen. Der Anarchismus versteht demgegenüber die Vergesellschaftung der Produktionsmittel als die Anwendung der Idee *Föderation dezentraler Assoziationen* auf die Sphäre der

Ökonomie. Das Grundmodell hierfür hat wiederum bereits Proudhon geliefert: Ebenso wie die politische Sphäre einen freiwilligen Zusammenschluss lokaler freiwilliger Zusammenschlüsse darstellen soll, so soll ein Zusammenschluss dezentraler Produktionsgenossenschaften, die frei miteinander kooperieren und gerecht miteinander tauschen, die ökonomische Sphäre bilden (vgl. Proudhon 1963, 256 ff.).[23] Statt an einen Staat delegiert zu werden, der weiterhin vom gesellschaftlichen Leben entfremdet wäre, sollen auch die ökonomischen Angelegenheiten in die Selbstbestimmung der Menschen selbst überführt werden.

Innerhalb der anarchistischen Tradition ist umstritten, wer genau bei dieser Selbstbestimmung an welcher Stelle einbezogen werden soll. Die Strömung des Syndikalismus, die stark in der Gewerkschaftsbewegung verankert und von Proudhon beeinflusst ist, versteht Selbstbestimmung vor allem als Selbstverwaltung der Arbeiter_innen: Diejenigen sollen über die Produktion bestimmen, *die an ihr beteiligt sind.* Diese Idee, die im Großen und Ganzen mit dem Konzept der Rätedemokratie übereinstimmt, lehnt eine Delegierung der Entscheidungsbefugnis an eine externe politische Instanz wie etwa ein Parlament ab. Stattdessen bilden die bestehenden Vertretungsorgane der Arbeiter_innen selbst, die revolutionären Gewerkschaften und Syndikate, die Keimzelle einer alternativen Ökonomie. Einer der wichtigsten Vertreter_innen des Anarchosyndikalismus, Rudolf Rocker, schreibt in seiner *Prinzipienerklärung des Syndikalismus* (1919): »Die Syndikalisten sind der Überzeugung, daß die Organisation einer sozialistischen Wirtschaftsordnung nicht durch Regierungsbeschlüsse und Dekrete geregelt werden kann, sondern nur durch den Zusammenschluß aller Kopf- und Handarbeiter in jedem besonderen Produktionszweige: durch die Übernahme der Verwaltung jedes einzelnen Betriebes durch die Produzenten selbst und zwar in der Form, daß die einzelnen Gruppen, Betriebe und

Produktionszweige selbständige Glieder des allgemeinen Wirtschaftsorganismus sind, die auf Grund gegenseitiger und freier Vereinbarungen die Gesamtproduktion und die allgemeine Verteilung planmäßig gestalten im Interesse der Allgemeinheit.« (Rocker 1973, 11). Dieser Verengung gesellschaftlicher Selbstbestimmung auf betriebliche Selbstverwaltung widerspricht hingegen das Konzept des libertären Kommunalismus, wie es unter anderem von Murray Bookchin entwickelt wurde. Der Kommunalismus wirft dem Syndikalismus vor, die kapitalistische Produktionsfixierung fortzuschreiben. Eine wahrhafte Orientierung an den Bedürfnissen der Menschen würde es hingegen erfordern, Fragen der Produktion zu politisieren und in einen breiteren gesellschaftlichen Kontext zu stellen. Über Fragen der Produktion können dann aber nicht allein die Arbeiter_innen entscheiden, vielmehr muss die gesamte Gemeinschaft einbezogen werden: Diejenigen sollen über die Produktion bestimmen, *die von ihr betroffen sind.* Anstelle der Syndikate vertritt Bookchin die Idee der radikaldemokratischen Selbstbestimmung in Form von Bürger_innenversammlungen und in lokalen Kommunen, das heißt in Städten oder Bezirken (vgl. exemplarisch Bookchin 2015).

Eine weitere wichtige Streitfrage innerhalb des Anarchismus stellt die Entlohnung dar. Während der Mutualismus (Proudhon) und der Kollektivismus (Bakunin) die Produktionsmittel vergesellschaften und die Produktionsweise demokratisieren, am Prinzip einer individuellen Entlohnung und eines geldbasierten Gütermarktes aber festhalten wollen, fordert der Anarcho-Kommunismus (Kropotkin) die Abschaffung der Entlohnung und die freie Verfügbarkeit der gesellschaftlich produzierten Güter.

Dem Modell der individuellen Entlohnung liegen sowohl gerechtigkeitstheoretische Prinzipien als auch effizienztheoretische Erwägungen zugrunde. Für gerecht halten seine Verteidiger_innen die individuelle Lohnzumessung, weil sie auf der Gleichheit der menschlichen Arbeiten beruht: Wer gleich viel arbeitet, soll auch gleich viel erhalten, das heißt nicht weniger, aber auch nicht mehr. Wenn eine umfassende Chancengleichheit hergestellt ist, das heißt wenn sowohl die Anzahl der geleisteten Arbeitsstunden als auch die Art der geleisteten Arbeit nicht mehr von Erbe, Kapitalbesitz etc. abhängt, sondern Ergebnis der individuellen Präferenz ist, so kann sich die Einzelne selbst entscheiden, ob sie lieber mehr Güter erhalten oder weniger arbeiten möchte.[24] Proudhon bringt dies auf die Formel: »Jedem nach seinen Werken« (Proudhon 1963, 98). Neben diesem Gleichheitsprinzip nennt Proudhon auch noch Nutzenargumente gegen die Nivellierung der individuellen Entlohnung. In seiner *Philosophie des Elends* polemisiert er außergewöhnlich scharf gegen die Kommunist_innen, die sich weigern »zu rechnen«. Unter Bedingungen der Knappheit – die auch in der künftigen Gesellschaft noch nicht überwunden sein werden – ist es nicht ratsam, »Arbeit, Kapital und Talent« (Proudhon 2003, 483) zu eliminieren. Dies nämlich führt dazu, dass an die Stelle der gerechten Verteilung nach Werken die Rationierung tritt, das heißt ein Prinzip, das nicht auf wirklicher Gleichheit, sondern vielmehr auf »Gleichmacherei« basiert. Zwar solle nicht genau über die Leistung jeder Einzelnen Buch geführt werden, wohl aber über die Produktivität der einzelnen Genossenschaft. Bakunin geht hier etwas weiter als Proudhon, er will zwar auch an einem individuellen Lohn festhalten, diesen aber »nicht nach dem Arbeitsmaß, sondern nach den Bedürfnissen jedes einzelnen« (Bakunin 1972d, 652) verteilen (wobei er unklar lässt, wie diese ermittelt werden sollen).

Einen der bekanntesten Versuche, mutualistische bzw. kollektivistische Ansätze aufzugreifen und zu aktualisieren, stellt das Modell der *Participatory Economics* (kurz: *Parecon*) dar, das in den 1980er Jahren von dem amerikanischen Ökonom Michael Albert entwickelt wurde (Albert 2006). An die Stelle des Privateigentums an Produktionsmitteln soll eine demokratische Ökonomie treten, die weder marktförmig noch staatlich organisiert ist, sondern sowohl ihre Produktion als auch ihre Konsumtion dezentral plant und gestaltet. Die partizipatorische Ökonomie setzt sich aus einer ganzen Reihe von Räten zusammen, wie etwa Produzent_innen-, Konsument_innen-, Stadt- und Nationalräten, die je nach Regelungsgehalt einer entsprechenden Entscheidung zuständig sind: Während die Gestaltung der Arbeitsräume von den Arbeiter_innen getroffen werden sollte, muss der Bau eines neuen Hochgeschwindigkeitszugs von einem nationalen Rat beschlossen werden. Auch Albert hält am Prinzip der individuellen Entlohnung fest, die für ihn den entscheidenden Vorteil hat, individuellen Einsatz bzw. Verzicht widerspiegeln zu können. Dabei sollen weniger attraktive Arbeiten wie das Straßenkehren höher entlohnt werden als angenehme Arbeiten, die von vielen Menschen gemacht werden wollen. Auf diese Weise kann es zu einer grundlegenden Umverteilung der gegenwärtigen Anerkennung von Arbeitsfeldern kommen. Auch die Preise bestimmter Güter sind Ergebnis politischer Entscheidungen: Anders als im Kapitalismus werden in der Parecon auch die externen Kosten bei der Preisgestaltung mit einbezogen. Unsozialer Konsum, etwa von Zigaretten, Sportwagen oder Schusswaffen, wird so sehr viel teurer, als das in einer kapitalistischen Gesellschaft der Fall ist. Diese Umgestaltung sowohl der Arbeit als auch des Konsums ermöglicht es dem Kollektiv wie den Einzelnen, jeweils neu bewusst zu entscheiden, ob sie den Einsatz zur Befriedigung eines bestimmten Bedürfnisses aufbringen wollen oder nicht.

Gegen das Festhalten am Lohnprinzip wurden gewichtige Einwände seitens des Anarcho-Kommunismus vorgebracht, von denen die wichtigsten bereits von Kropotkin formuliert wurden. Für Kropotkin stellt die Fortsetzung des Lohnprinzips (und damit des Geldes als Tauschmedium) keine überzeugende Alternative zum Kapitalismus dar, weil damit die kapitalistische Orientierung an der Produktion fortgeschrieben wird. Statt aber nach der *Leistung* der Einzelnen in der Produktion zu schauen, müsse man sich konsequent an ihren *Bedürfnissen* orientieren, und zwar sowohl den Bedürfnissen bei der Arbeit als auch im Konsum; Proudhons »Jedem nach seinen Werken« setzt Kropotkin mit Marx die Losung: »Jeder nach seinen Fähigkeiten, jedem nach seinen Bedürfnissen« (Marx 1973b, 21) entgegen. Für die Orientierung an Bedürfnissen statt an Leistungen spricht für Kropotkin auch, dass der individuelle Beitrag zum gesellschaftlichen Wohlstand ohnehin nicht zu ermitteln ist: Jede individuelle Arbeit ist eingebunden in eine Geschichte und in einen Kontext anderer Arbeiten, die nicht klar voneinander zu trennen sind. Wer zum Beispiel ein Buch über Anarchismus schreibt, profitiert von Hunderten vorherigen Büchern und dem Wissen von Freund_innen zum selben Thema, ist auf den Computer, den Tisch, den Drucker und das Papier angewiesen, bedarf der Reproduktion durch Kaffee, Zigaretten, Wein und Musik, der Liebe und Fürsorge von Freund_innen und Partner_innen. Nicht nur ist es unmöglich, die Arbeit dieser Autorin klar von der Arbeit anderer Menschen abzugrenzen, auch kann ihre Arbeit nicht klar von ihrer eigenen Nicht-Arbeit getrennt werden: Manchmal verbringt sie tagsüber in der Bibliothek Stunden auf Facebook, manchmal hat sie abends in der Kneipe eine gute Idee, die sie ins Buch einbauen kann. Kurzum, der gesellschaftliche Wohlstand ist voll und ganz Ergebnis gesellschaftlicher – geschichtlicher und zeitgenössischer – Aktivität, die sich selbst nicht in produktive und unproduktive unterscheiden lässt.[25] »Wie will man«, fragt daher Kropotkin, »den Teil abschätzen, welcher von den Reichtümern, an deren Anhäufung wir alle mitarbeiten, auf Jeden entfällt?« (Kropotkin 2014, 58) Hinzu kommt, dass jeder Versuch, die individuelle Leistung nachzuhalten und über sie Buch zu führen, die ganze Gesellschaft in ein Büro verwandeln würde, wo jede kleinlich auf ihren Anteil pocht, die Arbeitsminuten zählt und eifersüchtig über ihre Nachbarin wacht (vgl. Kropotkin 2014, 182).[26] Die kollektive Sorge um die Befriedigung der Bedürfnisse einer jeden ist einer solchen Haltung auch ethisch-moralisch überlegen. Statt die kapitalistische Lohnknechtschaft fortzusetzen und damit eine autoritäre Bürokratie zu reproduzieren, fordert daher Kropotkin, muss das gesellschaftliche Mehrprodukt für alle frei verfügbar sein.

In der anarcho-kommunistischen Tradition wurden verschiedene Modelle vorgeschlagen, wie die generelle Bedürfnisorientierung praktisch umgesetzt werden kann. Die amerikanische Anarchistin Voltairine de Cleyre hielt es für ausreichend, wenn die Menschen nach Gutdünken zu produzieren beginnen und den Überschuss ihrer Produktion in Warenhäuser bringen, aus denen sich alle frei bedienen können: »The best thing ordinary workingmen or women could do was to organize their industry to get rid of money altogether [...] Let them produce together, co-operatively rather than as employer and employed; let them fraternize group by group, let each use what he needs of his own product, and deposit the rest in the storage-houses, and let those others who need goods have them as occasion arises.« (de Cleyre 1908) Erich Mühsam hingegen betonte die Unverzichtbarkeit einer »unmittelbare[n] Verständigung der Beteiligten untereinander« und schlug daher die Einrichtung von Verbindungsstellen vor, die sich um »Buchhaltung und Übermittlung von Aufträgen« (Mühsam 2012, 18) kümmern sollten. Hundert Jahre später bietet das Internet eine ausgereifte technische Infrastruktur für die Koordinierung zwischen Konsument_innen und Produzierenden (die, allerdings in der Form der Überwachung von Kaufentscheidungen etwa zum Zwecke individualisierter Werbung, ja auch bereits zum Einsatz kommt, nur eben auf eine falsche, kapitalistische Weise). Wichtig ist jedoch bei all diesen Modellen, dass es nicht allein um einen kommunikativen Abgleich von Angebot und Nachfrage geht. Vielmehr ermöglicht es die Vergesellschaftung der Produktionsmittel, dass die Produktion und Konsumtion insgesamt der kollektiven Beratung und bewussten Entscheidung aller in Räten und Versammlungen unterworfen und somit politisiert werden.

Ein klassischer Einwand gegen die Abschaffung der individuellen Entlohnung ist die Behauptung, der Wegfall von Leistungsanreizen würde dazu führen, dass unangenehme Arbeiten nicht mehr verrichtet würden. Kropotkin entgegnet hierauf vor allem mit dem Verweis, dass in der kommunistischen Gesellschaft der Anteil unangenehmer Arbeit auf ein Minimum reduziert sein wird (vgl. Kropotkin 2014, 137 ff.). Dies liegt schon allein daran, dass die Bedingungen der Arbeit von den Arbeiter_innen selbst bestimmt werden können; die Fabriken und Büros werden so zu Orten, an denen man sich gern aufhält und an denen es Spaß macht, tätig zu sein. Der technische Fortschritt bei gleichzeitiger Eliminierung von Produktionshemmnissen und Verschwendung wird zudem für eine radikale Arbeitszeitverkürzung sorgen, so dass die Menschen sich viel mehr auch anderen Tätigkeiten widmen können, die sie erfüllen. Zudem wird die starre Arbeitsteilung und die lebenslange Fixierung auf Berufe aufgehoben, weshalb die Tätigkeiten abwechslungsreich sind und die Menschen ihre Interessen und Talente in viele unterschiedliche Richtungen entwickeln können. Anders als viele andere Kommunist_innen bezieht Kropotkin dabei die Haus- und Reproduktionsarbeit mit ein, deren Umwälzung er mit Blick auf die Emanzipation der Frauen für essenziell hält. Auch dieser Bereich (aus dem bemerkenswerterweise besonders häufig die Beispiele für »unangenehme Arbeit« stammen) lässt sich zum einen durch technischen Fortschritt, zum anderen durch die Effizienzgewinne, die sich durch die schiere Aufhebung der Isolation der Hausarbeiter_innen erzielen lassen, anders gestalten: Warum sollen fünfzig Frauen ihren Tag damit vergeuden, auf fünfzig Feuern Kaffee zu kochen, wenn ein Feuer genügt, um fünfzig Familien mit Fleisch und Gemüse zu versorgen (Kropotkin 2014, 144)?[27] Trotz dieser weitgehenden Umgestaltung der Arbeitsverhältnisse, welche den Anteil unangenehmer Arbeit radikal reduziert, können Anarcho-Kommunist_innen dennoch zugestehen, dass unangenehme Arbeit sich trotz allem nicht ganz vermeiden lassen wird. Auch im Kommunismus wird es noch eklige, dreckige, eintönige, körperlich anstrengende oder sogar gefährliche Arbeiten geben. Hier setzt der Anarcho-Kommunismus darauf, dass diese Arbeiten durch freie Vereinbarung auf gerechte Weise verteilt werden können. Tatsächlich erfordert dies die Einsicht der Menschen in die Notwendigkeit dieser Arbeiten – aber diese Einsicht ist in einer Gesellschaft, die ohnehin auf der freien Zustimmung ihrer Mitglieder basiert, auch erwartbar.[28]

Wenn der mutualistische bzw. kollektivistische Ansatz seine Erneuerung in dem Konzept der Parecon findet, so wird der anarcho-kommunistische Ansatz in der gegenwärtigen Debatte um die Commons aktualisiert.[29] Commons sind (materielle oder immaterielle) Güter, die frei durch alle nutzbar sind. Traditionelle Beispiele sind Allmende-Strukturen wie gemeinsam genutztes Weideland, Fischereien oder Wälder sowie öffentliche Parks oder Bibliotheken, aber auch immaterielle Ressourcen wie Zugang zu Informationen, Ideen, Kunst und Kultur. Commons verfügen in der Regel über gemeinsam ausgehandelte Nutzungsregeln, in denen die Bedingungen und Grenzen des Gebrauchs festgelegt sind, sie sind aber prinzipiell nicht-exklusiv, das heißt, sie beschränken den Zugang nicht auf eine bestimmte Personengruppe. Obwohl das Commoning – das heißt die politische Praxis, die bestimmte Güter der privaten Disposition entzieht und stattdessen vergemeinschaftet bzw. sich gegen die Privatisierung gemeinschaftlich genutzter Ressourcen wehrt – immer schon Teil globaler emanzipatorischer politischer Kämpfe war, hat die Diskussion um die Commons in den letzten zwei Jahrzehnten beträchtlichen Auftrieb bekommen. Ein Grund dafür liegt in neuen Formen der Güterproduktion, -distribution und -konsumtion, die durch das Internet hervorgebracht wurden. Das am häufigsten angeführte Beispiel ist hier die Online-Enzyklopädie Wikipedia: Binnen weniger Jahre ist durch freie Kooperation zwischen Produzierenden auf der ganzen Welt ein Gut entstanden, das nicht nur frei zugänglich, sondern auch qualitativ hochwertig ist. Das Gleiche gilt für *Open-Source*-Software wie etwa das Betriebssystem Linux: Auch dieses Produkt, das sich proprietären Konkurrenten in so gut wie jeder Hinsicht als überlegen zeigt, ist aus der freiwilligen Zusammenarbeit der Programmierer_innen entstanden und für jede_n unentgeltlich zu gebrauchen. Kommunistisch daran ist, dass weder die geleistete Arbeit entlohnt noch das entstandene Produkt verkauft wird.

Der in Harvard lehrende Rechtswissenschaftler Yochai Benkler hat in seinem einflussreichen Buch *The Wealth of Networks* (2006) dafür den Begriff der *commons-based peer production* geprägt, einer Produktionsweise, welche auf nicht-hierarchischer Kollaboration von Gleichberechtigten beruht, die in der Regel nicht vergütet werden und deren Output frei geteilt wird. Die allgemeine Zugänglichkeit wird dabei meistens mittels einer *Creative Commons License* gesichert. Die Erfahrungen, die bislang mit der *commons-based peer production* gemacht wurden, scheinen viele von Kropotkins Argumenten zu bestätigen: Gegenüber der proprietären Produktion basiert die Commons-basierte Produktion zum einen auf einer intrinsischen Motivation, das heißt, sie trägt zur Selbstverwirklichung und Entfaltung der Produzierenden bei, zum anderen ist sie aufgrund der exponenziell größeren Kooperationsmöglichkeiten auch produktiver und erzeugt qualitativ bessere Produkte. Zudem ermöglicht die freie Zugänglichkeit eine generelle Bedürfnisorientierung der Produktion: Da die Herstellung ohnehin nicht auf Profitmaximierung angelegt ist, kann sie auf Verbraucher_innen-Bedürfnisse (sowie auf andere, etwa ökologische oder Sicherheitserwägungen) auch dann eingehen, wenn sich dies auf einem Gütermarkt nicht rentieren würde.

Diese Erfahrungen sind jedoch keineswegs auf den Bereich der immateriellen Güter beschränkt, sondern lassen sich auf die materielle Produktion übertragen. Schon Kropotkin macht einen entsprechenden Vorschlag in Bezug auf den Wohnungsbau (vgl. Kropotkin 2014, 103 ff.): Wenn sich Maurer_innen auf eigene Initiative zusammenschließen und Wohnungen bauen, die sie dann kostenlos zur Verfügung stellen, so müssen die Menschen, die dann in diesen Wohnungen wohnen, weniger Geld für Miete ausgeben und sind daher weniger auf Lohnarbeit angewiesen. Die frei werdende Zeit können diese dann wiederum in freie Arbeit stecken, deren Produkte sie wiederum unentgeltlich zur Verfügung stellen. Auf diese Weise kann das kommunistische Prinzip sich auf die gesamte Ökonomie ausweiten, bis irgendwann alle Arbeit selbstbestimmt und alle Produkte kostenlos sind. Freies Wissen – wie Baupläne und Anleitungen – und expropriierte Produktionsmittel – wie besetzte Fabriken – könnten unter heutigen Bedingungen solche Strategien unterstützen. Die *commons-based peer production* ermöglicht dann nicht nur *free software*, sondern auch *free hardware*.[30]

Gemäß der anarchistischen Präferenz einer sozialen gegenüber einer politischen Revolution hat es in der Vergangenheit zahlreiche Versuche gegeben, mutualistische, kollektivistische oder kommunistische Modelle bereits unter gegebenen Bedingungen umzusetzen und auf diese Weise die ökonomische Transformation der Gesellschaft voranzutreiben. Die Beispiele reichen von Robert Owens frühsozialistischen Arbeiter_innenkollektiven über Gustav Landauers Landkommunen bis hin zu gegenwärtigen Konzepten der Solidarischen Ökonomie wie subsistenzorientierten Landwirtschaftsprojekten, selbstverwalteten Kollektivbetrieben, Tauschringen, Regionalwährungen oder *Food Co-ops* (als Überblick vgl. exemplarisch Voß 2015). Obwohl sich viele dieser Projekte als erstaunlich stabil erweisen, kämpfen sie allerdings immer wieder mit demselben Problem: Der Kontext der Gesamtökonomie begrenzt die Möglichkeiten der Selbstorganisation und der Etablierung solidarischer Alternativen enorm. Wenn ein selbstverwalteter Betrieb wettbewerbsfähig bleiben will, wird er zum Beispiel die Löhne nicht an den Bedürfnissen der Produzierenden ausrichten können. Ähnliches gilt für die Einhaltung sozialer oder ökologischer Prinzipien beim Einkauf von Rohstoffen. Die Etablierung einer alternativen Ökonomie wird daher nur dann erfolgreich sein, wenn sie sich als in der Lage erweist, das kapitalistische Konkurrenzprinzip auf einer grundlegenden Ebene auszuhebeln. Das heißt aber auch, dass die Umwälzung der Ökonomie nicht allein auf dem Terrain der Ökonomie erfolgen kann, sondern neben der sozialen eine eminent politische – das heißt konfrontative und konfliktuelle – Dimension beinhalten muss.

3.4 Geschlechterverhältnisse

Einer der häufigsten bürgerlichen Einwände gegen die anarchistische Forderung nach Abschaffung des Staates ist die Befürchtung, die Abwesenheit von Polizei und Justiz könne die schwächsten Mitglieder der Gesellschaft den Angriffen von Gewalttätern aussetzen. Die beliebtesten Beispiele sind hier Vergewaltigungen und sexualisierte Gewalt: Wenn man nicht mehr die Polizei anrufen kann, wer garantiert dann die Sicherheit von Frauen vor sexistischen Übergriffen? Wenn die Gefängnisse geöffnet werden, wie hält man dann Vergewaltiger von der Restbevölkerung fern? Entsprechend dieser Grundannahme, dass insbesondere Frauen des staatlichen Schutzes bedürften, konzentrieren sich die öffentlichen Debatten um sexualisierte Gewalt häufig auf staatliche Maßnahmen, insbesondere die lückenlosere Überwachung des öffentlichen Raumes, die Verschärfung der Strafverfolgung und die Erhöhung der Strafzumessung. Solche Maßnahmen werden dabei keineswegs nur von Konservativen vorgeschlagen, sondern auch von einigen Feminist_innen offensiv eingefordert.

Die Konsequenz dieses *carceral feminism* – eines Feminismus, der gesellschaftlichen Sexismus durch Einsperrung und andere Mittel staatlicher Gewalt bekämpfen will – liegt darin, dass er zu einer Intensivierung und Vergrößerung des Einflusses des Staates im Leben und Zusammenleben der Menschen führt.[31] Radikale Feminist_innen und insbesondere Aktivist_innen aus *Communities of color* haben darauf hingewiesen, dass dies gerade die am meisten marginalisierten Frauen einer noch stärkeren Bedrohung aussetzt. So kommt es zum Beispiel vor, dass Frauen, die aufgrund häuslicher Gewalt die Polizei rufen, dann selbst Opfer von Polizeigewalt werden[32]; insbesondere Frauen, die ohnehin einen prekären Status haben, etwa weil sie Migrantinnen, Sexarbeiterinnen, Drogennutzerinnen oder Transfrauen sind, werden häufig als Störfaktoren wahrgenommen und sehen sich als Ergebnis polizeilicher Intervention oft staatlichen Repressionen ausgesetzt. Auch im gesamtgesellschaftlichen Rahmen lässt sich zeigen, dass die Zunahme repressiver Maßnahmen nicht zu einer Reduzierung, sondern zu einer Zunahme von Gewalt gegen Frauen führt. Verschiedene Studien haben zum Beispiel bewiesen, dass

Polizisten zwei- bis viermal häufiger häusliche Gewalt ausüben als die Gesamtbevölkerung (vgl. etwa Friedersdorf 2014). Hierfür lassen sich strukturelle Gründe identifizieren: Polizei und Gefängnis sind gesellschaftliche Institutionen, die per se auf Zwang als Problemlösungsstrategie setzen und die daher bei ihren Akteur_innen eine prinzipiell gewaltbereite Charakterdisposition fabrizieren. Der *carceral feminism* reproduziert zudem das maskulinistische Bild vom starken Staat als Beschützerinstanz, das letztlich die Abhängigkeit und Passivität von Frauen verstärkt.[33]

Das Scheitern repressiver Maßnahmen zur Bekämpfung von Sexismus bedeutet, dass andere als staatliche Umgangsweisen damit gefunden werden müssen. Die Initiative *INCITE!*, ein bundesweiter Zusammenschluss radikaler Feministinnen *of color* in den USA, hat in einer Stellungnahme diese doppelte Frontstellung benannt: Einerseits erleiden Frauen täglich massive sexualisierte Gewalt, Benachteiligung, Ausbeutung und Unterdrückung, andererseits haben die Strategien der Kriminalisierung und Inhaftierung diese Probleme nicht nur nicht effektiv adressiert, sondern führen im Gegenteil häufig zu einem retraumatisierenden *victim blaming* und setzen zudem insbesondere *women of color* häufig der Gefahr staatlicher Repression aus. Ziel des Projekts ist es daher, Strategien gegen Gewalt sowohl *in den* als auch *gegen die* eigenen Communities zu entwickeln (INCITE! 2001). Dabei setzt die Initiative auf Praktiken der Selbstorganisation durch *consciousness-raising*, gegenseitige Hilfe, Selbstverteidigung, Direkte Aktion und die Entwicklung von Konzepten der *community accountability*. Statt den Staat als Beschützer anzurufen, politisieren diese Frauen das Private, indem sie zum Beispiel ihre Gewalterfahrungen gemeinsam aufarbeiten, eine lokale und gesellschaftliche Öffentlichkeit schaffen und so vorherrschende Geschlechterbilder verändern, sich Fähigkeiten der individuellen und kollektiven Selbstverteidigung aneignen sowie ihre männlichen Partner und Freunde verantwortlich halten. Die betroffenen Frauen sind hier nicht länger Objekte staatlicher Intervention, sondern werden in ihrem konkreten Alltag zu Subjekten politischer Gestaltung. Im Zuge der Suche nach einer effektiveren Strategie zur Reduzierung von Sexismus ist der radikale Feminismus zu einer Infragestellung und Neuerfindung von Politik als solcher gelangt – feministische Politik findet nicht im Staat oder auf ihn bezogen statt, sondern jenseits des Staates und in Distanz zu ihm. Projekte wie *INCITE!* profitieren dabei von Analysen und Konzepten, die aus einer langjährigen Verbindung feministischer und anarchistischer Politiken hervorgegangen sind.

In der Überwindung der Staatsfixierung des bürgerlichen Feminismus sah Emma Goldman schon vor über hundert Jahren den spezifischen Beitrag des Anarchismus zum feministischen Kampf. Ihre Kritik damals galt der Suffragetten-Bewegung, die für das allgemeine Wahlrecht für Frauen kämpfte (in den USA bestand das Frauenwahlrecht in einigen Bundesstaaten bereits früher, wurde aber erst 1920 in der Verfassung verankert). Die Fokussierung auf die politisch-formale Gleichheit der Frauen, so Goldman, verengt die Ziele des Feminismus, dem es um eine umfassende und grundlegende Umgestaltung der sozialen Reproduktion gehen sollte. Der bürgerliche Feminismus ist dabei nicht nur einseitig und ergänzungsbedürftig, sondern erzeugt selbst wiederum problematische (wie Goldman sagt: »tragische«) Effekte.[34] Eine politische Emanzipation bei ausbleibender sozialer Emanzipation führt nämlich keineswegs zu einer wahren Gleichheit von Frauen und Männern, sondern verschärft ihre Ungleichheit. *Formal* gesehen können Frauen zum Beispiel einen Beruf ergreifen, weil aber die *materiellen* Bedingungen von Männern und Frauen ungleich sind, kommt es für Frauen zu einer Doppelbelastung: Schon weil sie sich weiterhin nebenbei um den Haushalt kümmern müssen, ihnen im Beruf weniger zugetraut wird und sie ihr geringes Gehalt dazu bringt, den erstbesten Heiratsantrag anzunehmen, bezahlen Frauen diese formale Gleichheit mit der Zunahme von physischem und psychischem Leid (vgl. Goldman 2013, 182 f.). Statt also den Kampf um Emanzipation auf die formale Gleichheit zu reduzieren, müsste es um eine umfassende Transformation sozialer Beziehungen gehen. Goldman verlegt hier die politische Aufmerksamkeit vom Staat auf die weibliche Subjektivität: Damit Frauen die »grenzenlose Liebe und Ekstase« (Goldman 2013, 184), die sie in sich spüren, zulassen und ausleben können, müssen sie nicht nur wählen gehen dürfen, sondern auch die gesamte patriarchale Tradition der Unterwürfigkeit, des Puritanismus, der Spießigkeit, alle an sie gerichteten sexistischen Erwartungen und Konventionen abschütteln und bekämpfen und stattdessen ihre Persönlichkeit voll entfalten. Die wahre Emanzipation, so Goldman, »beginnt weder an den Wahlurnen noch in den Gerichten. Sie beginnt in der Seele der Frau.« (Goldman 2013, 189)

Die Befreiung der »Seele« »der Frau« kann nicht im und durch den Staat erfolgen, sondern muss auf dem Terrain ihrer konkreten Lebensrealität betrieben werden. Eine der wichtigsten sozialen Sphären, in denen der Kampf um Emanzipation ausgetragen wird, ist die der Ehe und Familie (vgl. Goldman 2013, 192 ff.). Die heterosexuelle Ehe ist eine Institution, die der Zementierung der Unterdrückung und Ausbeutung von Frauen dient. Sie beruht auf einem Tauschgeschäft: Der Mann bekommt die Schönheit und Fürsorge der Frau, die Frau bekommt wirtschaftliche Absicherung. Gerade dieser Tausch bringt aber die Frauen in ein Verhältnis der Abhängigkeit zu den Männern. Diese Abhängigkeit etabliert nicht nur ein Verhältnis der ökonomischen, politischen und sexuellen Dominanz, sondern führt auch zu Zuständen der Entfremdung, des Unglücks und der Verdummung; die zeitgenössische Literatur, so Goldman, ist voll von Schilderungen der

Monotonie und Ödnis des Ehelebens. Ehe und Liebe bedingen einander folglich nicht, sondern schließen sich aus – wahre Liebe kann nur freiwillig geschenkt werden und daher in Abhängigkeits- und Ungleichheitsverhältnissen nicht gedeihen. Das Gleiche gilt für die Kindererziehung: Für Goldman, die noch von der Mutterschaft als »höchste[r] Erfüllung der Natur der Frau« (Goldman 2013, 198) ausgeht, kann eine Frau nur dann eine wahrhaft sorgende Mutter sein, wenn sie sich zu dem Kind frei entschlossen hat, statt durch die Ehe dazu gezwungen worden zu sein. Die Veränderung der Intimbeziehungen hin zu einer freien Liebe – das heißt bei Goldman zunächst nicht viel mehr als eine Liebe, die aus freien Stücken geschenkt wird – lässt sich ebenfalls nicht durch staatliche Maßnahmen erreichen, sondern einfach dadurch, dass die Menschen beginnen, andere Formen von Beziehungen miteinander einzugehen. Dafür bedarf es bestimmter Rahmenbedingungen, die sich durch den Kampf gegen tradierte familiale Rollenbilder, für eine selbstbestimmte Geburtenkontrolle, die Aufhebung der geschlechtlichen Arbeitsteilung und die Konstruktion alternativer Partnerschaftsmodelle herstellen lassen.

Erst ein halbes Jahrhundert später wurden diese Intuitionen Emma Goldmans im Rahmen eines eigenständigen Ansatzes umfassender ausgearbeitet. Im Zuge der 1968er-Revolten kam es als Ergebnis von Auseinandersetzungen innerhalb der feministischen Bewegung einerseits zur Entstehung der Strömung des prinzipiell staatskritischen Radikalen Feminismus, andererseits zu einer breiten Revitalisierung der anarchistischen Tradition. Aufgrund der inhaltlichen Schnittmengen beider Ansätze ist es naheliegend, dass sich zwischen ihnen eine Allianz ergab, für die sich dann der Name Anarcha-Feminismus eingespielt hat.[35] Anarcha-feministische Positionen sehen das Eintreten gegen Sexismus als integralen Bestandteil des Kampfs gegen Herrschaft insgesamt. Für den Anarchismus bedeutete diese Allianz, sich einer ganzen Palette von Themen zum ersten Mal systematisch zu widmen: der Selbstbestimmung von Frauen über ihren Körper, reproduktiven Rechten und dem Zugang zu Empfängnisverhütung und Abtreibungen, Kindererziehung und affektiver Arbeit, Alternativen zur Kleinfamilie und romantischen Zweierbeziehungen, der Infragestellung von Heteronormativität, Strategien gegen sexualisierte Gewalt, der Erfindung von Gegenbildern zu frauenverachtenden Darstellungen in den Medien. Für den Feminismus bedeutete die anarchistische Ausrichtung, dass es nicht länger um die Verbesserung der Stellung von Frauen innerhalb einer insgesamt ungerechten Gesellschaft gehen konnte, sondern um die Frauenemanzipation innerhalb anderer, etwa antikapitalistischer und antirassistischer Emanzipationsbestrebungen situiert werden musste.

Die Bedeutung des Anarcha-Feminismus erschöpft sich aber nicht in der Zusammenführung zweier Themenfelder. Vielmehr impliziert er eine Kritik konventioneller Vorstellungen von Politik insgesamt. Anschließend an die von Emma Goldman formulierte Einsicht über die Grenzen einer rein formal-politischen Emanzipation setzt der Anarcha-Feminismus auf die direkte Politisierung der konkret erlebbaren Lebensbedingungen von Frauen, ohne Umweg über den Staat. Dieses Politikverständnis basiert dabei radikal auf der Idee der Selbstorganisation und der Erringung eigener Handlungsfähigkeit (»*empowerment*«). Die anarchistische Feministin Carol Ehrlich beschreibt 1977 den Unterschied dieser Strategie zum bürgerlichen Feminismus in einem Flugblatt so: »Developing alternative forms of organization means building self-help clinics, instead of fighting to get one radical on a hospital's board of directors; it means women's video groups and newspapers, instead of commercial television and newspapers; living collectives, instead of isolated nuclear families; rape crisis centers; food co-ops; parent-controlled daycare centers; free schools; printing co-ops; alternative radio groups, and so on.« (Ehrlich 1996, 175) Dieser postkonventionelle anarcha-feministische Politikbegriff bringt dabei wohlgemerkt nicht einfach bewährte politische Strategien auf dem Feld des Privaten zur Anwendung. Auch viele der bislang wichtigsten Praktiken aus dem Repertoire anarchistischer Politik, wie der Barrikadenkampf, der Streik, die Propaganda der Tat, etc., werden der Spezifik sexistischer Herrschaft nicht gerecht. Anders als bei der Überwindung von Staat und Kapital geht es nämlich bei der Überwindung patriarchaler Strukturen nicht (nur) darum, Institutionen zu zerschlagen oder feindliche Kräfte zu überwältigen, die Unterdrücker abzuschaffen oder Ausbeuter zu enteignen. Stattdessen nimmt der Anarcha-Feminismus das Geschlechterverhältnis als *Verhältnis* ernst, das heißt als Konstellation sozialer Beziehungen, die man nicht verlassen kann (und aufgrund intensiver emotionaler Eingebundenheit meistens auch nicht will) (vgl. Farrow 2012). Statt also konventionelle politische Vollzugsmodi auf das Terrain des Privaten zu übertragen, setzt die feministische Selbstorganisation daher auf die Konstruktion neuer und auf die Transformation bestehender Gemeinschafts- und Beziehungsweisen.

Ähnlich der Situation in der Linken insgesamt, betraf (und betrifft bis heute) die anarcha-feministische Kritik auch die Rolle von Frauen in den eigenen Gruppen und Strukturen. Feministinnen mussten die Relevanz des Geschlechterverhältnisses für anarchistische Politik häufig mühselig gegen die eigenen männlichen Genossen durchsetzen. Dies liegt nicht zuletzt daran, dass linke Gruppen nicht im luftleeren Raum existieren, sondern ebenfalls von den patriarchalen Einflüssen der Gesamtgesellschaft geprägt sind. Dies betrifft im Extremfall Fälle von Vergewaltigungen oder sexuellen Übergriffen innerhalb anarchistischer Zusammenhänge, aber auch subtilere Dynamiken, die den Ausschluss oder die Unterordnung von Frauen fortschreiben, etwa durch eingespielte Arbeitsteilungen, bei denen Männer für das Texteschreiben bzw. Vorträgehalten und Frauen für emotionale Unterstützung zuständig sind, oder durch dominantes Redeverhalten, informelle Machtstrukturen und »Checkertum« (vgl. exemplarisch Rock-Bloc-Kollektiv 2008). Zum Teil wurde versucht, diese männliche Dominanz durch Aufbau autonomer Frauenstrukturen aufzubrechen, wofür in Deutschland etwa die radikalfeministische militante Gruppe Rote Zora oder Frauen- bzw. feministische Antifa-Gruppen (fantifa) stehen. Eine neuere Diskussion dreht sich aber auch grundsätzlich um die Frage des Maskulinismus vorherrschender Militanz-Vorstellungen: Feminist_innen kritisieren, dass die Fetischisierung von Militanz, wie sie in einigen Teilen der Bewegung anzutreffen ist, etwa in den Praktiken des Schwarzen Blocks oder in den Texten von Gruppen wie dem *Unsichtbaren Komitee*, implizit militärisch-martialische Politikvorstellungen reproduziert. Eine Alternative liegt hier in der Entwicklung neuer politischer Taktiken wie dem *Radical Cheerleading* oder dem *Pink Block*, die eher auf feministische imaginäre Ressourcen zurückgreifen, sowie in der Kultivierung fürsorglicher und nachhaltiger sozialer Beziehungen, wozu Kernkonzepte des Anarchismus wie das der gegenseitigen Hilfe und der generellen Bedürfnisorientierung mobilisiert werden können (vgl. exemplarisch Verter 2013).

Wie der Feminismus insgesamt, so musste sich auch der Anarcha-Feminismus seit den 1990er Jahren verstärkt der Herausforderung durch die Queer-Bewegung stellen. Queere Interventionen, am einflussreichsten die des Werks von Judith Butler (vgl. exemplarisch Butler 1991), beginnen mit einer Infragestellung feministischer Essenzialisierungen: Auf welcher Gemeinsamkeit basiert die Konstruktion eines einheitlichen Subjekts

»die Frauen«, die der Feminismus repräsentieren will? Biologistische Fundierungen, wie sie sich etwa in Goldmans Vorstellung eines natürlichen Mutterinstinkts der Frau oder in einigen differenzfeministischen Referenzen auf spezifisch weibliche Körpererfahrungen finden lassen, verdecken nicht nur die signifikanten sozialen Differenzen zwischen Frauen, sondern beruhen auch auf binären Geschlechterkonstruktionen, die als solche bereits ausschließend sind. Die Ent-Essenzialisierung des Subjekts des Feminismus hat zum einen zu einer Problematisierung auch bestimmter eingespielter radikal- bzw. anarcha-feministischer Praktiken geführt. Die Idee von Schutzräumen etwa auf Kongressen, Festivals oder Partys, in denen Frauen unter sich und damit ein Stück weit vom Sexismus der Außenwelt geschützt sein sollen, muss sich beispielsweise immer mehr mit der Frage auseinandersetzen, nach welchen Kriterien sich der Zugang zu diesen Räumen (etwa für Transfrauen) beschränken lässt. In einem weiteren Sinne betrifft dies auch viele andere Praktiken, die spezifisch dem Empowerment und der Selbstorganisation von Frauen dienen sollen: Wer sollte an ihnen partizipieren, wer sollte sie gestalten dürfen? Zum anderen hat queere Theorie und Praxis aber auch zu einer starken Belebung und einer Neuausrichtung des Feminismus geführt, die es ermöglicht, vielversprechende Verbindungen zum Anarchismus und Post-Anarchismus zu ziehen. Sowohl der Queer-Feminismus als auch der (Post-)Anarchismus treten für eine Befreiung von normativen und normalisierenden Zuschreibungen, identitären Fixierungen und gewaltförmigen Verwerfungen ein. Der sich neuerdings formierende *Queer Anarchism* (Daring et al. 2013) radikalisiert dabei den spezifisch anarcha-feministischen, prinzipiell antietatistischen Politikbegriff. Politisches Handeln beginnt demnach dort, wo ich die Sicherheit meiner (vergeschlechtlichten) Subjektivität aufs Spiel setze und aus dem Gefängnis meiner Identität ausbreche. Das kann verschiedene Formen annehmen, von einer experimentellen Überschreitung der eigenen Begehrensstrukturen über die Parodie von Geschlechterrollen durch das *Drag* und die hormonelle oder technologische Modifikation des Körpers bis hin zur Etablierung von Gegenmilieus für queere Polyamorie- und Freundschaftskontexte. All diese Praktiken finden dabei in Distanz zum Staat statt, dem somit die Berechtigung aberkannt wird, über die Legitimität queerer Lebensformen, Existenzweisen und Begehrensstrukturen zu entscheiden. Ebenso wie der anarchistisch inspirierte, intersektionale Feminismus von Initiativen wie *INCITE!* eine Alternative zum *carceral feminsm* bereitstellt, so wehrt sich auch der *queer anarchism* gegen die Kooptierung queerer Lebensformen durch den Staat, etwa durch die Institutionalisierung der »Homo-Ehe«. Wenn es gelingt, diese Etablierung von *radical queer spaces* auf Dauer zu stellen – und dabei auch die von vorherigen Generationen des Feminismus skandalisierten Erscheinungsformen von Sexismus und Patriachat nicht aus den Augen zu verlieren –, so lässt sie sich als präfigurative Politik im genuin anarchistischen Sinne verstehen.

3.5 (Post-)Kolonialismus und Rassismus

Am 1. Januar 1994, dem Tag des Inkrafttretens des nordamerikanischen Freihandelsabkommens NAFTA, besetzten bewaffnete Kämpfer_innen der *Ejército Zapatista de Liberación Nacional* (EZLN) fünf Bezirkshauptstädte der mexikanischen Region Chiapas. Damit war erstmals seit Ende der Blockkonfrontation eine ernst zu nehmende politische Kraft auf die Bildfläche getreten, die das Dogma der Alternativlosigkeit des globalen Neoliberalismus infrage stellte, ohne dabei auf staatssozialistische Denkmuster zurückzugreifen. Obwohl der Versuch, eine landesweite

Revolution auszulösen, aufgrund der Übermacht der mexikanischen Armee scheiterte, wurden sowohl die Agenda als auch die Strategie der Zapatistas von Linken weltweit mit großem Enthusiasmus und breiter Solidarität aufgenommen. Der Kampf der EZLN lässt sich als Versuch verstehen, anarchistische Prinzipien unter aktuellen, genuin postkolonialen Bedingungen zur Anwendung zu bringen. Anarchistisch ist an der – mit schwarzroten Fahnen und Uniformen auftretenden – EZLN, dass sie weder eine Stärkung des Nationalstaats als Alternative zur Globalisierung einfordert, noch selbst auf die (militärische oder politische) Übernahme des Staates zielt, sondern stattdessen für basisdemokratisch organisierte, autonome lokale Strukturen eintritt und deren Etablierung auch bereits selbst betreibt.[36] Ihr Programm umfasst sowohl die Stärkung der Rechte der indigenen Bevölkerung als auch eine grundlegende Demokratisierung der mexikanischen Gesellschaft, was u.a. eine sozialistische Ökonomie impliziert. Sie übernimmt klassisch anarchistische Taktiken wie die Direkte Aktion und verwehrt sich zudem gegen eine militaristische Eskalationslogik, wonach der Zweck die Mittel heiligt, wie sie bei marxistisch inspirierten Guerilla-Bewegungen manchmal anzutreffen ist. Intern beruht sie weitestgehend auf einem antiautoritären Führungsprinzip, das auf Partizipation, imperatives Mandat, flache Hierarchien und die Rotation von Ämtern setzt. Dieser antiautoritäre Impetus zeigt sich auch an der Losung der EZLN: *Preguntando caminamos* – fragend schreiten wir voran. Die Zapatistas begreifen ihren Kampf dabei nicht nur als anti-neoliberal, sondern auch als anti-neokolonial, genauer gesagt: als Kampf gegen die Fortsetzung kolonialer Politik unter neoliberalen Vorzeichen.[37] Die EZLN, die sich überwiegend aus indigenen Bauern und Bäuerinnen zusammensetzt, sieht neoliberale Projekte wie das NAFTA-Abkommen – das es nordamerikanischen Konzernen ermöglicht hat, sich auf legale

Weise einen großen Teil der zuvor von indigenen Bevölkerungsgruppen kontrollierten Ressourcen anzueignen – explizit in der Tradition der Eroberung Mexikos durch spanische Conquistadores. Auch verstehen die Zapatistas die Erfindung der Kategorie der »Rasse« durch die Europäer_innen als eines der wichtigsten ideologischen Instrumente, koloniale Politiken durchzusetzen; Rassismus prägt die mexikanische Gesellschaft seit ihrer Kolonisierung zutiefst und führt seither zu einer grundlegenden Diskriminierung und Marginalisierung der Kultur, des Wissens und der Traditionen der indigenen Bevölkerung. Die EZLN verbindet also anarchistische und postkoloniale Ansätze und adaptiert sie für die spezifische Situation in Chiapas – auch wenn ihr Kampf mittlerweile einen Teil seiner Faszinationskraft eingebüßt zu haben scheint, so hat sie doch die anhaltende Produktivität dieser Verbindung für die Gegenwart bewiesen.

Bereits im klassischen Anarchismus lassen sich Anknüpfungspunkte für eine antikoloniale Politik finden. Mit dem Marxismus teilt der Anarchismus zunächst eine Kritik am Militarismus, am Expansionsdrang und dem Imperialismus der kapitalistischen Gesellschaft und der bürgerlichen Staaten. Marx hatte im *Kapital* den Kolonialismus als notwendige Konsequenz der kapitalistischen Produktionsweise entlarvt; der Kapitalismus ist darauf angewiesen, sich ständig neue Ressourcen, Ausbeutungsmöglichkeiten und Absatzmärkte zu erschließen, und weitet sich daher auf den ganzen Planeten aus (Marx 1962, 792 ff.). Allerdings vertraten Marx und seine Anhänger_innen meistens eine teleologische Geschichtsphilosophie, nach der sich historischer Fortschritt von »primitiven« Gesellschaften über den Feudalismus bis zum Kapitalismus vollzieht, bis dann endlich die kommunistische Revolution eintreten würde. Nicht nur mussten Marx und die Marxist_innen damit nicht-europäische Gesellschaften und Entwicklungsformen als geschichtslos oder »barbarisch« abwerten, sie vertraten auch die Ansicht, die Unterwerfung dieser Gesellschaften unter das Diktat der europäischen Bourgeoisie stelle eine Modernisierung und somit einen notwendigen Entwicklungsschritt dar (vgl. etwa Marx/Engels 1972, 464 ff.). Zumindest einige Positionen innerhalb des Anarchismus, allen voran Bakunin, sahen das anders. Die Differenz lässt sich gut anhand der Debatte um den Panslawismus aufzeigen, einer politischen Bewegung, die Anfang des 19. Jahrhunderts entstand und sich für die Vereinigung der slawischen Völker und die Befreiung von der Vorherrschaft der österreichischen Habsburgermonarchie einsetzte. Der junge Bakunin, der 1848 als einziger Russe am panslawischen Kongress in Prag teilnahm, schrieb einen enthusiastischen »Aufruf an die Slaven«, in dem er entschieden für die nationale Befreiung der slawischen Völker Partei ergriff (Bakunin 1848); Friedrich Engels antwortete ihm in der *Neuen Rheinischen Zeitung* mit dem Vorwurf, das Projekt des Panslawismus ignoriere die »verschiedenen Zivilisationsstufen« (Engels 1959, 271) der Völker, die einander durch die kapitalistische Zentralisierung zunächst angeglichen werden müssten. Ebenso bedeutsam ist die unterschiedliche Haltung des Marxismus und des Anarchismus zur sogenannten Bauernfrage. Landarbeiter_innen waren außerhalb von Nordeuropa gegenüber dem Industrieproletariat fast überall auf der Welt weit in der Mehrheit. Während Marx und Engels aber der Bourgeoisie dafür Anerkennung zollen, beträchtliche Bevölkerungsanteile dem »Idiotismus des Landlebens« (Marx/Engels 1972, 466) entrissen zu haben, erblickte Bakunin gerade in der armen Landbevölkerung mit ihren bereits vorhandenen Allmende-Strukturen und Autonomie-Idealen eine potenziell revolutionäre Kraft (vgl. Bakunin 1972d, 640 ff.). Im Gegensatz zu Marx (oder zumindest dem Marxismus) hätte also Bakunin die vorwiegend von ländlichen Mayas getragene EZLN als emanzipatorische Bewegung anerkennen können.

Diese beiden Aspekte – die Kritik an der Affirmation kapitalistischer »Modernisierung« und das Ernstnehmen der politischen Handlungsfähigkeit der Landbevölkerung – haben den Anarchismus in den Augen vieler antikolonialer Aktivist_innen von jeher zu einer attraktiven Alternative zum Eurozentrismus des Marxismus gemacht. Anarchist_innen beteiligten sich an zahlreichen antiimperialistischen Bewegungen, antikolonialen Aufständen und nationalen Befreiungskämpfen, u.a. in Ägypten, Südafrika, Korea, China, der Ukraine und Irland. Ebenso gab es auch in vielen postkolonialen Ländern oft starke anarchistische Organisationen, vor allem in Lateinamerika und der Karibik (zum Anarchismus sowohl in kolonisierten als auch in postkolonialen Ländern vgl. den Überblick von Hirsch/van der Walt 2010). Dabei ging es nie darum, ein festes Set von Prinzipien oder Taktiken einfach zu übernehmen und in den verschiedenen Ländern zur Anwendung zu bringen. Lokale Aktivist_innen haben unmittelbar erkannt, dass eine unhinterfragte Übernahme der Konzepte des klassischen Anarchismus selbst in die Falle des Eurozentrismus tappen würde. Sie entwickelten stattdessen zahlreiche unterschiedliche Varianten anarchistischer Politik, die jeweils in einer spezifischen Konstellation situiert sind und eigene Verbindungen mit lokalen Praktiken und Wissenstraditionen eingehen; es gibt nicht den postkolonialen Anarchismus, es gibt nur anti-, post- oder dekoloniale Anarch*ismen.*

Ein Beispiel für die Verbindung anarchistischer Versatzstücke mit lokalen Philosophien stellt der wahrscheinlich bekannteste antikoloniale Befreiungskampf dar, die von Mohandas (»Mahatma«) Gandhi angeführte Bewegung für die Unabhängigkeit Indiens von Groß-Britannien.[38] Gandhi, der sich selbst mehrfach als Anarchist bezeichnet hat (vgl. Marshall 2010, 422), war von den Schriften Thoreaus ebenso beeinflusst wie von den Werken des russischen Anarchisten Leo Tolstoi. Den Kampf gegen die britische Fremdherrschaft begriff er als integralen Bestandteil eines umfassenden Einsatzes für eine grundsätzliche Restrukturierung der indischen Gesellschaft. Er setzte sich nicht nur gegen Ausbeutung, Ungerechtigkeit, Privateigentum, Krieg und Rassismus und für ein dezentralisiertes und subsistenzorientiertes Wirtschaftssystem ein, seine Strategie des gewaltfreien Widerstands und der Nicht-Kooperation mit illegitimen Gesetzen macht auch viele Anleihen bei anarchistischen Praxisformen wie der Direkten Aktion, etwa dem Streik und dem Boykott. Dabei verbindet Gandhi diese Konzepte mit ethischen und spirituellen Ideen des Hinduismus, zu denen etwa Prinzipien der Selbstkontrolle und Askese sowie das gewissenstreue Festhalten an der Wahrheit gehören.[39]

Ein weiteres, aber ganz anders gelagertes Beispiel für die Adaption anarchistischer Impulse unter postkolonialen Bedingungen stellt der Anarchismus in vielen afrikanischen Ländern dar. Wie die beiden nigerianischen Anarchisten Sam Mbah und I.E. Igariwey in der von ihnen verfassten ersten umfassenden Darstellung der Geschichte des afrikanischen Anarchismus schreiben, wurde durch die europäische Kolonisierung der gesamte afrikanische Kontinent gewaltsam in die globale Ökonomie des Kapitalismus integriert (Mbah/Igariwey 1997). Mbah und Igariwey argumentieren, dass der europäisch geprägte Anarchismus zwar anders als der Marxismus *politisch* und *philosophisch* in den jeweiligen Widerstandsbewegungen marginal geblieben ist (Ausnahmen sind Ägypten und Südafrika). Extrem lebendig war er hingegen als *Lebensweise*, und zwar in Form der Strukturen traditioneller afrikanischer Gesellschaften, die vom Kolonialismus zersetzt und letztlich zerstört wurden. Zu diesen anarchischen Elementen zählen etwa das Prinzip der lokalen Autonomie unabhängiger Gemeinden, die horizontale Form politischer Organisierung ohne feste Autoritäten, die Verwendung des Konsensprinzips sowie die Abwesenheit antagonistischer Klassen und ökonomischer Ausbeutung. Für Mbah und Igariwey, die zu den Mitbegründern der nigerianischen *Anarchist Awareness League* zählen, zeigen sich produktive Verbindungen zwischen diesen Traditionen und insbesondere syndikalistischen Konzepten. Durch diese Verknüpfung des spezifisch afrikanischen Erbes mit anarchistischen Ideen ließen sich für sie die gravierenden Probleme vermeiden, die sich aus der diktatorischen (Nigeria), demokratischen (Kenia, Ghana) oder sozialistischen (Libyen, Zimbabwe) Übernahme der kolonial imprägnierten Staatsform ergeben, wie etwa Korruption, Abhängigkeit vom Weltmarkt und politische Instabilität.

Sowohl die indische als auch die afrikanische Weise, anarchistische Elemente für den antikolonialen Kampf produktiv zu machen, werfen eine Frage auf, die zu einer Art Grundsatzfrage des postkolonialen Anarchismus insgesamt geworden ist, nämlich die des Verhältnisses zu nationalen Befreiungsbewegungen. Es erscheint zunächst so, als wäre die Forderung nach nationaler Selbstbestimmung eines Volkes schlechterdings unvereinbar mit anarchistischen Prinzipien; dem Anarchismus geht es ja um die grundsätzliche Überwindung des Staates, nicht um die Ersetzung eines kolonialen durch einen nationalen Staat. Dieser Eindruck täuscht. Es lassen sich im postkolonialen Anarchismus vielmehr diverse Positionen finden, die von der solidarischen Unterstützung bis zur fundamentalen Kritik nationaler Befreiung reichen. Schon der junge Bakunin hielt es für notwendig, sich im Widerstand gegen die Assimilation der slawischen Kultur zumindest temporär mit dem Abwehrkampf der Slaw_innen gegen die Assimilation durch die Habsburger zu solidarisieren. Auch für den US-amerikanischen Anarchisten Roger White, der den Begriff des *Postcolonial Anarchism* als Erster geprägt hat (White o.J.), ist der Kolonialismus gerade durch einen Kulturimperialismus charakterisiert, der lokale Traditionen abwertet und ihnen die westliche Kultur und Sprache aufzwingt. White, der Aktivist der Gruppe *Anarchist People of Color* (APOC) ist, hält die grundsätzliche Ablehnung von Nationen für einen Ausdruck weißer Arroganz, die nicht sieht, wie grundlegend nicht-weiße Lebensweisen von der europäischen Dominanz bedroht sind. Die Verteidigung der Identität und Würde einer bestimmten kulturellen Tradition ist für ihn daher integraler Bestandteil postkolonialer Befreiungsbewegungen: »getting free from foreign domination is a step in the right direction« (White o.J., 10). Eine entgegengesetzte Position vertritt Maia Ramnath in ihrem Kommentar zur indischen Befreiungsbewegung. Ihrer Meinung nach besteht die Attraktivität des Anarchismus gerade darin, eine Alternative sowohl zur imperialen als auch zur nationalen Staatlichkeit denken zu können (Ramnath 2011, 14 ff.). Sie stimmt zwar mit White darin überein, dass der Kolonialismus nicht in erster Linie ein militärisches Besatzungsprojekt, sondern die Errichtung eines umfassenden Regimes sprachlicher, kultureller und epistemischer Dominanz darstellt, das im Kern auf Rassismus basiert. Essenzieller Bestandteil der von der Kolonisation oktroyierten Weltsicht ist dabei aber gerade die Vorstellung, eine kollektive Selbstorganisation sei nur in einem Nationalstaat nach europäischem Vorbild möglich. Die Reproduktion dieser Logik innerhalb des Befreiungskampfs führt in der Konsequenz zu neuen Gewaltstrukturen und Ausbeutung durch lokale Eliten, zur ethnischen Homogenisierung und territorialen Exklusion. Befreiung muss daher Befreiung sowohl von kolonialer als auch von nationalstaatlicher Herrschaft bedeuten. Eine Art pragmatische Kompromissposition vertreten schließlich Mbah und Igariwey. Auf der einen Seite anerkennen sie zwar, dass jede Form des Staates ein Hindernis für internationalistische Solidarität – und damit auch für eine globale Transformation der Ökonomie in Richtung des Kommunismus – darstellt. Aus strategischen Gründen, so die beiden Aktivisten weiter, kann es jedoch sinnvoll sein, dass sich Anarchist_innen auch an nationalen Befreiungsbewegungen in Afrika und weltweit beteiligen – »as long as they express the will of the people in the nations concerned« (Mbah/Igariwey 1997, 106). Langfristig hingegen, dabei bleiben auch Mbah und Igariwey, kann nur der Anarchismus einen Ausweg aus dem schlechten Dilemma zwischen kolonialer Herrschaft und der postkolonialen Replikation europäischer Staatlichkeit bieten.[40]

Der Kolonialismus prägt nicht nur die Situation in den (ehemals) kolonisierten Ländern, sondern auch die Lebenswirklichkeit in den (ehemaligen) Kolonialmächten. Eines der bis heute wirkmächtigsten Phänomene ist dabei der Rassismus. Die biologistische Konstruktion von »Rassen« stellte ein essenzielles ideologisches Instrument dar, um das Projekt der Kolonisierung zu legitimieren. Die »Bürde des weißen Mannes«, wie es in einem Gedicht von Rudyard Kipling heißt, besteht diesem kolonialen Narrativ zufolge darin, die »Wilden« zu zivilisieren und zu erziehen; brutale Eroberung, Vertreibung, Versklavung, Ausbeutung und massenhafte Ermordung werden damit in einen humanitären Akt umgedeutet. Solche diskriminierenden Überlegenheitsfantasien prägen bis heute den Blick der Kolonisator_innen auf die kolonisierten Subjekte. Postkolonialer Rassismus hat sich dabei zu einem umfassenden System verfestigt, das die Dominanz von Weißen auch innerhalb der ehemaligen Kolonialmächte auf institutionelle, soziale, politische und kulturelle Weise absichert.

Ähnlich wie die radikale Frauenbewegung vom Anarchismus eine stärkere Berücksichtigung des Geschlechterverhältnisses als Unterdrückungsverhältnis eingefordert hat, so haben auch Anarchist_innen *of color* eine Kritik an bestehenden anarchistischen Strukturen formuliert, die die fatale Vernachlässigung von Rassismuserfahrungen thematisiert. Zwar ist ebenso wie der Feminismus auch der Antirassismus auf einer oberflächlichen Ebene betrachtet logischer Bestandteil des anarchistischen Eintretens gegen alle Formen von Herrschaft. Zur Analyse und Kritik der *spezifischen* Diskriminierungserfahrungen, die *people of color* täglich machen, scheint er jedoch nicht viel beizutragen zu haben. Dabei sind es gerade *people of color*, die die Auswirkungen staatlicher Gewalt, etwa in Form von Polizeigewalt oder der Gewalt von Grenzen und Deportation, am deutlichsten am eigenen Leib spüren. Es ist daher kein Wunder, dass der Anarchismus in den USA und in Europa eine vorwiegend weiße Bewegung geblieben ist.[41] Erst in den letzten zwanzig Jahren ist es in den USA zu Ansätzen wie dem *Postcolonial* und dem *Black Anarchism* gekommen, die entscheidend von Aktivist_innen wie Ashanti Alston oder Lorenzo Kom'boa Ervin geprägt werden. Beide sind ehemalige Mitglieder der *Black Panthers*, die sich aus Enttäuschung über autoritäre Führungsstrukturen und die Staatszentrierung des Marxismus dem Anarchismus zugewandt haben (vgl. als Überblick Kuhn 2008, 94 ff.; Black Rose Foundation 2016). Einen expliziten Konflikt zum »klassischen« Anarchismus formulieren viele Vertreter_innen des *Black Anarchism* dabei in Bezug auf die Frage des *Black Nationalism* bzw. der schwarzen Autonomie. Die Debatte um nationale Befreiung wird hier sozusagen innenpolitisch wiederholt. Traditionelle Anarchist_innen haben dieser Kritik zufolge in der Vergangenheit immer wieder an abstrakte Kollektivsubjekte wie »das Volk« oder »die Menschheit« appelliert, ohne die internen Spaltungen zwischen den Unterdrückten selbst zur Kenntnis zu nehmen. Wenn es aber stimmt, dass weiße und schwarze Menschen nicht nur genuin unterschiedliche Unterdrückungserfahrungen machen, sondern zueinander selbst in antagonistischen Herrschaftsverhältnissen stehen, dann lassen sich nicht alle Unterdrückten auf einmal und auf dieselbe Weise organisieren. Ervin stellt den antirassistischen Kampf in eine direkte Analogie mit dem antikolonialen Befreiungskampf, wenn er schreibt: »This [die umfassende Unterdrückung von *people of color*] requires the Black Liberation movement to liberate a colony, and this is why it is not just a simple matter of Blacks just joining with white Anarchists to fight the same type of battle against the State. That is also why Anarchists cannot take a rigid position against all forms of Black nationalism.« (Ervin 2016, 20) Der Kampf um die Befreiung der schwarzen Kolonie nimmt dabei spezifisch antirassistische Strategien in Anspruch, wie etwa einen schwarzen Steuerstreik, urbane Hausbesetzungen und die Formierung einer Gegenmacht durch die Schaffung autonomer Kommunen von *people of color*. Weiße Anarchist_innen können in diesen Kämpfen bestenfalls gute Verbündete (*allies*) sein, sie können sich jedoch nur begrenzt an ihnen beteiligen und sollten auf keinen Fall die Kontrolle oder die Wortführerschaft über sie beanspruchen.

Das Insistieren auf der Spezifik unterschiedlicher Unterdrückungserfahrungen, die auch jeweils eigene Gegenstrategien erfordern, hat eine Bedeutung, die über das konkrete Thema Antirassismus und Postkolonialismus hinausgeht. Diese Spezifik impliziert nämlich eine prinzipielle Heterogenität sozialer Kämpfe und damit auch eine irreduzible Ungleichzeitigkeit emanzipatorischer Prozesse. Dies macht es problematisch, weiterhin unkritisch Konzepte wie den aufklärerischen Universalismus und einen europäisch geprägten Humanismus zu verwenden, die lokale Besonderheiten unsichtbar machen und auf diese Weise unterordnen. Daraus folgt auch, dass der kosmopolitische Traum einer harmonischen Welt-Föderation nicht nur illusorisch ist, sondern auch Gefahr läuft, kolonial imprägnierte Vorstellungen von Globalisierung zu reproduzieren. Transformationstheoretisch heißt das, dass sich der Anarchismus von der Vorstellung der Revolution als ereignishaftem Bruch, nach dem alles anders ist als vorher, zugunsten eines intersektionalen, heterogenen und asynchronen Politikverständnisses verabschieden sollte. An die Stelle eines einheitlichen Kollektivsubjekts »die Unterdrückten« müssen dann solidarische Verbindungen je spezifischer Emanzipationskämpfe treten. Deren Ziel ist schließlich nicht mehr eine einheitlich befreite Welt, sondern die Ermöglichung lokaler, spezifischer Anarchismen, die in Differenz zueinander bestehen können; oder wie es die Zapatistas mit einer oft zitierten Parole ausdrücken: »eine Welt, in der viele Welten Platz haben«.

3.6 Ökologie

Der niederländische Chemiker Paul Crutzen prägte um die Jahrtausendwende den Begriff des Anthropozäns, der mittlerweile über alle Fachgrenzen hinweg breit diskutiert wird. Damit bezeichnet er die gegenwärtige geologische Epoche, die das vorhergehende Zeitalter des Holozäns abgelöst hat und die dadurch definiert ist, dass der Mensch erstmals in der Geschichte des Planeten zu einem geophysikalischen Faktor geworden ist. Der Klimawandel, tiefgreifende landschaftliche Veränderungen, das Artensterben und die gravierende Reduzierung der Biodiversität, die Verschmutzung der Ozeane, die Übernutzung von Ressourcen und der radioaktive Niederschlag durch Atomwaffen und Atommüll haben einen so großen Einfluss auf die Umwelt, dass er mit bisherigen, menschenunabhängigen geologischen Epochenwechseln vergleichbar ist. Alle derart tiefgreifenden Einflüsse, die der Mensch auf die Natur hat, sind dabei destruktiv: Sie bedrohen auf gefährliche Weise die Grundlagen sowohl des menschlichen als auch des nicht-menschlichen Lebens.

Der Begriff des Anthropozäns suggeriert allerdings, dass es sich bei den Effekten des Menschen auf die Erde um einen natürlichen Prozess handelt, der analog zu anderen geologischen Umbrüchen betrachtet werden kann. »Der Mensch« wird dabei als abstrakter Singular zugrunde gelegt, so dass die tatsächlichen sozialen Verhältnisse, die Menschen konkret miteinander eingehen, ausgeblendet werden. In Wirklichkeit sind aber die Auswirkungen, die Menschen auf die Natur haben, keine direkten Ergebnisse ihrer schieren Anwesenheit auf dem Planeten, sondern Resultate der ganz spezifischen Weisen, in denen sie geschichtlich existieren. Für jede der tiefgreifenden ökologischen Transformationen, die das Anthropozän ausmachen, lassen sich ökonomische und politische Ursachen identifizieren (die freilich alle miteinander in einer komplizierten Wechselwirkung stehen): Krieg und Aufrüstung führten zur Entwicklung und Anwendung von Atombomben; der gigantische Energiebedarf, der durch die Industrialisierung entstanden ist, wird durch die Verbrennung fossiler Energieträger befriedigt, was wiederum Luftverschmutzung und Treibhauseffekt zur Folge hat; die Konkurrenz von Lebensmittelfirmen auf einem unregulierten Markt führt zur industriellen Massentierhaltung, zu monokultureller Landwirtschaft und zur Überfischung der Ozeane, etc. Diese verschiedenen Ursachen haben wiederum eine gemeinsame Wurzel: die westliche, durch Staat und Kapitalismus geprägte Lebensweise. Statt von einem Anthropozän, dem Zeitalter des Menschen, sollte man also besser von einem Kapitalozän[42], oder allgemeiner: von einem Archezän sprechen, vom Zeitalter der Herrschaft.

Die Erkenntnis, dass die Beherrschung der Natur durch den Menschen Ergebnis der Beherrschung des Menschen durch den Menschen ist, hat der US-amerikanische Anarchist Murray Bookchin zum Ausgangspunkt eines eigenständigen politischen Ansatzes gemacht. Bookchin kommt das Verdienst zu, die Verbindung von Anarchismus und Ökologie mit seinem Konzept der »sozialen Ökologie« als Erster konsequent ausgearbeitet zu haben. Er kann dabei einerseits an einige philosophische Ansätze des klassischen Anarchismus anknüpfen, etwa an das Subsistenzprinzip und das Ideal des einfachen Lebens bei Emerson und Thoreau, Kropotkins und Élisée Reclus' Versuche, durch geografische Forschungen die Eigenschaften der Erde besser zu verstehen, sowie an die naturalistisch-vegetarischen Ethiken von Tolstoi und Gandhi. Andererseits bleiben auch einige klassische anarchistische Theorien einem Technikoptimismus verhaftet, der in der besseren Beherrschung der Natur einen automatischen Freiheitszuwachs für den Menschen erblickt, wie etwa Bakunins und Kropotkins rückhaltlose Zustimmung zum technologischen Fortschritt. Bookchin kritisiert die fehlende Problematisierung der Naturbeherrschung im klassischen Anarchismus, ohne dabei jedoch die befreienden Potenziale der Technik zu leugnen.

Die allermeisten ökologischen Probleme, argumentiert Bookchin, sind in Wirklichkeit soziale Probleme. In Anlehnung an das von Theodor W. Adorno und Max Horkheimer entwickelte Motiv der Dialektik der Aufklärung verortet Bookchin die Wurzeln der ökologischen Zerstörung bereits in einer tieferliegenden Subjektstruktur, welche der Natur immer nur auf instrumentelle Weise gegenübertritt (vgl. Bookchin 1985, insbes. Kap. 7). In seinem bahnbrechenden Aufsatz *Ecology and Revolutionary Thought* (1964) gibt Bookchin die einzelnen Stationen dieser naturbeherrschenden Haltung des Menschen im Zeitraffer wieder: »The patriarchal family planted the seed of domination in the nuclear relations of humanity; the classical split in the ancient world between spirit and reality – indeed, between mind and labor – nourished it; the antinaturalist bias of Christianity tended to its growth. But it was not until organic community relations, feudal or peasant in form, dissolved into market relationships that the planet itself was reduced to a resource for exploitation. This centuries-long tendency finds its most exacerbating development in modern capitalism. Owing to its inherently competitive nature, bourgeois society not only pits humans against each other, it also pits the mass of humanity against the natural world. Just as men are converted into commodities, so every aspect of nature is converted into a commodity, a resource to be manufactured and merchandised wantonly.« (Bookchin 1996, 85) Ein zentraler Stellenwert für den Raubbau an der Natur kommt also dem Kapitalismus zu. Für den Kapitalismus spielt die Natur grundsätzlich primär die Rolle eines Rohstoffes, der beliebig verwertet werden kann. Das der bürgerlichen Gesellschaft zugrunde liegende Konkurrenzprinzip führt dabei zu einer Eskalationsdynamik, durch die die einzelnen Konzerne dazu gezwungen sind, die Natur zum Zwecke der Gewinnmaximierung immer erbarmungsloser auszubeuten. Eine Folge dieser kapitalistischen Effizienzlogik ist für Bookchin eine zunehmende Spezialisierung und Arbeitsteilung, was dazu führt, dass sich bestimmte Produktionszweige auf einzelne Orte konzentrieren. Für die Landwirtschaft heißt das zum Beispiel, dass die Biodiversität und Komplexität, die in einer bestimmten Region bestehen, durch eine simplifizierte Monokultur verdrängt werden, weil sich auf diese Weise ein größerer Produktionsertrag erzielen lässt – jedenfalls wenn langfristige Folgeprobleme wie Bodenerosion und -versalzung nicht bedacht werden. Dies wiederum hat Folgekosten, wie etwa den Transport der Güter von der Produktionsstätte zur Konsumentin, der selbst wieder umweltschädliche Wirkungen hat. Unter den Bedingungen der Globalisierung hat dieses Zusammenspiel der lokalen Konzentration von Produktionszweigen und dem ressourcenverschwendenden Bedarf an Distributionslogistik seinen Höhepunkt erreicht. Allerdings ist der Kapitalismus für Bookchin nicht das einzige umweltzerstörerische System: Es ist einer der größten Fehler des real existierenden, staatszentrierten Sozialismus, nicht mit der kapitalistischen Effizienzlogik gebrochen, sondern sie im Zuge der »nachholenden Industrialisierung« oft sogar noch intensiviert zu haben.

Aus der Rückführung ökologischer in soziale Probleme folgt, dass die ökologische Krise nur gelöst werden kann, wenn sich die sozialen Verhältnisse der Menschen zueinander ändern. Individuelle Lösungen, wie etwa der kritische Konsum oder eine ethischere Lebensführung, sind bei Weitem nicht ausreichend, um die tiefgreifenden Strukturen kapitalistischer Umweltzerstörung anzugreifen. Es ist vielmehr überlebenswichtig, eine sozialtransformatorische Politik zu betreiben, welche auf die Ersetzung des gegenwärtigen Gesellschaftssystems durch eine ökologisch nachhaltigere Weise des Zusammenlebens zielt; an die Stelle der von Rosa Luxemburg popularisierten Gegenüberstellung »Sozialismus oder Barbarei« setzt Bookchin die grundlegendere Alternative: »anarchism or annihilation« (Bookchin 1971, 62). Kernstück von Bookchins Ansatz ist hier das Konzept des libertären Kommunalismus. Der libertäre Kommunalismus nimmt die klassische anarchistische Idee einer Föderation dezentraler Assoziationen auf und buchstabiert ihre ökologischen Implikationen aus. Unumgänglich ist aus ökologischer Perspektive für Bookchin eine radikale Dezentralisierung der Produktion. Nur wenn die wesentlichen Güter, die der Mensch zum Leben braucht, lokal erzeugt werden, kann sich die Produktion den jeweiligen regionalen Besonderheiten anpassen und die bestehende Diversität und Spontaneität der Natur respektieren. Ein Großteil des umweltschädlichen Gütertransports kann ebenso entfallen. Nur wenn die bestehenden Menschenkonzentrationen in den urbanen Metropolen aufgelöst werden, ist zudem eine regenerative Energiegewinnung möglich. Dabei geht es Bookchin jedoch nicht um ein »Zurück zur Natur«. Wie Marx und Adorno/Horkheimer sieht er in der Überwindung der Knappheit, wie sie die modernen Überflussgesellschaften erreicht haben, auch ein utopisches

Potenzial. Die ungeheure Produktivität, die vom gegenwärtigen Stand der technologischen Entwicklung freigesetzt wurde, würde es laut Bookchin ermöglichen, die Zentralisierung der Ökonomie zu überwinden, ohne dabei wieder in die endlose Plackerei der vorindustriellen Subsistenzwirtschaft zurückzufallen.

Nach dem Vorbild der antiken Polis schlägt Bookchin basisdemokratische Gemeinden vor, in denen die Bürger_innen in *face-to-face*-Aushandlungen über Produktion und Konsumtion entscheiden.[43] Zusätzlich zu den ökologischen Gründen, die für eine Auflösung der Megastädte sprechen, nennt Bookchin auch demokratietheoretische Gründe: Eine radikal partizipative kollektive Gestaltung des Zusammenlebens ermöglicht eine lebendige Gemeinschaft durch die Ausbildung demokratischer Tugenden und gegenseitige Hilfe. Diese einzelnen Gemeinden sollen sich dann in einem föderativen Netzwerk zusammenschließen, in dem alle Fragen entschieden werden, die eine überregionale Bedeutung haben. Diese Föderation basisdemokratischer, autonomer, dezentraler Kommunen soll schließlich den gegenwärtigen Staat ersetzen (zur institutionellen Gestalt des libertären Kommunalismus vgl. Biehl 1998). Nicht mehr die Mechanismen des geldvermittelten Marktaustauschs, sondern die Bedürfnisse der Konsument_innen und Produzent_innen entscheiden in einer solchen Gesellschaft über die ökonomischen Angelegenheiten. Die Produktionsmittel werden nach dem Vorbild des Nießbrauchs von allen gemeinsam verwendet (eine Idee, die auch im Rahmen der gegenwärtigen Debatte um die Commons eine zentrale Rolle spielt). Ökonomisch orientiert sich Bookchin also an anarcho-kommunistischen Vorstellungen, allerdings mit einer genuin ökologischen Pointe. Wenn die Bedürfnisse der Menschen an die Stelle einer kapitalistischen Profitmaximierung treten, werden sich, so Bookchin, von ganz allein Kriterien der Nachhaltigkeit durchsetzen, weil kein Interesse an einer nur kurzfristigen Nutzung eines Produkts mehr besteht; die gegenwärtige »Wegwerfökonomie« wird dann durch eine »Wiederverwertungsökonomie« ersetzt werden.

Ebenso wie gegen eine Naturalisierung des menschlichen Einflusses auf die Natur, wie sie der Terminus des Anthropozäns suggeriert, lässt sich mit Bookchin auch gegen diverse öko-anarchistische Ansätze argumentieren, welche den Menschen etwa als »Parasit« oder »Krebs« des Planeten Erde darstellen. Ein Beispiel dafür ist der Ansatz der *Deep Ecology*, der von einer Gleichwertigkeit allen Lebens ausgeht und eine Existenz in grundlegendem Einklang mit der Natur anstrebt. Solche Ansätze, die in einigen dem Anarchismus soziokulturell durchaus affinen Szenen wie etwa bei Anhänger_innen der Gruppe *Earth First!* oder der *Earth Liberation Front* populär sind, machen für Bookchin die Differenzen zwischen *den Menschen* unsichtbar und deartikulieren damit die tatsächliche Verantwortung für die ökologische Krise. Bookchin vertritt stattdessen eine Variante des ökologischen Denkens, die zutiefst humanistisch ist – eine nachhaltige Gesellschaft ist vor allem deshalb notwendig, weil sie *den Menschen* eine freie, unentfremdete und gerechte Lebensweise ermöglicht. Die Auswirkungen der Umweltzerstörung auf andere Spezies spielen für Boochin ebenso wenig eine Rolle wie die zerstörerischen Effekte, die einige Technologien bereits *als solche* in einigen Teilen der Welt hatten. Neuere öko-anarchistische Ansätze haben daher eine nicht-anthropozentrische und stärker technologiekritische Revision der sozialen Ökologie eingefordert (vgl. etwa Marshall 2010, 618).

Eine Radikalisierung der tiefenökologischen Sichtweise findet sich innerhalb des Anarchismus im Ansatz des sogenannten Anarcho-Primitivismus – eine Strömung, die innerhalb des Anarchismus eigentlich ein marginales Dasein fristet, aber aufgrund ihrer Rolle bei den Anti-Globalisierungsprotesten in Seattle 1999 eine größere Bekanntheit erlangt hat (vgl. als deutschsprachigen Überblick Huber 2015; Kuhn 2008, 150 ff.). Der wichtigste Vordenker dieser Strömung ist der US-amerikanische Autor John Zerzan. Im Gegensatz zu Bookchin, der in der griechischen Polis ein Ideal und in den modernen Technologien zumindest ein Freiheitspotenzial angelegt sieht, ist für Zerzan tatsächlich die Bekämpfung der menschlichen Zivilisation als solcher der einzige Ausweg aus der bevorstehenden Katastrophe. Sich ebenfalls auf Adorno und Horkheimer (aber auch auf Spengler, Jünger und andere konservative Denker) berufend, argumentiert Zerzan, nur die vorzivilisatorischen Weisen des Zusammenlebens hätten keinen Rassismus und Sexismus, keine Ausbeutung oder Gewalt gekannt. Erst die Arbeitsteilung, wie sie die agrikulturelle Urbarmachung des Bodens erfordert, ermöglicht es einzelnen Menschen, über andere Menschen und über die Natur zu herrschen. Schon mit dem Verlassen der Jäger-und-Sammler-Gemeinschaften hat die Menschheit eine falsche Abzweigung genommen: »We have taken a monstrously wrong turn«, schreibt Zerzan in seinem programmatischen Essay *Future Primitive* (1994), »with symbolic culture and division of labor, from a place of enchantment, understanding and wholeness to the absence we find at the heart of the doctrine of progress« (Zerzan 2012, 23). Hieraus ziehen Zerzan und andere Anarcho-Primitivist_innen den Schluss, dass nur eine Zerstörung der Zivilisation durch radikalen Abbau der Industrie, drastische Verminderung der Weltbevölkerung, Verbannung jeglicher Technologie, Aufgabe der sesshaften und arbeitsteiligen Lebensweise, Aufforstung und »Rewilding« ein herrschaftsfreies Leben ermöglicht; stellenweise wird sogar eine Verabschiedung der Sprache und des symbolischen Denkens gefordert. Die Strategien, um diese Ziele zu erreichen, sind nicht minder martialisch und häufig offen gewaltverherrlichend (vgl. Kuhn 2008, 155).[44]

Anarcho-primitivistische Theorien romantisieren nicht nur heillos die vorzivilisatorischen Gesellschaften, die von ihnen angebotenen Utopien wirken auf die meisten Leser_innen auch so unattraktiv, dass sie keine große Mobilisierungskraft besitzen. Sie werden daher auch innerhalb der anarchistischen Szene von der übergroßen Mehrheit entschieden abgelehnt. Dennoch kann man durchaus beobachten, dass einige der hier zugrunde liegenden Politikvorstellungen zumindest implizit bei manchen anderen Anhänger_innen des Anarchismus anzutreffen sind. Beliebte Filme wie David Finchers *Fight Club* (1999) oder die Texte des *Unsichtbaren Komitees* spielen auf die Möglichkeit eines apokalyptischen Zusammenbruchs an, der erst die Voraussetzung für einen »echten Neuanfang« bieten würde. Solche Bilder basieren nicht nur auf politisch höchst fragwürdigen Prämissen – die Empirie spricht dafür, dass Katastrophensituationen häufig eher rechten politischen Ideologien nützen –, sondern sind auch aus ökologischen Gründen problematisch. Destruktive *tabula-rasa*-Fantasien radikalisieren ja gerade die maskulinistisch-heroische Politikvorstellung, die zum drohenden Desaster überhaupt erst geführt hat, während nachhaltige und ökologische Welthaltungen eher durch den konstruktiven Aufbau schonender oder restorativer sozialer Beziehungen kultiviert werden, wie er in der anarchistischen Tradition vor allem von feministischen Denker_innen sowie von Kropotkin und Landauer vorgeschlagen und von Murray Bookchin aktualisiert und konkretisiert wurde.

3.7 Organisations- und Aktionsformen

»On Sept 17, flood into lower Manhattan, set up tents, kitchens, peaceful barricades and occupy Wall Street« – dieser Aufruf, veröffentlicht auf der Webseite des kanadischen Magazins *Adbus-*

ters, initiierte 2011 eine Protestbewegung, die sowohl in Nordamerika als auch weltweit den politischen Diskurs nachhaltig verändert hat. Inspiriert vom Arabischen Frühling und von den Kämpfen gegen die neoliberale Austeritätspolitik in Europa, besetzten Hunderte von Menschen den New Yorker Zuccotti Park, um gegen ökonomische Ungleichheit, soziale Ausgrenzung und undemokratische politische Strukturen zu demonstrieren. *Occupy Wall Street* ist aber nicht nur durch bestimmte Inhalte definiert, sondern auch durch spezifische Organisations- und Aktionsformen: die Besetzung von Plätzen mit Zelten, die basisdemokratische Entscheidungsfindung in Versammlungen, die weitestgehend auf Konsens basieren und Ausschlüsse zu vermeiden versuchen, die charakteristischen Handgesten, die Zustimmung oder Ablehnung signalisieren, das Fehlen einer Satzung, eines festen Programms und gewählter Sprecher_innen. Die Bewegung hat ganz eigene Praktiken und Umgangsweisen erfunden, die die bestehenden institutionellen und medialen Spielregeln grundlegend unterlaufen haben. Binnen kürzester Zeit wurde *Occupy* damit zu einem politischen Markenzeichen, das in über 1100 Städten weltweit imitiert wurde.

Der Anthropologie David Graeber, der selbst an *Occupy Wall Street* maßgeblich beteiligt war, stellt die Bewegung in eine direkte Traditionslinie zum Anarchismus. Dabei stellt er insbesondere vier Merkmale heraus (vgl. Graeber 2013, 11 ff.). Erstens weigert sich *Occupy*, konkrete Forderungen aufzustellen, weil dies die Legitimität der petitionierten Institutionen grundsätzlich anerkennen würde. Zweitens folgen die Aktivist_innen nur einem moralischen, keinem rechtlichen Gesetz, was auch die Bereitschaft zum Rechtsbruch impliziert. Drittens versucht *Occupy*, die Entstehung interner Hierarchien zu vermeiden, und setzt stattdessen auf Konsensorientierung und direkte Demokratie. Und viertens versuchen die Besetzer_innen, bereits innerhalb der alten

Gesellschaft die Umgangsweisen der neuen Gesellschaft vorwegzunehmen, indem sie sich in gegenseitiger Hilfe, Solidarität und Selbstorganisation üben. Unabhängig davon, ob Graebers Einordnung der *Occupy*-Bewegung in die anarchistische Tradition sich in jedem Punkt verteidigen lässt, zeigt sie zunächst, dass sich Organisations- und Aktionsformen philosophisch bewerten lassen. Es geht hier also keineswegs nur um die Frage der Effektivität: Funktioniert eine bestimmte Taktik, hat sie faktisch das gewünschte Resultat? Vielmehr spielen eine ganze Reihe anderer Erwägungen eine Rolle. Hierzu zählen Fragen der Moral (Ist es zum Beispiel erlaubt, zum Erreichen eines politischen Ziels Gewalt einzusetzen?), der Ethik (Wie kann ich Tugenden, Aufmerksamkeiten und Haltungen entwickeln, die zu einem besseren Miteinander der Menschen führen?), der Rechtsphilosophie (Was rechtfertigt es, mich an demokratisch beschlossene Regeln nicht mehr gebunden zu fühlen?) und vor allem der Gesellschaftstheorie (Lebe ich in einer Gesellschaft, in der Transparenz und Gewaltfreiheit möglich oder in der Geheimhaltung und Militanz nötig sind?). Wie bei den meisten Themen, so gibt es auch zu all diesen Fragen innerhalb des Anarchismus keine einheitliche Position, sondern eine bis heute anhaltende Diskussion.

Wie viele radikale politische Bewegungen, so hatte auch der Anarchismus eine Phase, in der einige seiner Anhänger_innen hofften, grundlegende gesellschaftliche Umwälzungen durch eine geringe Anzahl symbolisch ausstrahlungskräftiger gewalttätiger Aktionen herbeiführen zu können. Für den Anarchismus liegt diese Phase ungefähr zwischen 1870 und 1920 und steht unter der Überschrift der *Propaganda der Tat*.[45] Nach der brutalen Niederschlagung der Pariser Kommune im Mai 1871 verbreitete sich innerhalb eines Teils der anarchistischen Bewegung die Idee, die allgemeine Bevölkerung durch kleinere militante Aufstände, Unruhen und durch gezielte Anschläge auf politische oder wirtschaftliche Entscheidungsträger_innen aufrütteln und so zur Teilnahme an der Revolution motivieren zu können. So wurden beispielsweise um die Jahrhundertwende durch Einzeltäter_innen oder kleine Gruppen Attentate auf zahlreiche Staatsoberhäupter verübt. Ein wichtiges Beispiel stellt der tödliche Bombenschlag auf den russischen Zaren Alexander II. durch Mitglieder der *Narodnaja Wolja* (einer militanten demokratischen Vereinigung, die in den zeitgenössischen Medien als »nihilistisch« galt) im Jahr 1881 in St. Petersburg dar. Auch wenn sich diese Gruppe nicht explizit anarchistisch positionierte, wurde ihre Aktion doch von vielen Anarchist_innen enthusiastisch begrüßt. Der Agitator Johann Most, einer der engagiertesten Anhänger_innen des Konzepts der Propaganda der Tat, feierte das Attentat in einem Leitartikel der von ihm herausgegebenen Zeitschrift *Freiheit* unter dem Titel »Endlich!«. Es liege auf der Hand, schreibt er dort, »daß Staats- und Gesellschaftseinrichtungen nicht eher beseitigt werden können, als bis man die Personen besiegt hat, welche dieselben aufrechterhalten wollen« (Most 1972, 294). Most, der sich zu diesem Zeitpunkt in England aufhielt, wurde aufgrund dieses Artikels zu 16 Monaten Zwangsarbeit verurteilt. Nach seiner Entlassung emigrierte er in die USA, wo er Emma Goldman und Alexander Berkman kennenlernte, den er maßgeblich zu dessen Anschlag auf den Industriellen Henry Clay Frick inspirierte (von dem sich Most später allerdings distanzierte). Auch dieser (gescheiterte) Attentatsversuch endete nicht mit einer Solidarisierung der Arbeiter_innen, sondern mit einer 14-jährigen Haftstrafe für Berkman. Diese beiden Beispiele sind typisch für die allgemeine Erfolglosigkeit des Konzepts der Propaganda der Tat: Sie erweckt in der Regel keineswegs die Sympathie der Massen, setzt aber die wichtigsten anarchistischen Aktivist_innen für Jahre hinweg durch Gefängnisstrafen außer Gefecht. Die etwa fünfzig Jahre währende Hochphase der Propaganda der Tat diente außerdem nicht nur dem Staat zur Rechtfertigung unzähliger repressiver Maßnahmen gegen die politische Linke, sondern ist auch für das Bild der Anarchistin als skrupelloser Bombenlegerin verantwortlich, das bis heute die Meinung der meisten Menschen über den Anarchismus prägt.

Neben der offensichtlichen Ineffektivität darf die Propaganda der Tat noch aus zahlreichen anderen Gründen als gescheitert betrachtet werden. Das Konzept beruht auf einem instrumentellen Politikverständnis, wonach die politische Intervention ein *Mittel* ist, das einem externen *Zweck* dient. *Moralisch* gesehen soll dabei der Zweck die Mittel heiligen: Kurzfristige Gewalt soll dadurch gerechtfertigt sein, dass dadurch langfristig gesehen Gewalt vermieden werden kann. Abgesehen davon, dass dies empirisch nicht stimmt (weil die Aktionen nicht den erhofften befreienden Effekt haben, sondern im Gegenteil der Sache der Revolution eher schaden), kennzeichnet den Anarchismus schließlich eine *prinzipielle* Kritik der Gewalt als zwischenmenschliche Umgangsweise. Gewalt ist somit auch als Mittel zu einem übergeordneten Zweck nicht unproblematisch. Dies wird bei einigen Aktionen der Propaganda der Tat deutlicher als bei anderen: Ließe sich Gewalt gegen Zaren und Könige noch als Widerstand gegen Tyrannen legitimieren, so zeigt etwa der Bombenanschlag, den der französische Anarchist Émile Henry 1894 in einem Pariser Café mit dem Ziel verübte, die »Bourgeoisie« im Allgemeinen zu bestrafen, zu welchen Konsequenzen eine utilitaristische Aufrechnung von Menschenleben führt. *Ethisch* führt die Bereitschaft, andere Menschen zu verletzen oder sogar zu töten, in der Regel nicht zur Kultivierung der vom Anarchismus angestrebten Solidarität und gegenseitigen Hilfe, sondern zur Herausbildung von Charakterdispositionen wie Härte, Empathielosigkeit und Heroismus. *Rechtsphilosophisch* fragwürdig ist das Konzept der Propaganda der Tat, weil es keinen Unterschied zwischen dem russischen Zarismus und der Demokratie in den USA, zwischen der deutschen Monarchie und der französischen Republik macht und vielmehr all diese Staatsformen gleichermaßen als Ausdruck einer abstrakten »Herrschaft« sieht. Damit verkennt es jedoch, dass demokratische Staaten sich zumindest in gewissem Maße aus der Zustimmung der Untertanen legitimieren, so dass sich Anschläge auf gewählte Repräsentant_innen zugleich auch gegen das Wahlvolk richten. Aus diesem rechtsphilosophischen Defizit schließlich ergibt sich die *gesellschaftstheoretische* Fehleinschätzung, die Massen warteten nur auf die Initialzündung durch eine couragierte Avantgarde, um ihre Unterdrücker_innen abzuschütteln. Anarchist_innen zeigten sich außerstande, die mindestens ebenso politische wie ideologische Inkorporierung der Mehrheit der Menschen in bestehende Systeme zur Kenntnis zu nehmen und zu analysieren.[46]

Aus diesen und anderen Gründen wurde das Konzept der Propaganda der Tat vom größten Teil des Anarchismus spätestens nach dem Ersten Weltkrieg aufgegeben. Selbst viele ehemalige Anhänger_innen des Konzepts, wie Goldman, Berkman, Malatesta und Most, wurden nun zu seinen Kritiker_innen. Ausschlaggebend war hierfür neben der inhaltlichen Kritik auch der neu erreichte Organisationsgrad der Arbeiter_innenbewegung, der es auch Anarchist_innen ermöglichte, von Einzelaktionen Abstand zu nehmen und stattdessen auf direkte kollektive Organisierung der Arbeiter_innen zu setzen. Zentral ist dabei die Entstehung des *Anarcho-Syndikalismus*, einer revolutionären Gewerkschaftsbewegung, die in den 1920er Jahren in Europa, insbesondere in Spanien und Frankreich, ihre Blütezeit erlebte.[47] Als 1922 Delegierte aus zehn Ländern in Berlin die *Internationale Arbeiter-Assoziation* (IAA) gründeten (die sich schon dem Namen nach in expliziter Tradition zur Ersten Internationalen sah), vertrat diese bereits über eine Million Mitglieder; eine Zahl, die sich binnen eines Jahres verdoppelte. Der Anarcho-Syndikalismus hatte zu dieser Zeit eine politische Schlagkraft, die der Anarchismus nach der Zerschlagung der Gewerkschaften durch den Faschismus nie wieder erreichen sollte. Gemäß der von Rudolf Rocker verfassten *Prinzipienerklärung des Syndikalismus* (1919) sind Gewerkschaften keine Vertretungsorgane der Arbeiter_innen im Tarifkonflikt, sondern revolutionäre Institutionen, die auf die Aneignung der Produktionsmittel durch die Produzierenden zielen. Die Arbeiter_innen organisieren sich in rätedemokratisch strukturierten Syndikaten, die sich dann nach dem Föderationsprinzip zusammenschließen. Syndikate sind dabei gleichzeitig Mittel des Klassenkampfs wie auch die Vorwegnahme der demokratischen Strukturen, in denen auch noch in der anarcho-kommunistischen Gesellschaft Entscheidungen über die Güterproduktion getroffen werden. Die Gesellschaftstransformation setzt also in der Sphäre der Wirtschaft selbst an, ohne den Umweg über den Staat zu gehen. Der Anarcho-Syndikalismus wendet sich nicht an externe Instanzen wie das Parlament, sondern betreibt im Sinne der Idee der sozialen (im Gegensatz zur politischen) Revolution die Überwindung der kapitalistischen Gesellschaft autonom an Ort und Stelle.

Aus der anarcho-syndikalistischen Tradition stammt das Konzept der *Direkten Aktion*, das bis heute eines der charakteristischen Aktionskonzepte des Anarchismus geblieben ist. Mit der Entstehung einer proletarischen Massenbasis für anarchistische Politik war es denkbar geworden, anarchistische Prinzipien unmittelbar gesellschaftlich real werden zu lassen, statt sie durch isolierte Versuche einer Propaganda der Tat erst noch heraufzubeschwören. Paradigmatisch für die Idee der Direkten Aktion sind die Kampfmittel des Streiks, der Sabotage und des Boykotts. »Direkt« heißen solche Aktionen, weil sie nicht eine verantwortliche Institution (wie den Staat oder eine Firma) adressieren, um eine Änderung zu erreichen, sondern versuchen, die gewünschte Änderung selbst unmittelbar ins Werk zu setzen. Statt eine Arbeitsverkürzung zu fordern, hören die Arbeiter_innen einfach früher auf zu arbeiten; statt eine Senkung der Lebensmittelpreise zu fordern, werden die Lebensmittel angeeignet und an die Bevölkerung verteilt. Das Idealmodell der Direkten Aktion ist der soziale Generalstreik, bei dem sich die Arbeiter_innen die Produktionsmittel aneignen und unter Ausschluss der Kapitalist_innen beginnen, auf sozialistische Weise zu produzieren. Walter Benjamin identifiziert in seiner *Kritik der Gewalt* das Prinzip der Direkten Aktion als Hauptunterschied des reformistischen »politischen Generalstreiks« zum anarchistischen »proletarischen Generalstreik«. Im Gegensatz zum Ersteren geschieht die Arbeitsniederlegung bei Letzterem »nicht in der Bereitschaft, nach äußerlichen Konzessionen und irgendeiner Modifikation der Arbeitsbedingungen wieder die Arbeit aufzunehmen, sondern im Entschluß, nur eine gänzlich veränderte Arbeit, eine nicht staatlich erzwungene, wieder aufzunehmen, ein Umsturz, den diese Art des Streiks nicht sowohl veranlaßt als vielmehr vollzieht« (Benjamin 1991, 194). In dieser Idee, dass die politische Aktion die Revolution nicht veranlasst, sondern vollzieht, ist das instrumentelle Politikverständnis überwunden, das noch für das Konzept der Propaganda der Tat kennzeichnend war. Der Zweck einer politischen Handlung bleibt ihr nicht mehr äußerlich, sondern ist in ihr bereits anwesend: Zweck und Mittel fallen in eins. Diese Identität von Zweck und Mitteln hat eine ganze Reihe von Vorteilen. Die Selbstorganisation der Arbeiter_innen innerhalb des Kapitalismus erfordert und ermöglicht bereits die gleichen Fähigkeiten, Haltungen und Einstellungen, die in der anarchistischen Gesellschaft nötig sein werden, anstatt zwischen beiden »Phasen« einen Gegensatz zu konstruieren, der dann nach einer gelungenen Revolution erst wieder geschlossen werden müsste. Der Syndikalismus kann so auch die sowohl ökonomisch-praktische wie auch die ethisch-sittliche Überlegenheit einer sozialistischen Produktionsweise bereits im Hier und Jetzt vorführen, was seine Attraktivität und Glaubwürdigkeit enorm erhöht.[48] Und schließlich übernehmen in der Direkten Aktion die Betroffenen selbst die Verantwortung für ihre Taten, statt von einer nicht-legitimierten Avantgarde advokatorisch vertreten zu werden.

Nach dem Zweiten Weltkrieg ist es den syndikalistischen Gewerkschaften nicht gelungen, erneut zu einer relevanten politischen Kraft zu werden. Insbesondere in dem Milieu, mit dem die gesamte syndikalistische Idee steht und fällt – den Arbeiter_innen –, verfügte der Syndikalismus über keine Massenbasis mehr. Parallel zu dem realen Bedeutungsverlust der syndikalistischen Strömung innerhalb des Anarchismus ist auch eine ihrer zentralen theoretischen Schwächen offensichtlich geworden: der dem Syndikalismus inhärente Ökonomismus. Syndikalistische Ansätze gehen implizit oder explizit davon aus, dass der Kapitalismus das zentrale Herrschaftsverhältnis, dass das Proletariat das revolutionäre Subjekt und dass die Arbeit die wichtigste Quelle von Wohlstand und Selbstverwirklichung ist. Dieser Ökonomismus führt nicht nur zu einer Ausblendung zahlreicher anderer wichtiger Ausbeutungs- und Unterdrückungsmechanismen, sondern verengt auch die Gesamtheit gesellschaftlich relevanter Fragen auf den Bereich der Wirtschaft. Dieser Reduktionismus bietet daher kein überzeugendes Modell für die Beratungs- und Entscheidungsweisen einer anarchistischen Gesellschaft. Murray Bookchin hat den Anarcho-Syndikalismus deshalb überzeugend als anachronistisch kritisiert und für eine umfassendere Vision sozialer Transformation plädiert, welche die Frage der Arbeit ebenso einbezieht wie die Fragen der Ökologie, des Geschlechterverhältnisses und des Kolonialismus (vgl. Bookchin 1993).

An die Stelle der starken Gewerkschaftsorientierung ist bei dem größten Teil des Anarchismus inzwischen eine neue Organisationsweise getreten, die viel weniger stark institutionalisiert ist.[49] Die »Basis-Einheit« anarchistischer Politik bilden seit den 1970er Jahren meistens *Bezugsgruppen* (*Affinity Groups*), das heißt Gruppen von etwa 5 bis 25 Personen, die sich meistens über einen längeren Zeitraum kennen und sich daher gegenseitig vertrauen. Bezugsgruppen sind intern nicht-hierarchisch organisiert und treffen Entscheidungen nach dem Konsensprinzip. Sie haben sich aufgrund inhaltlicher Ansichten oder gemeinsamer Ziele zusammengefunden und koordinieren sich mit gleichgesinnten Gruppen in größeren Bündnissen, Schwärmen oder Kampagnen, wobei die einzelnen dezentralen Gruppen jedoch stets autonom bleiben. Wichtige Beispiele für Netzwerke, deren Aktionen vorwiegend durch dezentrale Bezugsgruppen getragen wurden, sind etwa *ACT UP*, das *Peoples'-Global-Action*-Netzwerk und das *Noborder*-Netzwerk. Wie die Syndikate, so sind auch die Bezugsgruppen und Bezugsgruppen-Netzwerke nach dem Föderationsprinzip aufgebaut; auch sie versuchen also, die Prinzipien einer anarchistischen Gesellschaft bereits in der bestehenden Gesellschaft praktisch werden zu lassen (haben dabei aber die ökonomistische Schlagseite des Syndikalismus aufgegeben).

Dass ein großer Teil des Anarchismus sich inzwischen vom anarcho-syndikalistischen Modell verabschiedet hat, bedeutet jedoch nicht, dass auch das Konzept der Direkten Aktion obsolet geworden ist. Vielmehr lässt sich die Direkte Aktion leicht von der syndikalistischen Fokussierung auf die ökonomische Sphäre lösen und auch in anderen gesellschaftlichen Bereichen zur Anwendung bringen. Bereits feministische Denkerinnen wie Voltairine de Cleyre und Emma Goldman hatten früh gegen eine Einschränkung dieses Konzepts auf den Klassenkampf protestiert; Butterboykotte von Hausfrauen sind ihrer Meinung nach ebenso unter diesen Begriff zu fassen wie Wehrdienstverweigerung, Sklavenbefreiung oder Widerstand gegen den Moralkodex. »Every person«, schreibt de Cleyre in ihrem programmatischen Aufsatz *Direct Action* (1912), »who ever thought he had a right to assert, and went boldly and asserted it, himself, or jointly with others that shared his convictions, was a direct actionist. [...] Every person who ever had a plan to do anything, and went and did it, or who laid his plan before others, and won their co-operation to do it with him, without going to external authorities to please do the thing for them, was a direct actionist. [...] Every person who ever in his life had a difference with anyone to settle, and went straight to the other persons involved to settle it, either by a peaceable plan or otherwise, was a direct actionist.« (de Cleyre 1912) Die Idee der Direkten Aktion entspringt hier einem starken Ethos der moralischen Autonomie, Eigenverantwortung und Selbstorganisation. Als Direkte Aktionen lassen sich in diesem Sinne alle politischen Handlungen bezeichnen, die unmittelbar in politische und ökonomische Zusammenhänge intervenieren, anstatt Probleme an externe Instanzen zu delegieren. Eines der am meisten verbreiteten Beispiele für eine Direkte Aktion ist die Hausbesetzung – statt vom Staat Mietpreisbremsen oder sozialen Wohnungsbau zu fordern, ziehen Wohnungslose einfach in leer stehende Gebäude ein –, aber die Bandbreite Direkter Aktionen reicht von der friedlichen Blockade des Verkehrs durch Straßenpartys über militante Aktionen wie die Sabotage von Baggern oder das Einwerfen von Schaufenstern durch den Schwarzen Block bis hin zu individuellen Strategien wie dem Ladendiebstahl, dem Krankfeiern oder dem Bummelstreik.[50] Die gewünschte politische Veränderung wird auch in diesen Fällen, wie es bei Benjamin heißt, »nicht veranlasst, sondern vollzogen«.

Anarchistische Bezugsgruppen verstehen die Direkte Aktion in der Regel noch immer als ihre wesentliche Aktionsform. Für David Graeber besteht die zentrale Gemeinsamkeit Direkter Aktionen dabei darin, dass die Aktivist_innen sich so verhalten, »als existiere der Staat gar nicht« (Graeber 2013, 19). Diese Haltung ist für Graeber die konsequente Ausbuchstabierung der antizipativen Pointe anarchistischer Politik: Direkte Aktionen sollen die neue Gesellschaft innerhalb der alten vorwegnehmen. Mittel und Zweck fallen in eins. Die kontrafaktische Annahme einer herrschaftslosen Situation hat zwei wesentliche Implikationen. Erstens wird die Legitimität bestehender Institutionen grundlegender dementiert als etwa beim zivilen Ungehorsam. Wenn ein Konzern Giftmüll in den See kippen will, werden Anarchist_innen ihn daran zu hindern versuchen, auch wenn das Handeln des Konzerns legal ist; und wenn dann die Polizei den Konzern beschützen will, werden die Anarchist_innen die Polizei nicht anders behandeln als irgendeine andere Gruppe bewaffneter Menschen in Kostümen (vgl. Graeber 2013, 20). Während der zivile Ungehorsam in der Regel die Bereitschaft beinhaltet, sich für die eigenen Taten vor Gericht zu verantworten, will die Direkte Aktion genau das vermeiden, weil die Rechtmäßigkeit bestehender Gerichte grundsätzlich in Zweifel gezogen wird. Zweitens impliziert die Direkte Aktion eine weitestgehende Verpflichtung der eigenen Handlungen auf anarchistische Prinzipien. Dazu gehört eine nicht-hierarchische Organisation, die Verabschiedung militaristischer oder märtyrerhafter Politikvorstellungen und auch der Versuch, möglichst auf den Einsatz von Gewalt gegen Personen zu verzichten oder ihn zumindest kontextsensitiv genau abzuwägen. Außerdem hat die Direkte Aktion auch eine institutionelle Komponente: Es reicht nicht aus, den Konzern einmalig an der Wasserverschmutzung zu hindern, die Wasserquelle muss nachhaltig gesichert werden; es reicht nicht aus, die Schule zu boykottieren, es müssen auch eigene Bildungsinstitutionen aufgebaut werden.

Es lässt sich also jeder Phase der innerhalb des Anarchismus dominanten Organisationsweise auch grob ein spezifisches Aktionsverständnis zuordnen: Der Abwesenheit jeglicher kollektiver Organisierung entsprechen die isolierten Aktionen Einzelner im Rahmen der Propaganda der Tat (ca. 1870–1920), dem revolutionären Anarcho-Syndikalismus als gewerkschaftlicher Massenbewegung entspricht ein konventionelles Verständnis der Direkten Aktion, die vorwiegend im Bereich der Arbeitswelt angesiedelt ist (ca. 1920–1940), und der Praxis der Bezugsgruppen und ihrer Netzwerke im Kontext der neuen sozialen Bewegungen schließlich entspricht ein postkonventionelles Verständnis Direkter Aktion, das alle Bereiche des gesellschaftlichen Lebens umfasst (ca. 1970–heute). Es scheint zunächst naheliegend, diese Geschichte als Fortschrittsgeschichte zu erzählen: Der Anarchismus hat sich zuerst von seinem individualistischen Heroismus, dann von seinem syndikalistischen Ökonomismus gelöst. Allerdings ist es problematisch, den historisch (durch den Faschismus) bedingten Niedergang des Syndikalismus zu einem historischen Lernprozess zu verklären. Gegenwärtige Organisations- und Aktionsformen sind mindestens ebenso sehr Ergebnis einer aufgezwungenen Schwäche und einer fehlenden Massenbasis wie Ausdruck einer bewussten politischen Entscheidung.

Das Fehlen einer Massenbasis hat zwar einerseits eine Neuorientierung des Anarchismus jenseits der Arbeiter_innenklasse ermöglicht. Andererseits ist damit aber auch ein neues Problem entstanden, das gegenwärtig zumindest nicht befriedigend adressiert wird: die Frage der Rechtfertigung von Widerstand. Direkte Aktionen, insbesondere wenn sie den Einsatz von Gewalt beinhalten, sind legitimierungsbedürftig: Wer oder was gibt Anarchist_innen das Recht, ihre Meinung gegenüber dem Staat oder anderen Bürger_innen durchzusetzen und dabei die etablierten demokratischen Institutionen zu umgehen? Anarchist_innen können zwar argumentieren, dass die bestehenden Institutionen nicht wirklich demokratisch sind – aber dennoch: Wieso sollte das Privaturteil von Anarchist_innen mehr gelten als dasjenige aller anderen? Ihre Verankerung in der Arbeiter_innenklasse stellte dem Syndikalismus wenigstens eine gewisse Absicherung gegen individualistische Beliebigkeit dar: Um erfolgreich zu sein, mussten die Direkten Aktionen der syndikalistischen Gewerkschaften dem Willen und den Interessen von Tausenden von Menschen entsprechen. Aktionen mussten daher öffentlich gerechtfertigt, diskutiert, kritisiert und revidiert werden. Die Bezugsgruppen der Gegenwart verfügen nicht mehr über eine solche Verankerung innerhalb der Gesellschaft. Es ist daher kein Zufall, dass David Graeber im Kontext der Gewaltfrage in einen individualistischen Tonfall zurückfällt und von der »moralische[n] Souveränität der und des Einzelnen« (Graeber 2013, 41) spricht. Wenn der Mensch jedoch ein irreduzibel soziales Wesen ist, das auf Kooperation und gegenseitige Hilfe angewiesen ist, dann kann es keine »Souveränität« geben, schon gar nicht von Einzelnen. Die soziale Verwiesenheit des Menschen bedeutet in diesem Zusammenhang, dass die Verantwortung für Handlungen – auch von Widerstandshandlungen – von niemandem allein getragen werden kann, sondern mit anderen geteilt werden muss. Nicht das individuelle »Gewissen«, sondern nur diskursiv gebrochene und kollektiv getragene Beschlüsse vermögen dann den Legitimationsbedarf Direkter Aktionen zu befriedigen. Die Aufgabe, eine Strategie zu entwickeln, um die Basis für solche Beratungen radikal zu verbreitern und ihre demokratische Legitimität zu erhöhen, ohne dabei in den Legalismus und Parlamentarismus des Bestehenden zurückzufallen, bleibt auf der Tagesordnung anarchistischer Politik.

3.8 Transformationstheorie

Am 5. Juli 2015 stimmte die griechische Wahlbevölkerung in einem Referendum mit einer Mehrheit von 61,3 Prozent gegen einen umfassenden Katalog von Reformmaßnahmen, welche die Europäische Kommission, der Internationale Währungsfonds und die Europäische Zentralbank von Griechenland aufgrund der akuten Schuldenkrise einforderten. Die exzessiven Austeritätsmaßnahmen, die von den Gläubigerinstitutionen vorgesehen waren, beinhalteten radikale Sozial-, Lohn- und Rentenkürzungen, Einschnitte in die Tarifautonomie der Gewerkschaften und umfassende Privatisierungen öffentlicher Infrastruktur wie Häfen und Flughäfen. Mit ihrem OXI (Nein) folgten die Griech_innen einer Empfehlung der linkssozialistischen Regierungspartei SYRIZA, die in den Parlamentswahlen im Januar desselben Jahres fast die absolute Mehrheit der Sitze errungen hatte. Obwohl die griechische Bevölkerung somit ihre Regierung zweimal innerhalb eines Jahres beauftragt hatte, die von der EU betriebene neoliberale Austeritätspolitik mit ihren verheerenden sozialen Konsequenzen zurückzuweisen, verkündete der griechische Ministerpräsident Alexis Tsipras drei Tage nach dem Referendum, alle wesentlichen Gläubigerforderungen umsetzen zu wollen – und somit genau das Gegenteil von dem zu tun, wozu ihn die griechischen Wähler_innen mandatiert hatten. Angesichts der fortgesetzten Weigerung der Gläubigerinstitutionen, von ihren Forderungen abzulassen, sah Tsipras schlechterdings keine andere Möglichkeit, als den Willen seines Volkes zu ignorieren. Dieses Einknicken der linken Regierung Griechenlands hat eine Bedeutung, die über den konkreten Fall hinausgeht. Denn sie zeigt, wie schwierig es für einen einzelnen Nationalstaat unter gegenwärtigen Bedingungen – bei hochgradigen ökonomischen und politischen Verflechtungen und Interdependenzen – ist, noch eine linke Politik zu betreiben. Die Strategie, den Staat zu erobern und für eine emanzipatorische gesellschaftliche Transformation in Dienst zu nehmen, ist offenbar gescheitert.

Seit der Schuldenkrise vollziehen sich in Griechenland aber noch andere Veränderungen, die sich jenseits der offiziellen politischen Schauplätze abspielen und daher von der medialen Öffentlichkeit zumeist gar nicht registriert werden. Im Zuge der massenhaften Platzbesetzungen 2011 und in den folgenden Jahren hat sich eine breite soziale Bewegung gebildet, die nicht nur ihren Protest durch Streiks, Demonstrationen und zivilen Ungehorsam zum Ausdruck bringt, sondern auch dauerhafte Strukturen der Selbstorganisation und Solidarität etabliert hat. Dazu zählen Sozialkliniken und Apotheken, in denen Nicht-Versicherte, Arbeitslose und Migrant_innen unentgeltlich behandelt werden, Sozialküchen, in denen kostenlos Essen an Bedürftige verteilt wird, solidarische Lebensmittelläden, in denen Produzierende ihre Produkte direkt an die Konsumierenden verkaufen, um steigende Lebensmittelpreise zu verhindern, Tauschringe, Food-Kooperativen, Umsonstläden, freie Nachhilfe, Musikunterricht an einem selbstverwalteten Konservatorium und vieles mehr.[51] Zum Teil organisieren sich diese Projekte durch die Arbeit von Freiwilligen und werden durch Sach- oder Geldspenden ermöglicht, zum Teil basieren sie jedoch auch auf einer konfrontativen Aneignung der Produktionsmittel durch die Arbeiter_innen, wie bei der Baustofffabrik VIOME in Thessaloniki, die von der Belegschaft übernommen wurde und nun in selbstverwalteter Produktion umweltfreundliche Reinigungsmittel herstellt. Bei all diesen Kollektiven, die sich unter dem Banner des Netzwerks *Solidarity4all* zusammengeschlossen haben, handelt es sich nicht länger um vereinzelte Initiativen zur akuten Krisenbewältigung, sondern um eine institutionalisierte Bewegung, die alle Bereiche der Ökonomie betrifft: Die Produktion wird von den Produzierenden selbst gestaltet, die Zirkulation orientiert sich an Bedürfnissen statt an finanziellen Mitteln, und die Konsumtion erfolgt kollektiv und kollaborativ. In Griechenland ist es also zumindest in Ansätzen gelungen, jenseits der »offiziellen« kapitalistischen Ökonomie eine alternative Ökonomie aufzubauen, die nach den Prinzipien der basisdemokratischen Selbstorganisation, der horizontalen Vernetzung und der gegenseitigen Hilfe organisiert ist. Statt den Umweg über den Staat zu nehmen, geht es Organisationen wie *Solidarity4all* darum, die sozialen Verhältnisse direkt, an Ort und Stelle, grundlegend zu transformieren.[52]

In der anarchistischen Tradition firmiert diese Fokussierung auf die direkte Veränderung der sozialen und ökonomischen Verhältnisse unter dem Begriff der *sozialen Revolution*. Dabei wird dieser Begriff nicht nur von reformistischen Konzepten einer evolutionären Veränderung abgesetzt, wie sie häufig von sozialdemokratischen Parteien vertreten werden, sondern auch von der Idee der *politischen Revolution*, wie sie in Teilen des Marxismus vorherrschend ist. Anstatt den Staat als Hebel für gesellschaftliche Umwälzungen verwenden zu wollen, etwa durch eine Verstaatlichung der Industrien und der Banken, wie es das *Kommunistische Manifest* von Marx und Engels vorsieht, soll sich die Umgestaltung der gesellschaftlichen Beziehungen auf dem Terrain der jeweiligen sozialen Sphären selbst vollziehen, wobei Kampfmittel aus dem Repertoire der Direkten Aktion wie etwa Streiks, Boykotte und Besetzungen zum Einsatz kommen können. Dies könnte ungefähr so vonstattengehen, dass die Arbeiter_innen sich die Produktionsmittel aneignen, die Produktion unter die Disposition basisdemokratischer Entscheidungen in Räten stellen, die Produkte den Bedürfnissen der Bevölkerung entsprechend frei zur Verfügung stellen und sich mit anderen Produktionsgenossenschaften föderativ zusammenschließen. Versteht man soziale Sphären in einem weiteren, nicht-ökonomistischen Sinne, können ähnliche Prozesse sich auch in den Familien, in den Schulen und Universitäten, in den Wohnungen, Nachbarschaften und Vierteln sowie in allen anderen Lebensbereichen vollziehen. Der Staat als zentralistische Gewaltinstanz kann dann entfallen.[53]

Anarchist_innen führen für das soziale im Gegensatz zum politischen Revolutionskonzept vor allem zwei Argumente ins Feld: Erstens verändert eine soziale Revolution die Gesellschaft grundlegender als eine politische Revolution, zweitens kann sie auf die Fortschreibung staatlicher Herrschaft von Anfang an verzichten. Grundlegender ist die soziale Revolution, weil sie, wie Alexander Berkman in seinem *ABC des Anarchismus* schreibt, nicht nur die »Regierungsform« austauscht, sondern die wirtschaftlichen Fundamente der Gesellschaft umwälzt; die soziale Revolution, »die darauf abzielt, das gesamte System der Lohnsklaverei abzuschaffen, muß auch die Macht einer Klasse beseitigen, die andere unterdrücken zu können. Das heißt, daß es sich nicht mehr um einen reinen Austausch der Herrschenden, der Regierung, nicht um eine politische Revolution handelt, sondern um eine, die das ganze Wesen der Gesellschaft zu verändern sucht.« (Berkman 1999, 50) Während der Marxismus darauf setzt, die Gesellschaft vom Staat aus neu programmieren zu können, will der Anarchismus durch eine Bewegung von unten unmittelbar in ihre ökonomischen und sozialen Verlaufsformen eingreifen. Für Bakunin ist das Prinzip der sozialen Revolution paradigmatisch in den Praktiken der Pariser Kommune verkörpert. Im Gegensatz zu den Marxist_innen, so Bakunin, wussten die Kommunard_innen, dass eine gesellschaftliche Veränderung »nur durch die spontane und fortgesetzte Aktion der Massen, der Volksgruppen und Volksvereinigungen, gemacht und ihrer vollen Entwicklung zugeführt werden« kann. Anstatt somit staatliche Gewaltausübung durch Konstrukte wie die »Diktatur des Proletariats« historisch zu verlängern, muss die soziale Revolution »gerade diesem antiken System der Organisation durch Gewalt [...] ein Ende machen, indem sie den Massen, den Gruppen, Communen, Assoziationen, selbst den Einzelpersonen, ihre volle Freiheit wiedergibt und ein für allemal die geschichtliche Ursache aller Gewalttätigkeiten, die Macht und selbst die Existenz des Staates zerstört« (Bakunin 1972b, 306).[54] Die soziale Revolution ist für Bakunin also sowohl *radikaler* als auch *emanzipatorischer* als die politische Revolution des Marxismus.

Die Idee der sozialen Revolutionen hat eine ganze Reihe von Implikationen, die aufgrund des konventionellen Bildes, das man für gewöhnlich von Revolutionen hat, zunächst kontraintuitiv anmuten könnten. So haben anarchistische Autor_innen beispielsweise darauf hingewiesen, dass soziale Revolutionen sich *nicht plötzlich, sondern langwierig* vollziehen, dass sie *nicht destruktiv, sondern konstruktiv* sind, dass sie *keine moralische, sondern eine materielle Motivation* voraussetzen und dass sie *nicht im Barrikadenkampf, sondern in alltäglichen sozialen Beziehungen* ausgefochten werden.

Häufig werden Revolutionen als ereignishafte Brüche verstanden, bei denen ein System durch eine plötzliche Intervention ebenso rapide wie grundlegend umgewälzt wird. Die Revolution dient als Chiffre einer radikalen Veränderung, nach der alles »ganz anders« sein wird. Solche messianischen Revolutionsvorstellungen können aber den Effekt haben, dass potenzielle Akteur_innen auf einen nie eintretenden Kairos warten und damit passiviert werden. Erich Mühsam betont demgegenüber, dass die soziale Revolution »ein langwieriger Vorgang [ist], der mit der Niederringung der herrschenden Macht beginnt und nicht endet, bevor die Ordnung der Freiheit nicht alle wirtschaftlichen und menschlichen Beziehungen durchdringt« (Mühsam 2005, 101).

Revolutionen sind zum einen auf die langwierige (und oft: langweilige) Vorbereitung durch Agitation und Propaganda, durch Klassenkampf und politische Intervention, durch den Aufbau von Organisationen und Infrastrukturen, durch das Erlernen von Fähigkeiten und die Kultivierung neuer Verhaltensweisen angewiesen. Zum anderen sind Revolutionen mit einem einmaligen Akt nicht abgeschlossen, sie bedürfen der Etablierung ganz neuer Produktions- und Reproduktionsweisen, neuer politischer Beratungs- und Entscheidungsfindungsprozeduren, neuer Ethiken und Beziehungsformen etc., die jeweils nur experimentell erprobt werden können und daher permanent revidierbar sind. Das »Ereignis«, das geschichtlich als Revolution lesbar wird, ist nur eine kleine Momentaufnahme eines langen Prozesses, der viel früher beginnt und viel später endet.[55]

Mit dieser Zeitlichkeitsvorstellung der sozialen Revolution hängt ihr genuin konstruktiver Charakter zusammen. Revolutionen bestehen keineswegs vorrangig darin, etwas kaputtzumachen, sondern darin, etwas zu schaffen und aufzubauen. Nur so kann die neue Gesellschaft im Schoße der alten Gesellschaft geboren werden. Die Merkmale der neuen Gesellschaft ergeben sich nicht (wie es sich einige Spielarten der Kritischen Theorie in der Frankfurter Tradition vorstellen) aus der »bestimmten Negation« des Bestehenden, sondern umgekehrt ergibt sich die Kritik am Bestehenden aus der Demonstration der Überlegenheit anarchistischer und kommunistischer Praktiken. Zerstörerisch ist die soziale Revolution nur, insofern die Destruktion Bedingung der Konstruktion ist, so wie »der Bau eines neuen Hauses auf dem Platz eines alten zerstörerisch ist, weil erst das alte Haus niedergerissen werden muß« (Berkman 2005, 58). Der Reichtum – sowohl der materielle als auch der ideelle –, argumentiert Berkman, ist schon da, er muss nicht zerstört, sondern anders organisiert werden. Dieser konstruktive Impetus impliziert eine Zurückweisung apokalyptischer Politikvorstellungen, die einen Kollaps des bestehenden Systems für die Voraussetzung eines »Neuanfangs« halten. Erstens verdammen solche Ideen die Revolution zum Scheitern, denn sie kappen ihre Verbindung zu ihrer eigenen materiellen Basis. Zweitens sind sie inhärent dogmatisch, denn sie wollen die neue Gesellschaft aus den Köpfen einer Avantgarde herauszaubern, statt ihre Attraktivität durch reale Beispiele vorzuführen.

Die Attraktivität der neuen Gesellschaft wird die soziale Revolution nur dann zeigen können, wenn sie zu einer tatsächlichen und spürbaren Verbesserung der Lebensumstände der Menschen führt. »Wenn die soziale Revolution leben und wachsen soll«, schreibt Berkman, »muß sie zu einem materiellen Gewinn für die Massen führen. Alle Menschen müssen sich eines tatsächlichen Vorteils für ihre Anstrengungen sicher sein oder zumindest die Hoffnung auf einen solchen Vorteil in naher Zukunft haben können.« (Berkman 2005, 86) Die Zufriedenheit der Bevölkerung ist nicht nur zum Schutz vor konterrevolutionären Bestrebungen wichtig, sondern hat auch eine spezifisch anarchistische Pointe. Die Vertagung des Glücks auf eine spätere Phase der Gesellschaftsentwicklung, wie sie sich etwa bei Lenin finden lässt, ist aus zwei Gründen autoritär: Erstens verlangt sie von Menschen, sich selbst für eine Idee zu opfern, deren Validität für sie praktisch nicht nachzuprüfen ist, zweitens führt sie zu einer advokatorischen Politik, bei der Menschen nicht für sich selbst, sondern für andere (die Ausgebeuteten der »Dritten Welt« etwa oder die »nachfolgenden Generationen«) eintreten, was dem Prinzip der Eigenverantwortung widerspricht. Der hilflose Verweis auf eine »moralische« Pflicht zur Revolution, die »Mission« des Proletariats oder auf paradiesische Zustände in einer fernen Zukunft setzt zudem heroische Subjektivitäten voraus, die mit der anarchistischen Ethik, welche auf der Affirmation menschlicher Bedingtheiten und Abhängigkeiten beruht, nicht verträglich sind.

Schließlich beinhaltet die anarchistische Idee der sozialen Revolution nicht nur eine bestimmte Zeitlichkeits-, sondern auch eine bestimmte Räumlichkeitsvorstellung. Eine soziale Revolution lässt sich nämlich nicht, wie etwa der Krieg – und, insofern sie nach dem militärischen Modell der Machteroberung verfährt, auch die politische Revolution –, als ein Kampf zweier einander gegenüberstehender Machtblöcke begreifen. Noch einmal Berkman: »Die Wahrheit ist, daß Revolutionen in modernen Zeiten nicht mehr auf Barrikaden ausgefochten werden. Diese gehören der Vergangenheit an. Die soziale Revolution ist eine ganz anders geartete und viel wesentlichere Sache: Sie schließt eine Neuorganisation des ganzen gesellschaftlichen Lebens ein.« (Berkman 2005, 57) Soziale Revolutionen überwinden somit das manichäische Bild, in dem sich eine gute und eine böse Seite frontal gegenüberstehen und das Ziel darin besteht, die böse Seite zu überwältigen. Revolutionen sind nicht der Sieg eines Teams gegen ein anderes, sondern bestehen gerade darin, das antagonistische Verhältnis der beiden Seiten aufzulösen. Das hat zudem den Vorteil, dass sich nach dem Modell der sozialen Revolution auch die Transformation anderer als ökonomischer Herrschafts- und Unterdrückungsverhältnisse denken lässt. Ein Beispiel ist das Geschlechterverhältnis: Patriarchale Unterdrückung funktioniert nach einem ganz anderen Prinzip als beispielsweise die ökonomische Ausbeutung der Arbeiter_innen durch die Kapitalist_innen. Sie lässt sich daher auch nicht mit denselben Kampfmitteln und Aktionsformen bekämpfen: In den Intimbeziehungen und Familien sind Streiks, Boykotte und Sabotagen nur bedingt denkbar und hilfreich. Die Emanzipation von Frauen und die Abschaffung der zweigeschlechtlichen Matrix lassen sich vielmehr nur durch eine grundlegende Veränderung menschlicher

Subjektivitäten und Intersubjektivitäten erreichen. Durch das Verlassen der traditionellen Freund_in-Feind_in-Logik wird es zudem möglich, intersektionale Verbindungen und Widersprüche zwischen verschiedenen Herrschafts- und Unterdrückungsverhältnissen zu denken. So kann es sein, dass eine Person auf einer Herrschaftsachse die Rolle der Unterdrückten (etwa, weil sie Arbeiterin ist), auf einer anderen Achse hingegen die Rolle der Unterdrückerin spielt (etwa, weil sie weiß ist). Indem die soziale Revolution die Gesellschaftstransformation als »Neuorganisation des gesellschaftlichen Lebens« statt als Barrikadenkampf versteht, kann sie solchen Widersprüchen Rechnung tragen und zugleich transversale Allianzen zwischen unterschiedlichen subalternen Gruppen ermöglichen.

Die Rede von der Revolution – ob sozialer oder anderer Art – mutet heute allerdings stark anachronistisch an. Nichts scheint lächerlicher als das Bild versprengter linker Splittergruppen, die noch immer die revolutionären Massen hinter sich wähnen. Die Überlegungen von Bakunin, Berkman, Mühsam und anderen stammen aus einer Zeit, in der der Anarchismus über eine weit größere Verankerung in Bevölkerung verfügte, als dies heute der Fall ist. Die Kämpfe der Pariser Kommune, der Russischen Revolution oder der Machno-Bewegung in der Ukraine hatten die Frage der Gestalt einer radikalen Gesellschaftstransformation für den Anarchismus unmittelbar auf die Tagesordnung gesetzt – all dies sind jedoch Erfahrungen, die heute in weiter Ferne scheinen. Dennoch vermag die Idee der sozialen Revolution auch gegenwärtige Transformationsbemühungen zu informieren. Eine wichtige Inspirationsquelle stellen dabei die Texte Gustav Landauers dar, der dem Konzept der sozialen Revolution eine spezifische Wendung gegeben hat.

Landauer stellt sich die Umwälzung der Gesellschaft kurz gesagt so vor, dass Gruppen von Entschlossenen unmittelbar beginnen, sich in anarchistischen Siedlungsgemeinschaften zusammenzuschließen und bereits im Hier und Jetzt sozialistisch zu produzieren. Diese landwirtschaftlichen Produktionsgenossenschaften sollen sich dann freiwillig in sozialistischen Bünden zusammenschließen und auf gerechter Basis miteinander tauschen. Die sozialistischen Kommunen können dann unmittelbar beweisen, dass sie nicht nur eine effektivere Produktionsweise, sondern auch eine schönere und freudigere Sozialität ermöglichen. Auf diese Weise werden immer mehr Menschen zur Nachahmung motiviert, bis die sozialistische irgendwann die kapitalistische Gesellschaft ganz verdrängt hat. Ansatzpunkte für diese Strategie erblickt Landauer in bestehenden Formen der Arbeiter_innen-Selbstorganisation wie Wohlfahrtsvereinen, Reisegenossenschaften und Gewerkschaften (vgl. Landauer 2010, 200 f.). Allein das Aufbrechen der Isolation durch die Zusammenlegung des Konsums setzt bei den Menschen Zeitressourcen frei, die dann selbst wiederum in den Aufbau solidarischer Beziehungsweisen gesteckt werden können. Dieses Modell hat vor allem den Vorteil, dass es auch ohne Vorhandensein einer Massenbasis handlungsanleitend werden kann; es reicht, wenn »wir Wenigen« (Landauer 2010, 186) mit gutem Beispiel vorangehen.

Landauer verknüpft hier das anarchistische Konzept der sozialen Revolution mit dem jüdischen Motiv des Exodus, dem im zweiten Buch Mose geschilderten Auszug der Israeliten aus Ägypten.[56] Ebenso wie Moses nicht versucht hat, den Pharao durch eine Machteroberung zu stürzen – was die pharaonische Herrschaft strukturell intakt gelassen hätte –, sondern die gegebene Machtrelation verlässt, um im Gelobten Land eine neue Gesellschaft aufzubauen, so können auch Landauers entschlossene Sozialist_innen auf den Sturz der Regierung verzichten und sich stattdessen auf die Suche nach einem besseren Leben in einem Gelobten Land machen. Anders als der Exodus der Israeliten muss der Exodus Landauers aber nicht unbedingt räumlich verstanden werden: Er muss nicht eine physische Bewegung von einem Ort zu einem anderen beinhalten, sondern kann auch eine »Flucht nach innen« darstellen, das heißt den Aufbau alternativer Gemeinschaften an Ort und Stelle. Gesellschaftstransformation als Auszug zu verstehen ermöglicht es Landauer zum einen, die Frage der Machteroberung zu umgehen, indem die Relevanz der bestehenden Machtverhältnisse performativ dementiert wird, zum anderen kann so aber auch bereits mit dem Aufbau einer anderen Gesellschaft begonnen werden, ohne dass die Akteur_innen zuerst auf die Gewinnung einer Mehrheit in der Bevölkerung warten müssen.

Landauers Kommunen praktizieren so auf paradigmatische Weise, was in der anarchistischen Tradition als *präfigurative Politik* bezeichnet wird: Die politischen Praktiken innerhalb der alten Gesellschaft sollen diejenigen der neuen Gesellschaft demonstrieren und antizipieren. Diese Idee steht gegen die intuitive Annahme, erst die Revolution schaffe die Voraussetzung für emanzipatorische Praktiken. In einem programmatischen Flugblatt wendet Landauer gegen diese Vorstellung ein: »Wir sagen: umgekehrt wird ein Schuh daraus! Wir warten nicht auf die Revolution, damit dann der Sozialismus beginne; sondern wir fangen an, den Sozialismus zur Wirklichkeit zu machen, damit dadurch der große Umschwung komme.« (Landauer 2010, 131) Die Philosophin Eva von Redecker hat dieses Transformationsverständnis treffend als »Metalepsis« bezeichnet (von Redecker 2015): Ursache und Wirkung werden vertauscht. Nicht die Revolution ist Voraussetzung für den Sozialismus, der Sozialismus ist Voraussetzung für die Revolution.

Landauers Idee eines präfigurativen Auszugs aus dem Bestehenden nimmt die Erkenntnisse der in der anarchistischen Tradition entwickelten Idee der sozialen Revolution auf: Gesellschaftsveränderung bedarf erstens der geduldigen Einübung und Vorbereitung und rechnet nicht mit einer ereignishaften Zäsur, sie basiert zweitens auf der Konstruktion neuer, nicht vorrangig auf der Destruktion alter Institutionen, sie hat drittens eine eudämonistische Komponente, weil sie auf reale Glückserfahrungen setzt, und sie kann viertens graduellere Positionierungen als die binäre Entscheidung zwischen Freund_in oder Feind_in zulassen. Zusätzlich hat sie zwei genuin antiökonomistische Konsequenzen, zum einen bezüglich des Zeitpunkts der Revolution, zum anderen hinsichtlich des revolutionären Subjekts. Was den geeigneten Zeitpunkt für »sozialistisches Beginnen« angeht, wehrt sich Landauer sowohl gegen eine Verelendungstheorie, nach der es den Menschen erst schlecht genug gehen muss, bevor sie für eine andere Gesellschaftsform bereit sind, als auch gegen deren Abhängigkeit von einem ausreichend fortgeschrittenen Stand der Produktivkraftentwicklung. Wenn Sozialismus ein soziales, kein technisches Verhältnis ist, insistiert Landauer, dann ist es nicht erst morgen oder übermorgen, sondern heute schon möglich, mit den je gegebenen Möglichkeiten anders umzugehen (vgl. Landauer 2009, 41 ff.). Zugleich registriert Landauer, dass sich das Proletariat trotz der beständigen Adressierungen seitens der marxistischen Organisationen bislang beharrlich weigert, seinen revolutionären Auftrag wahrzunehmen (vgl. Landauer 2010, 179). Statt auf eine einzige soziale Gruppe als Katalysator der Revolution zu setzen, folgert er, sollte eine entschlossene Vorhut durch ihre demonstrativen Beispiele das ganze Volk zum Sozialismus inspirieren.

Mit dieser radikalen Leugnung jeglicher Notwendigkeit objektiver Voraussetzungen für revolutionäres Handeln hat sich Landauer jedoch in eine unhaltbare Position manövriert. Denn er kann nicht erklären, warum wir nicht längst in einer sozialistischen Gesellschaft leben. Das Fortbestehen des Kapitalismus kann nicht aus *objektiven* Hindernissen – wie etwa aus ungünstigen Kräfteverhältnissen, aus der Integrationskraft des Kapitalismus oder aus der Übermacht staatlicher Gewalt – hergeleitet werden, denn der Witz von Landauers Transformationstheorie besteht ja gerade darin, die Möglichkeit der Revolution nicht von äußeren Bedingungen, sondern ausschließlich vom spontanen Entschluss der Individuen abhängig zu machen. Ebenso wenig können *subjektive* Hindernisse der Grund für das Ausbleiben des Sozialismus sein, denn wenn das Leben in Landauers Siedlungen wirklich so schön ist, wie er behauptet, hätte es bereits wie ein Lauffeuer die Köpfe und Herzen der Menschen erfassen müssen. Landauer hat die anarchistische Kritik am teleologischen Geschichtsbild des Marxismus voluntaristisch überboten – und damit zwar die Idee der sozialen Revolution von ihrer notwendigen Verankerung in einer real existierenden Massenbasis befreit, es damit jedoch auch verunmöglicht, politisch-strategische Schlussfolgerungen aus konkreten Analysen spezifischer Situationen zu ziehen.

Einen Ausweg könnte vielleicht die Interpretation bieten, die das Motiv des Exodus als Gesellschaftstransformation in jüngerer Zeit durch einige Autor_innen des Postoperaismus erfahren hat, insbesondere bei Michael Hardt, Antonio Negri und Paolo Virno. Der Postoperaismus ist eine marxistische Strömung, die vor allem die lebendige Macht der Multitude betont, das heißt die Autonomie der pluralen Menge gemeinsam handelnder Menschen. Postoperaistische Autor_innen beziehen sich häufig auf Marx' Begriff des *general intellect*: Um die Arbeiter_innen ausbeuten zu können, muss der Kapitalismus ihnen gleichzeitig eine Fülle an Fähigkeiten, Wissen, kommunikativen und affektiven Ressourcen bereitstellen (vgl. Marx 1983, 602). Zugleich kann nichts garantieren, dass die Arbeiter_innen diese nicht auch gegen den Kapitalismus verwenden. Während das fordistische Regime der

Fabrik, der patriarchalen Familie, der Schulen und Universitäten allerdings noch effektiv durch Streik und Sabotage attackiert werden konnte, laufen konventionelle Strategien im Zeitalter des biopolitischen Kapitalismus und einer eher netzwerkförmig strukturierten Machtformation ins Leere. Gleichzeitig legt genau diese Konstellation auch neue Waffen in die Hände der Multitude. In Zeiten, in denen die Produktionsmittel stärker als jemals zuvor in die Köpfe und Körper der Arbeiter_innen integriert sind, weil die Arbeit mehr und mehr auf kommunikativer und affektiver Virtuosität beruht, ist es ihnen nämlich zunehmend möglich, die Ausbeutungsbeziehung zu verlassen und ihre Kapitalist_innen einfach abzuschütteln. Diese Desertion aus der Ausbeutung hat auch eine politische Dimension, wenn durch einen »massenhaften Rückzug vom Staat« (Virno 2006, 176) eine neue Sphäre der Öffentlichkeit und der Selbstorganisation kreiert wird. Die von Landauer formulierte Idee des Exodus wird hier also aufgenommen, aber historisch situiert: Der Auszug aus Staat und Kapital bedarf zwar nicht unbedingt eines revolutionär gesinnten Proletariats, aber er ist doch von historischen Bedingungen abhängig, die nicht immer in gleichem Maße vorliegen. Ob sie gegenwärtig genügen, um eine grundlegende Umwälzung der gesellschaftlichen Verhältnisse erreichen zu können, wird von aktuellen Exodus-Strategien – in Griechenland und an vielen anderen Orten der Welt – mit noch offenem Ausgang erprobt. Die Voraussetzung für ihren Erfolg ist jedenfalls nicht, wie Marx und Engels meinten, dass wir nichts, sondern dass wir viel zu verlieren haben – dass wir über einen unendlichen Reichtum an Möglichkeiten verfügen, oder, um es anders zu formulieren: dass es eine Alternative gibt.

4. Ordnung und Unordnung des Anarchismus

Die Losung »Anarchie ist Ordnung ohne Herrschaft« ist die bündige Zusammenfassung einer Passage aus Proudhons *Bekenntnissen eines Revolutionärs.* Proudhon malt sich hier die Gesellschaft nach einer grundlegenden anarchistischen Umwälzung aus: »Aus der *An-archie* ist die Ordnung hervorgegangen. [...] Eure Gesellschaft ist organisiert, lebenskräftig, progressiv; sie denkt, spricht, handelt wie ein Mensch, und zwar gerade darum, weil sie nicht mehr von einem Menschen repräsentiert wird, weil sie keine persönliche Autorität mehr anerkennt, weil in ihr, wie in jedem organischen und lebendigen Wesen [...] das Zentrum überall, die Peripherie nirgends ist.« (Proudhon 1970a, 146). Die Anarchie ist also nicht nur eine Ordnung, sie ist die ordentlichste aller Ordnungen, mehr noch: Sie ist überhaupt die erste echte Ordnung. Der Grund für die Unordentlichkeit der bestehenden Welt liegt darin, dass Herrschaft es verunmöglicht, die menschlichen Verhältnisse wirklich zu *organisieren.* Proudhon hatte dies bereits anhand der beiden Themenbereiche gezeigt, die für den klassischen Anarchismus von zentraler Bedeutung waren: den Staat und den Kapitalismus. Die Konzentration der Politik im Staat bedingt innenpolitisch eine Entfremdung der Bevölkerung von ihren eigenen politischen Angelegenheiten und außenpolitisch einen zwischenstaatlichen Naturzustand, in dem keine Regeln gelten. Der Kapitalismus führt zu einer chaotischen Produktion, die nicht den Entscheidungen der Menschen, sondern den kurzfristigen Profitinteressen der Kapitalist_innen dient.

Erst die Abschaffung der Herrschaft ermöglicht darum die Realisierung des basalen Anspruchs der Aufklärung: dass die Menschen ihre Verhältnisse frei und bewusst gestalten. Nur auf diese Weise, so Proudhon, wird ein harmonisches Zusammenspiel der einzelnen Teile der Gesellschaft möglich.

Die Wahrheit von Proudhons Bestimmung der Anarchie als Ordnung liegt in der fortgesetzten Irrationalität und Gewalt der Unordnung der bisherigen Gesellschaftsformationen: Ihre Produktion war ungeplant, ihre Gesetze partikular, ihre Politiken kurzsichtig, ihre Klassen antagonistisch, ihre Außenbeziehungen kriegerisch.[57] Angesichts dessen scheint es richtig, dass sich das menschliche Zusammenleben so viel produktiver, friedlicher und glücklicher gestalten ließe, wenn man sie nur endlich bewusst ordnen könnte. Anarchist_innen sind deshalb nicht müde geworden, der bürgerlichen Gesellschaft den Spiegel vorzuhalten, sie mit ihren eigenen Ansprüchen auf Vernunft und Transparenz zu konfrontieren. Im Laufe der Geschichte des Anarchismus haben sich jedoch auch, gleichsam im Windschatten seiner aufklärerischen Emphase, Zweifel an Proudhons ursprünglicher Definition ergeben: Kann es wirklich sein, dass der Sinn der Anarchie, die sich doch dem Widerstand gegen jede Form von Zwang und Einengung verschrieben hat, die beständig den Aufruhr und die Subversion sucht, in der Herstellung von Ordnung besteht? Zunächst nur als trotziger Exzess anarchistischer Gesellschafskritik zu registrieren, sind die Gründe für diesen Vorbehalt immer mehr und immer besser geworden – so dass es heute, in der Auswertung von 170 Jahren anarchistischer Lerngeschichte, nötig wird, die Frage nach der Ordnung und Unordnung des Anarchismus erneut aufzuwerfen. Es sind vor allem vier Themenkomplexe, an denen sich diese Zweifel besonders prägnant aufzeigen lassen: die Freiheitstheorie, die Demokratietheorie, die Gesellschaftstheorie und die Theorie des (Post-)Kolonialismus.

1. *Freiheitstheorie*: Die anarchistische Tradition stellt sich als Konstellation zweier Freiheitsbegriffe dar. Während der negativ-individualistische Freiheitsbegriff der Individualanarchist_innen Freiheit als Freiheit des Individuums *von* der Gesellschaft versteht, begreift der positiv-soziale Freiheitsbegriff der kollektivistischen und kommunistischen Anarchist_innen Freiheit als Freiheit des Individuums *zur* Gesellschaft. Der soziale hat den individualistischen Freiheitsbegriff überzeugend dafür kritisiert, die konstitutive Bedeutung der gesellschaftlichen Voraussetzungen individueller Freiheit zu ignorieren: Weil der Mensch von sozialen Bedingungen abhängig ist, muss jede Praxis der Selbstbestimmung wesentlich kollektive Selbstbestimmung sein. Der soziale Freiheitsbegriff ignoriert jedoch wiederum die konstitutive Bedeutung der Differenz vom Sozialen: Nur wenn in einer Gesellschaft auch eine lebendige Option der Verweigerung und Dissidenz vorhanden ist, kann es eine im authentischen Sinne freiwillige Zustimmung geben. Freiheit kann daher nicht, wie es gelegentlich in den Texten kommunistischer Theoretiker_innen suggeriert wird, als allseitige Harmonie der Gesellschaftsmitglieder untereinander und mit der Gesellschaft verstanden werden. Einen Ausweg bietet ein Begriff ästhetischer Freiheit, das heißt einer Freiheit zur Differenz, welche aber nicht als vor- oder antisozial, sondern selbst als Moment im Sozialen verstanden wird. Wenn dies aber richtig ist – das heißt, wenn Freiheit als eine Praxis der sozialen Differenz zum Sozialen verstanden werden muss –, dann kann sich der Sinn von Freiheit nie darin erschöpfen, eine Ordnung zu stiften. Vielmehr ist Freiheit immer auch Überschreitung, Negation, Zunichtemachen einer etablierten Ordnung. Nur wenn die Anarchie also ihre eigene Transgression ermöglicht, kann sie ihrem Prinzip die Treue halten.

2. *Demokratietheorie*: Der Anarchismus versteht demokratische Selbstregierung als freiwillige Handlungskoordinierung durch

autonome Einzelne. Dies ergibt sich aus der Kritik der entmündigenden Effekte politischer Repräsentation und der Ablehnung von Zwang zur Durchsetzung kollektiver Entscheidungen. Das anarchistische Alternativmodell zur repräsentativen Demokratie orientiert sich dabei an der Idee der Konsensfindung durch ein (mental oder physisch) anwesendes Volk. Dieses Modell hat sich jedoch aus mehreren Gründen als problematisch herausgestellt. Angesichts der gegenwärtigen globalen ökonomischen und technologischen Interdependenzen überschreitet bereits die Anzahl der von bestimmten Entscheidungen Betroffenen bei Weitem die Möglichkeit ihrer auch nur virtuellen Versammlung. Dieses Maßstabsproblem stellt jedoch nicht nur eine praktische Umsetzungsschwierigkeit dar, sondern verweist auf ein tieferliegendes strukturelles Problem, das dem Problem der sozialen Freiheit analog ist. Die Konsensorientierung neigt dazu, das Volk als Subjekt mit einer homogenen Identität vorauszusetzen oder es mit entsprechend konformisierenden Effekten zu erzeugen. Wenn aber freiwillige Zustimmung einen Sinn haben soll, dann muss es immer auch die Möglichkeit geben, nicht zuzustimmen. Nur ein pluraler, eminent agonistischer Streit kann diese Option lebendig halten. Hierin zeigt sich die befreiende Kraft gerade der Diskontinuität der individuellen Willen miteinander und mit dem Kollektiv, der irreduziblen Abwesenheit und Unvollständigkeit des *demos*. Wenn aber Dissens und nicht Konsens den Grund demokratischer Legitimität abgibt, dann bedroht dies immer auch die Stabilität der politischen Ordnung. Anarchische Demokratie ist, mit Miguel Abensour gesprochen, eine »wilde Demokratie«: spontan, ungeplant und konfliktuell (vgl. Abensour 2012, 233).

3. *Gesellschaftstheorie*: Staat und Kapitalismus sind die beiden Herrschaftsverhältnisse, denen innerhalb des Anarchismus traditionell die größte Aufmerksamkeit gewidmet wird. Insbeson-

dere der Feminismus und der Antirassismus haben jedoch dagegen protestiert, Sexismus und Rassismus als »Nebenwidersprüche« zu behandeln, deren Adressierung nachrangig ist. Vielmehr stellen sie eigenständige Unterdrückungsformen dar, welche die Lebensrealität der Menschen auf grundlegende Weise betrifft und die sich nicht aus tieferliegenden ökonomischen und politischen Strukturen ableiten lassen. Die innerhalb des schwarzen Feminismus entwickelte und im Anarchismus rasch populär gewordene Theorie der »triple oppression« (simultane Unterdrückung durch Klasse, Rassismus, Patriachat) bzw. der »multiple oppression« (simultane Unterdrückung durch mehrfache Herrschaftsverhältnisse) kann durchaus als Vorläuferidee des Konzepts der Intersektionalität mehrerer Diskriminierungsformen angesehen werden. Der Erkenntnis der relativen Autonomie unterschiedlicher Herrschaftsverhältnisse lässt sich jedoch nicht einfach durch eine Addition von Emanzipationskämpfen Rechnung tragen. Vielmehr folgt daraus eine widersprüchliche Gemengelage politischer Frontstellungen, die jeweils nur fragile und temporäre Allianzen erlauben (die Vorsitzende des Arbeitgeberverbandes, um ein Beispiel zu nennen, ist Repräsentantin kapitalistischer Ausbeutung, kann aber zugleich gelegentlich Verbündete im Kampf gegen die Benachteiligung von Frauen und sogar beim Eintreten für die Öffnung von Grenzen sein). Die einzelnen sozialen Kämpfe haben jeweils eigene Zeitlichkeiten, die nicht miteinander synchron sind. Aus der Heterogenität der Emanzipationen folgt, dass die Vorstellung einer einzigen sozialen Revolution, nach der alle Herrschaft abgeschafft ist, unplausibel ist. Vielmehr müsste man von Revolutionen im Plural sprechen, von einer ungleichzeitigen Transformation der einzelnen Dimensionen menschlichen Zusammenlebens. Auch das Resultat dieser gesellschaftstheoretischen Revision des Anarchismus muss dann aber lauten, dass Anarchie keine Ordnung ist – denn sie darf nicht länger auf die Herstellung eines Zustandes hoffen, der nicht selbst noch einer Revolution bedürfte.

4. *(Post-)Kolonialismustheorie*: Der klassische Anarchismus basiert auf den universalistischen Prämissen von Freiheit und Gleichheit. Die politische Konsequenz dieses Universalismus ist, dass der Kampf gegen Herrschaft nicht an den Grenzen des eigenen Nationalstaats haltmacht, sondern die ganze Erde umfasst. In der Tradition der europäischen Aufklärung strebt der Anarchismus die Einrichtung einer Weltgesellschaft an, deren dezentrale Körperschaften zwar autonom bleiben, aber doch friedlich und rational miteinander kooperieren. Bereits auf der institutionellen Ebene impliziert die Autonomie der einzelnen Verbände unter multikulturellen und multireligiösen Bedingungen eine hohe Wahrscheinlichkeit der Entstehung von Spannungen und Konflikten, die sich nicht immer prozedural lösen lassen werden. Antikoloniale Befreiungskämpfe haben zudem deutlich gemacht, dass schon die ganze Idee einer kosmopolitischen Weltgesellschaft spezifisch europäische Vorstellungen von Rationalität und Humanismus mit sich führt, welche die spezifischen Epistemologien und kulturellen Besonderheiten lokaler Traditionen entwerten oder unsichtbar machen. Der anarchistische Globalismus, bei dem, wie Proudhon meint, »das Zentrum überall ist«, bleibt mithin selbst noch kolonial imprägniert. Statt also die eurozentrische Idee eines »ewigen Friedens« fortzuschreiben, sollte der Internationalismus des Anarchismus sich daher eher als netzwerkförmiges, heterogenes Bündnis lokaler Kämpfe verstehen, die miteinander konfligieren und sich deshalb möglicherweise nicht unter einem gemeinsamen Programm vereinigen lassen. Auch dies bedeutet in der Konsequenz, dass die Anarchie nicht auf die Etablierung einer Ordnung zielt – sondern auf die nicht-hierarchische, transversale Verbindung situierter, dezentraler Kampflinien.

Alle vier Einwände stellen Proudhons Definition der Anarchie als Ordnung infrage: Anarchie ist nicht eine Staatsform, die in der Staatsformenlehre neben Diktatur, Monarchie und Demokratie steht. Wenn sie ihrem eigenen Impuls, gegen jede Form von Herrschaft gerichtet zu sein, treu bleiben will, dann kann sie nie vollständig in Form einer Ordnung dargestellt werden. Dementsprechend ist auch die soziale Transformation, die »zur« Anarchie »führt«, kein Akt des Ordnens. Die Revolution ist kein Zimmeraufräumen: Sie ist keine Tätigkeit, die einen unordentlichen Zustand A in einen ordentlichen Zustand B überführt. Eher könnte man sie sich wie eine unkoordinierte Besetzung eines leer stehenden Gebäudekomplexes vorstellen: Mehrere Wohngruppen eignen sich unterschiedliche Räume an und beginnen damit, sie zu renovieren. Während Gruppe A mit dem Abschleifen des Dielenbodens beginnt, fängt Gruppe B mit dem Tapezieren an, niemals machen beide Gruppen das Gleiche. Es kommt zu Unstimmigkeiten, weil Gruppe A einfach einen Teil der Gegenstände, die sie bei sich entrümpelt hat, in die Räume von Gruppe C gestellt hat. Gruppe D zieht Unmut auf sich, weil sie statt zu renovieren ein Kunstprojekt aus Müll gebaut hat, das die anderen Gruppen als störend empfinden. Kaum haben sich alle Gruppen auf den Bau eines Grillplatzes im Vorgarten geeinigt, kommt eine Gruppe E dazu, die aus Vegetarier_innen besteht, welche gegen diesen Beschluss protestieren – usw. Niemals jedenfalls ist dieses Gebäude »fertig«.

Der Philosoph Simon Critchley hat aus ähnlichen Gründen davor gewarnt, die Anarchie als Ordnung zu totalisieren: »Anarchie sollte nicht danach streben, die archische Souveränität widerzuspiegeln, die sie untergräbt. Das heißt sie sollte nicht danach streben, sich selbst als das neue hegemonische Prinzip der politischen Organisation zu etablieren, sondern Totalität weiterhin verneinen statt eine neue Totalität zu bejahen [...] es geht darum, jeden Versuch, von oben Ordnung herzustellen, immer wieder von unten in Frage zu stellen.« (Critchley 2008, 147) Critchley nimmt hier den aufrührerischen, chaotischen Impuls der Anarchie, der von ihren Kritiker_innen immer wieder skandalisiert wurde, auf und wendet ihn positiv: Es ist gerade die Stärke des Anarchismus, sich niemals als ein fertiges Gesellschaftssystem präsentieren zu können. Critchley zieht hieraus den Schluss, anarchistische Politik müsse als »interstitielle Distanz zum Staat« verstanden werden – als eine Politik, die den Staat nicht abschaffen und ersetzen will, sondern die Distanz zu ihm aufrechterhält und unabhängig von ihm arbeitet (Critchley 2008, 134).[58]

An dieser Stelle offenbart sich jedoch auch eine neue Gefahr für den Anarchismus. Die Idee, Anarchie zum Unruhemoment in jeder Ordnung zu depotenzieren, hat einen resignativen Zug: Sie kapituliert vor der Macht der bestehenden Institutionen. Damit jedoch wird der ursprüngliche Anspruch des Anarchismus ebenso verfehlt wie bei seiner Institutionalisierung als Ordnung. Die Idee der *an-archia* – Nicht-Herrschaft – zielt eben nicht auf die Aufrechterhaltung einer Distanz zum Staat, sondern auf seine Abschaffung. Der Anarchismus vertritt darin all diejenigen Gruppen, die von staatlicher Gewalt manifest betroffen sind: von seinen Gefängnissen und seiner Polizei, seinem Militär und seinen Geheimdiensten, seinen Lagern und seinen Grenzen. Diese Gruppen gehen, wenn sich der Anarchismus auf eine Position der Distanz zum Staat zurückzieht, leer aus. Dass der Anarchismus nicht selbst eine Ordnung ist, darf daher nicht bedeuten, dass er die bestehende Unordnung intakt lässt.

Anarchie lässt sich also offenbar weder in einem einfachen Sinne als Ordnung noch als Unordnung beschreiben. Es muss vielmehr darum gehen, die Forderung nach einer signifikanten Restrukturierung der Gesellschaft mit dem Anspruch nach Offenheit zu verbinden. Anarchie muss in einem genuinen Sinne Wirklichkeit werden, ohne jedoch die weitere politische Auseinandersetzung zu sistieren. An dieser Stelle hilft eine Idee weiter, die von Anarchist_innen von jeher gegen den doktrinären Wissenschaftsanspruch des orthodoxen Marxismus in Anschlag gebracht wurde: die Idee der *Praxis*. Statt eine andere Gesellschaft und den Weg, der zu ihr führt, am Reißbrett zu entwerfen, ermöglicht die Praxisorientierung des Anarchismus plurale, ergebnisoffene und daher antiautoritäre Transformationsexperimente (vgl. exemplarisch Gordon 2010, Einleitung). Der Praxisbegriff – von griechisch *prâxis*, Tat, Handlung, Vollzug – hat hier aber nicht (nur) den Sinn, ein Primat der Aktion gegenüber dem Theoretisieren zu postulieren, sondern bekommt selbst eine gesellschaftstheoretische Pointe. Gesellschaften lassen sich ebenso als spezifische Arrangements von Praktiken beschreiben wie gesellschaftsverändernde Bewegungen.[59] Eine solche Theorie bekommt dabei sowohl breit verankerte, historisch eingespielte und fest institutionalisierte Praktiken in den Blick als auch punktuelle, fluktuierende und alltägliche Mikropraktiken.

Der Begriff der Praxis hält daher zur Entgegensetzung von Ordnung und Unordnung des Anarchismus eine dritte terminologische Alternative bereit. Er hat dabei aber auch konkrete politische Implikationen. Praxis ist eine Kategorie, die ebenso eine Aktualität wie eine Potenzialität, ebenso ein Gegenwärtiges wie ein Zukünftiges beschreibt. Gegen die bestehenden Herrschaftsverhältnisse gibt sich die anarchische Praxis nicht mit einer kritischen Störung oder Distanznahme zufrieden, sondern zielt auf materielle Folgen in der Welt. Gleichzeitig ist sie sich bewusst, dass auch jede kommende Ordnung noch Elemente der Gewalt und der Exklusion beinhalten wird und dass die Fantasie einer bruchlosen Harmonie sowohl illusorisch als auch normalisierend ist. Um bei der Metapher der Hausbesetzung zu bleiben: Der

Besetzungsakt ist nicht nur eine Kritik und Infragestellung, sondern eine konfrontative materielle Änderung der Eigentumsverhältnisse, die konkrete Folgen in der Welt hat. Zugleich konstituiert sie keinen neuen festen Zustand, sondern initiiert einen niemals endenden, irreduzibel offenen Prozess. Eine Praxis erfordert also genauso eine Planung, wie sie auf die Ermöglichung von Anschlusspraktiken zielt, die diese ursprüngliche Planung immer auch unterlaufen können. Damit die Besetzer_innen aber nicht einfach vom Regen in die Traufe kommen, muss sich dieser neue Prozess, so konfliktuell er auch sein mag, von den Prozessen ihrer vorherigen Wohnsituationen qualitativ unterscheiden – er muss in irgendeiner Weise freier, gleicher und solidarischer sein. Auszuprobieren, ob dies möglich ist, ist jedoch selbst keine Frage der Theorie mehr, sondern eben – der Praxis.

Dank

Ich bedanke mich zunächst bei den Herausgeber_innen der Reihe »zur Einführung«, Michael Hagner, Ina Kerner und Dieter Thomä, ohne deren Anfrage ich nie auf die Idee gekommen wäre, ein Buch über den Anarchismus zu schreiben: eine Erfahrung, die sich als ungemein beglückend herausgestellt hat.

In dieses Buch sind viele Einsichten und Ansichten eingegangen, die sich in einem langjährigen persönlichen, politischen und wissenschaftlichen Austausch mit Freund_innen und Kolleg_innen entwickelt haben. Insbesondere verdanke ich wichtige Anregungen den Gesprächen mit Chiara Bottici, Melanie Brazzell, Jeanette Ehrmann, Chad Kautzer, Katharina Kellermann, Darja Klingenberg und Thomas Seibert, den Diskussionen im Frankfurter Arbeitskreis für politische Theorie und Philosophie und den Seminarsitzungen mit Studierenden in Berlin, Frankfurt und New York. Aaron Zielinski danke ich für die Erstellung des Registers. Jan Rolletschek, Gabriel Kuhn sowie ganz besonders Nicky Mühlhäußer und Sven Zedlitz danke ich für wichtige Hinweise zur Überarbeitung der 2. Auflage. Ein besonderer Dank gebührt schließlich Bini Adamczak und Eva von Redecker, die nicht nur beide das ganze Manuskript gelesen und mit rettenden Anmerkungen versehen, sondern mich ohnehin am meisten in meinem Glauben an die anhaltende Relevanz des Anarchismus bestärkt haben.

Anmerkungen

1 Von Zenon sind keinerlei Schriften mehr erhalten. Das beste Zeugnis seines Denkens gibt der antike Philosophiehistoriker Diogenes Laertius, der eine knappe Zusammenfassung von Zenons Denken liefert. Dort wird zwar tatsächlich – allerdings aus der Quelle einer Darstellung eines Kritikers von Zenon – erwähnt, dieser trete für eine Abwesenheit von Tempeln und Gerichtshöfen in der Stadt ein (von Polizei ist nirgends die Rede, das Konzept der Polizei war in der Antike ohnehin unbekannt) und halte die Münzprägung für überflüssig (Laertius 2015, 351). Hierbei handelt es sich jedoch keineswegs um eine politische Philosophie, die annähernd so ausgearbeitet ist wie diejenige Platons. Den Begriff der *anarchia* verwendet Zenon nicht, vielmehr heißt es an anderer Stelle, er trete für die Mischverfassung als beste Staatsform ein (Laertius 2015, 392). Viel wichtiger als die Staatsverfassung ist für den Stoiker ohnehin die Frage des tugendhaften Lebens: Hier ist Zenon ein engagierter Verfechter für ein Leben des Menschen nach dem Prinzip der Selbstgenügsamkeit und im Einklang mit der Natur. – Die weitverbreitete Vereinnahmung Zenons als wichtigster Vorläufer des Anarchismus in der Antike ist einer Schrift des Historikers Georg Adler zu verdanken, auf den sich sowohl Kropotkin in seinem Enzyklopädie-Artikel von 1911 als auch 14 Jahre später der anarchistische Historiker Max Nettlau in seinem Standardwerk *Geschichte der Anarchie* stützen. Spätere Darstellungen sind Adlers Deutung gegenüber jedoch extrem skeptisch. So verweist etwa Christian Meier darauf, dass bis ins 19. Jahrhundert hinein der Begriff der *anarchia* ausschließlich negativ verwendet wurde: Anarchie ist ein Übel, das um jeden Preis zu vermeiden ist; sie als positive Verfassungsordnung anzustreben habe schlicht die Vorstellungskraft der Alten überschritten (vgl. Meier/Ludz 1972, hier: 53).

2 Zum neueren Stand der Debatte zwischen Anarchismus und Marxismus vgl. exemplarisch Kellermann 2011.

3 »Alle Sozialisten«, behauptet Marx noch im Jahr der Spaltung der Internationale, »verstehen unter Anarchie dies: Ist einmal das Ziel der proletarischen Bewegung, die Abschaffung der Klassen, erreicht, so verschwindet die Gewalt des Staates.« (Marx 1964, 50)

4 Wollte man die Analogisierung von philosophischen Themengebieten mit historischen Epochen fortsetzen, so könnte man sagen, dass, wenn die Antike den Fokus auf die Ethik, das Mittelalter auf die Religion und die Moderne auf die Politik legt, die Postmoderne alle diese Aspekte aufgreift und auf eine neue Weise interpretiert.

5 »It is important to point out«, sagt etwa Judith Butler in einem Interview über die zeitgenössische Relevanz des Anarchismus, »that various forms of gender regulation and social hierarchy and exclusion work through domains of power that are not reducible to law, but this also means that the forms of resistance and claims to freedom we make cannot be fully conceptualized within the rubric of law« (Butler 2011, 96).

6 Es gibt personelle Überschneidungen des Magazins *Tiqqun*, das auch als Autor_innenkollektiv auftritt, sowohl mit dem *Unsichtbaren Komitee*, das 2007 das innerhalb der radikalen Linken breit diskutierte Manifest *Der kommende Aufstand* veröffentlicht hat, als auch mit einer Kommune im zentralfranzösischen Tarnac, die 2008 wegen Verdachts der Sabotage von Zugoberleitungen von schwerbewaffneten Polizeieinheiten gestürmt wurde.

7 Bakunin versteht den Widerspruch zwischen den beiden Fraktionen so: »Die Kommunisten glauben, die Arbeiterkräfte organisieren zu müssen, damit sie sich der politischen Macht der Staaten bemächtigen. Die revolutionären Sozialisten organisieren sich in Hinblick auf die Zerstörung oder, wenn man ein höflicheres Wort wünscht, die Liquidation der Staaten. Die Kommunisten sind Anhänger des Prinzips und der Praxis der Autorität, die revolutionären Sozialisten haben nur in die Freiheit Vertrauen. Beide sind in gleicher Weise Anhänger der Wissenschaft, welche den Aberglauben töten und den Glauben ersetzen soll; die ersteren wollen sie aufzwingen, die letzteren werden sich bemühen, sie zu propagieren, damit die Gruppen überzeugter Menschen sich spontan und frei organisieren und föderieren, von

unten nach oben, durch ihre Eigenbewegung und ihren wirklichen Interessen entsprechend, nie aber nach einem vorher entworfenen Plan, der den unwissenden Massen durch einige höhere Intelligenzen aufgezwungen wird.« (Bakunin 1972b, 201)

8 Für eine Darstellung der Machno-Bewegung vgl. das Standardwerk von Machnos Freund und Lehrer Peter Arschinoff (2009).

9 In Paris entwickelte Machno später gemeinsam mit anderen russischen Exilant_innen Vorschläge für eine anarchistische Organisationsform, die Grundlage der Strömung des sogenannten Plattformismus wurden. Der Plattformismus, der innerhalb des Anarchismus bis heute als autoritär kritisiert wird, dient der Herstellung einer kollektiven Handlungsfähigkeit durch taktische Einheit und basiert auf einer intern demokratischen Entscheidungsweise, extern aber auf der freiwilligen Unterordnung und Selbstdisziplin der Mitglieder der anarchistischen Organisationen.

10 Von ihrem moralischen Sieg können sich die Kronstädter Matrosen freilich, ebenso wie die Pariser Kommunard_innen, »nichts kaufen«. Hätten sie also einen anderen, militärisch aussichtsreicheren Weg einschlagen sollen? Bini Adamczak spitzt in ihrer Reflexion über das Scheitern des Kommunismus diese Frage zu einer grundsätzlichen revolutionstheoretischen Aporie zu: »Müssen die Kronstädterinnen der Zukunft nicht gegen die Leninistinnen der Zukunft die Waffen erheben, misstrauisch ihnen gegenüber, ihre Verhandlungsangebote ausschlagend, in die Offensive gehen und die Leninistinnen liquidieren, bevor diese sie liquidieren können? Müssen die Kronstädterinnen der Zukunft also Leninistinnen werden?« (Adamczak 2007, 147) Diese Frage ist nicht rhetorisch gemeint – bis heute stellt sich jeder revolutionären Praxis das Problem, zwischen moralischen Ansprüchen und realpolitischen Anforderungen tarieren zu müssen. In der Geschichte haben Anarchist_innen häufig für die erste, Marxist_innen für die zweite Option plädiert.

11 Vgl. zu den Geschehnissen während des Spanischen Bürgerkriegs noch immer das Buch von Hans-Magnus Enzensberger über den legendären anarchistischen Milizionär Buenaventura Durruti mit diesem Titel (Enzensberger 1972).

12 Zum »neuen Anarchismus« in den USA nach Seattle vgl. exemplarisch Kuhn 2008; für eine informative Sammlung von Gesprächen mit heute aktiven Anarchist_innen weltweit vgl. Kalicha/Kuhn 2010.

13 Nach der Definition von Rahel Jaeggi umfassen Lebensformen »Einstellungen und habitualisierte Verhaltensweisen mit normativem Charakter, die die kollektive Lebensführung betreffen, obwohl sie weder streng kodifiziert noch institutionell verbindlich verfasst« sind (Jaeggi 2013a, 77). Der Begriff der Lebensform besitzt also vier wesentliche Definitionsmerkmale: Er bezeichnet nicht einzelne Praktiken, sondern *Bündel von Praktiken*, er bezieht sich nicht auf individuelle, sondern immer auf *kollektive* Lebensweisen, er beinhaltet mit der *Gewohnheit* ein passives Moment und er impliziert einen *normativen* Charakter. Obschon selbst mit dieser Definition gewappnet Lebensformen notorisch schwierig zu identifizieren sind, weil es so viele Grenz- oder Streitfälle gibt, kann man grob sagen, dass Lebensformen eine existenziellere oder »tiefere« Dimension umfassen als Lebensstile, Moden oder Gewohnheiten, dass sie aber nicht so strikt reguliert sind wie Institutionen oder Organisationen. – Zu den normativen Grundlagen der insbesondere für den Anarchismus charakteristischen Idee der Politik von Lebensformen vgl. außerdem Loick 2016b.

14 In ihrem Text mit dem Titel »Eine Einführung in den Anarchismus« erklären CrimethInc. das Ernstnehmen des Lebensform-Aspekts revolutionärer Politik zum Definitionsmerkmal des Anarchismus: »Wenn Menschen mich nach meiner Politik fragen, sage ich: Der beste Grund dafür, ein Revolutionär zu sein, ist der, dass diese Form zu leben schlicht die bessere ist. [...] was ist mit dem Recht darauf, unser Leben so zu leben, als würden wir keine zweite Chance haben? Was mit dem Recht auf ein Leben, das uns dazu zwingt, die ganze Nacht aufzubleiben, weil es so viel zu erzählen gibt? Auf ein Leben, das uns nie mit Bedauern oder Bitterkeit auf einen Tag zurückblicken lässt? Diese Rechte sind es, die wir uns nehmen müssen. Sollte nicht dies unsere Priorität sein? Anstelle der Sorge, den Regeln zu folgen und einfach irgendwie zu überleben? Für diejenigen von uns, die Gefangene eines Systems sind, das von dem Blut und Schweiß anderer Gefangener erhalten wird, die noch weniger Glück hatten als wir, ist es ein lebenslanges (und wunderbares) Projekt, der Herausforderung gerecht zu werden, ein Leben zu führen, das es wert ist, gelebt zu wer-

den – ein Leben voll von Geschichten, die es wert sind, erzählt zu werden. Was es braucht, um diese Herausforderung anzunehmen, ist, unsere Gefangenschaft in jedem Moment zu bekämpfen. In diesem Kampf kämpfen wir für unser Leben.« (CrimethInc. 2012a, 65)

15 Der Begriff der Ästhetik umfasst hier mehr als nur die Kunst, sondern soll in einem allgemeinen Sinne die Aufteilung des sinnlichen Raumes bezeichnen. Ästhetische Freiheit meint damit auch eine spezifische Freiheit der Ästhetik der Existenz der Menschen, das heißt ihrer Lebensführung, ihrer Einbildungskraft, ihrer Wahrnehmungsfähigkeit und ihres Ausdrucksvermögens. Eine freiheitstheoretische Bestimmung des Status ästhetischer Freiheit liefert Christoph Menke: »Ästhetische Freiheit ist Freiheit in Differenz zu sich selbst. Ästhetische Freiheit ist nicht die höchste Form oder die versöhnte Gestalt der Freiheit – nicht Freiheit in ihrer vollkommenen Verwirklichung, sondern Freiheit *im Unterschied zu* ihrer sozialen, kulturellen, politischen, rechtlichen usw. Verwirklichung. Ästhetische Freiheit ist Freiheit im Unterschied zu sich selbst: Freiheit, die sich von sich selbst geschieden, die sich in sich selbst unterschieden hat.« (Menke 2013, 150) Juliane Rebentisch buchstabiert einen ähnlichen Gedanken in Bezug auf das Verhältnis individueller Transgression zum Sozialen weiter aus. Ästhetische Freiheit ist nicht eine asoziale (also negative) Freiheit, sondern *Moment* der sozialen Freiheit (und somit deren Ergänzung und Erweiterung): »Die Distanz zum Sozialen, wie sie an den häufig gegen die Erwartungen ihres sozialen Umfeldes gerichteten Selbsttransformationen einschlägiger Lebenskünstler besonders anschaulich wird, geht nicht notwendigerweise mit einer ebenso abstrakten wie letztlich imaginären Distanz gegenüber aller sozialen Bestimmtheit einher. [...] Es ist nicht die abstrakte Freiheit vom Sozialen, sondern dessen Veränderbarkeit, die sich an den ästhetischen Existenzen, den schillernden Lebensformen, zeigen und verteidigen lässt.« (Rebentisch 2013, 19 f.) Ein gutes historisches Beispiel für eine Lebenskunst, in der die anarchistische Überschreitung mit einer widerständigen Art von Kollektivität verbunden ist, ist der »Chor« der schwarzen Frauen in Harlem zu Beginn des 20. Jahrhunderts, die Saidiya Hartman in ihrem Buch *Aufsässige Leben, schöne Experimente* (Hartman 2022) beschreibt.

16 Politisch ist diese anarchistische Weigerung, sich von anderen vertreten zu lassen (oder andere zu vertreten), unter anderem in das Konzept der »Politik der ersten Person« gemündet, das bei den Autonomen und in vielen Neuen Sozialen Bewegungen seit den 1970er Jahren eine wichtige Rolle spielte. Jede Einzelne soll nur für diejenigen Ziele und mit denjenigen Methoden kämpfen, für die sie auch persönlich einstehen kann (zur aktualisierten Verteidigung einer anarchistisch inspirierten autonomen Politik vgl. Kuhn 2007). Zuletzt spielten repräsentationskritische Ideen für die Selbstorganisation während der Platzbesetzungen u.a. während der weltweiten *Occupy*-Proteste eine wichtige Rolle (zur systematischen Erläuterung der Repräsentationskritik und dem Alternativkonzept der »präsentischen Demokratie« vgl. Lorey 2012).

17 Vor allem im US-amerikanischen Kontext hat sich aus dieser zum Teil anarchistisch inspirierten Gefängniskritik mit dem *Prison Abolitionism* eine politische Bewegung gebildet, die für eine grundsätzliche Abschaffung von Gefängnissen eintritt (vgl. exemplarisch Davis 2004; Loick/Thompson 2022).

18 Walter Benjamin hat sich später eher dem Marxismus zugewendet, stand in seiner frühen Phase jedoch dem Anarchismus nahe und kann zeit seines Lebens als »libertärer Denker« angesehen werden, vgl. Löwy 2002, Kap. 6.

19 Zur Forderung nach Abschaffung der Polizei vgl. exemplarisch Loick 2018; Vitale 2017.

20 Diese Kritik an der Gewalt nationaler Grenzen wird politisch von anarchistisch inspirierten antirassistischen Kampagnen wie *Kein Mensch ist illegal*, dem *No-Borders*-Netzwerk oder zahlreichen weltweiten *Refugees*-Initiativen vertreten, vgl. exemplarisch Walia 2021.

21 Ein Beispiel dafür, wie politische Partizipation Akzeptanz erzeugt, liefert Erik Olin Wright in seinem Buch *Envisioning Real Utopias*, nämlich mit dem *Participatory Budgeting* im brasilianischen Porto Alegre. Die Einbeziehung möglichst vieler Bürger_innen in die Haushaltsplanung hat zu einem starken Rückgang von Steuerhinterziehungen geführt, und zwar ohne dass Kontrollmechanismen verstärkt worden wären (vgl. Wright 2010, 155 ff.). Ähnliche Wirkungen lassen sich auch für den Bereich der Gewaltdelikte beschreiben.

22 Für eine kurze Darstellung dieser drei Dimensionen der Kapitalismuskritik bei Marx vgl. Jaeggi 2013b.

23 Eines der vor allem im deutschsprachigen Raum bekanntesten Modelle zur Umsetzung einer mutualistischen Ökonomie ist *bolo'bolo*, die Idee einer Vernetzung autonomer Kommunen, die von dem Schweizer Schriftsteller und Aktivisten p.m. (eigentlich Hans Widmer) stammt (p.m. 1983). Etwa dreihundert bis fünfhundert Menschen bilden eine autonome Einheit, ein bolo, das selbständig wirtschaftet und sich politisch selbst verwaltet. Die einzelnen bolos schließen miteinander Tauschverträge und sind in einem größeren Netz von Gemeinden zusammengeschlossen. Arbeit ist freiwillig, persönlicher Besitz stark limitiert. Die *bolo'bolo*-Idee hat in den 1980er Jahren zahlreiche Wohnprojekte und Kommunen inspiriert, mittlerweile jedoch stark an Bedeutung verloren.

24 In der Regel sehen allerdings auch mutualistische und kollektivistische Modelle eine Grundsicherung auch für diejenigen Menschen vor, die nicht arbeiten können oder wollen.

25 Antonio Negri und Michael Hardt haben in ihrem gemeinsamen Hauptwerk *Empire* diese Erkenntnis von der Unmöglichkeit der Quantifizierbarkeit individueller Arbeit für die gegenwärtige Ökonomie ausbuchstabiert. Insbesondere angesichts der kognitiven und affektiven Arbeit, die heute einen immer größeren Sektor der Wirtschaft ausmacht, lassen sich Arbeit und Freizeit, produktive, reproduktive und unproduktive Arbeit immer weniger unterscheiden: »In dem Maße, in dem die Arbeit die Fabrikgebäude verlässt, wird es immer schwieriger, an der Fiktion irgendeines Maßes für den Arbeitstag festzuhalten und somit die Produktionszeit von der Reproduktionszeit bzw. die Arbeitszeit von der Freizeit zu trennen. Auf dem Feld biopolitischer Produktion gibt es keine Stechuhren; das Proletariat produziert in seiner gesamten Gemeinsamkeit überall den ganzen Tag lang.« (Hardt/Negri 2002, 409)

26 Offen als Modell ausgesprochen findet sich diese Fantasie der »Gesellschaft als Büro« bei Lenin, etwa zwanzig Jahre nach Kropotkins Warnung. Lenin ist der Meinung, in der ersten Phase des Kommunismus seien die Menschen noch zu verdorben vom Kapitalismus und würden daher niemals freiwillig arbeiten, sie müssten weiterhin dazu gezwungen werden. »Rechnungsführung und Kontrolle – das ist das

WICHTIGSTE, was zum ›Ingangsetzen‹, zum richtigen Funktionieren der kommunistischen Gesellschaft in ihrer ERSTEN PHASE erforderlich ist. ALLE Bürger verwandeln sich hier in entlohnte Angestellte des Staates, den die bewaffneten Arbeiter bilden. ALLE Bürger werden Angestellte und Arbeiter EINES das gesamte Volk umfassenden Staats›syndikats‹. [...] Wenn die MEHRHEIT des Volkes anfangen wird, selbständig allerorts eine solche Rechnungsführung, eine solche Kontrolle über die Kapitalisten (die nunmehr Angestellte geworden sind) und über die Herren Intellektuellen, die kapitalistische Allüren beibehalten haben, auszuüben, dann wird diese Kontrolle eine wirklich universelle, allgemeine, eine wirkliche Volkskontrolle werden, dann wird man sich ihr auf keine Weise entziehen können, wird man sich vor ihr ›nirgends retten‹ können. Die gesamte Gesellschaft wird ein Büro und eine Fabrik mit gleicher Arbeit und gleichem Lohn sein.« (Lenin 1972, 487 f.) Die Strategie von Kropotkin ist der von Lenin offensichtlich genau entgegengesetzt: Wenn es stimmt, dass die Menschen nach der Revolution nicht arbeiten wollen, dann muss man die Arbeit, nicht die Menschen ändern. Nur so lässt sich die von Marx formulierte Utopie realisieren, dass die Arbeit dem Menschen nicht Mittel zum Zweck, sondern »das erste Lebensbedürfnis« (Marx 1972, 21) werden soll.

27 Die Fantasie, die Knechtschaft von Frauen durch Technisierung zu beenden, ist typisch für viele moderne sozialistische Entwürfe, sie findet sich etwa auch bei Charles Fourier und Leo Trotzki. Feminist_innen haben hiergegen eingewendet, dass ein Großteil der Reproduktionsarbeiten, die gegenwärtig von Frauen gemacht werden, sich nicht automatisieren lassen, dazu zählen vor allem Fürsorge- und Erziehungstätigkeiten. Statt um technische Lösungen müsste es daher um die feministische Umwälzung der sozialen Beziehungen gehen, vgl. exemplarisch Federici 2011.

28 Unangenehme Arbeit wird dann nicht aus Zwang, sondern aus der Identifikation mit der freien Gesellschaft verrichtet. In einer Diskussion mit Max Horkheimer bringt Theodor W. Adorno dies so auf den Punkt: »In einer Welt, die so geplant wäre, daß alles, was man tut, in einer durchsichtigen Weise dem Ganzen dient und nicht mehr darin besteht, daß unsinnige Tätigkeiten ausgeführt werden, würde ich gern zwei Stunden am Tag einen Lift bedienen.« (Horkheimer 1988, 41)

29 Als Überblick vgl. exemplarisch für den deutschsprachigen Raum Helferich 2012, für ein Plädoyer für das Commoning als genuin politisch-konfrontative Praxis der Eigentumskritik vgl. Loick 2016a.

30 In Deutschland finden die spannendsten Diskussion um die Übertragung der *peer production* auf die materielle Ökonomie im Umfeld der Webseite keimform.org statt, für eine Zusammenfassung der wichtigsten Modelle und Argumente vgl. Siefkes 2009.

31 Eine weitere Kritik am *carceral feminism* aus explizit anarcha-feministischer Perspektive lautet, dass die Forderung nach Verschärfung des Sexualstrafrechts den Akt der Vergewaltigung als *Abweichung* von der gesellschaftlichen Norm konstruiert und dabei verdeckt, dass er in Wirklichkeit der extremste *Ausdruck* der etablierten Norm ist. Integraler Bestandteil dieser vorherrschenden Geschlechterbilder ist dabei die Akzeptanz der Selbstverständlichkeit von Gewalt in den menschlichen Beziehungen – eine Vorstellung, die von der Forderung nach Strafverschärfung ratifiziert wird, vgl. Kurin 1980.

32 In ihrem Artikel *Against Carceral Feminism* erwähnt Victoria Law das Beispiel der afroamerikanischen Frau Cherie Williams aus der New Yorker Bronx, die 1999 nach einem Übergriff durch ihren Partner die Polizei rief. Nachdem die männlichen Polizisten sich weigerten, aus ihrem Auto zu kommen, fragte Williams sie nach ihrer Dienstnummer – als Reaktion wurde sie in Handschellen gelegt, zusammengeschlagen und in einer Wüste ausgesetzt (Law 2014). Law weist darauf hin, dass dieser Vorfall fünf Jahre nach Verabschiedung des *Violence Against Women Act* stattfand, der mehr Polizei für den Einsatz gegen häusliche Gewalt bereitstellen sollte und für den sich viele Feminist_innen eingesetzt hatten.

33 Zur maskulinistischen Logik staatlichen Schutzes im Kontext von Militarismus und Krieg vgl. Young 2003.

34 Die »Tragik« der Frauenemanzipation liegt für Goldman also darin, dass die politischen Rechte, welche die Gleichheit befördern sollten, diese Gleichheit immer zugleich untergraben. Für eine neuere feministische Diskussion eines ähnlichen Problems im Vokabular der »Paradoxie« vgl. den mittlerweile klassischen Aufsatz von Wendy Brown (2011).

35 Für einen deutschsprachigen Überblick zum Anarcha-Feminismus vgl. Lohschelder/Dubowy/Gutschmidt 2009; für eine luzide systema-

tische Diskussion der Kontinuität des Anarcha-Feminismus von Goldman über den *Second Wave Feminism* bis zum *Queer Feminism* vgl. Arruzza 2013.

36 Für eine ausführliche Diskussion der Frage »Ist der Zapatismus ein Anarchismus?« vgl. Kastner 2009. – Der irisch-mexikanische Politikwissenschaftler John Holloway nimmt die Strategie der Zapatistas zum Ausgangspunkt für die Entwicklung eines eigenständigen politischen Ansatzes, der sowohl anarchistische als auch operaistische Elemente umfasst. Statt die Gesellschaft durch Übernahme des Staates transformieren zu wollen, wie es sowohl reformistische als auch revolutionäre Strategien vorsehen, müsste es für Holloway darum gehen, »die Welt zu verändern, ohne die Macht zu übernehmen«. In den Zapatistas sieht er dabei das Vorbild für die Formierung einer Anti-Macht, die Freiräume für solidarische menschliche Beziehungen jenseits von Staat und Kapital eröffnet, vgl. Holloway 2006.

37 Diese Kontinuität sprechen die Zapatistas bereits im ersten Satz ihrer *Ersten Erklärung aus dem Lakandonischen Urwald* an: »Wir sind das Ergebnis von 500 Jahren Kampf: Erst gegen die Sklaverei im Unabhängigkeitskrieg gegen Spanien, von Aufständischen angeführt, danach um zu verhindern, daß uns die nordamerikanische Expansionspolitik verschlingt, sodann um unsere Verfassung auszurufen und die französische Kolonialmacht aus unserem Land zu vertreiben [...].« (EZLN 1996, 79)

38 Für eine ausführliche Diskussion der Bedeutung des Anarchismus für den antikolonialen Befreiungskampf Indiens vgl. Ramnath 2011.

39 Einige Bestandteile von Gandhis Weltsicht sind mit dem europäischen Anarchismus auch inkompatibel, wie etwa seine Verteidigung des Kastensystems sowie der religiöse Einfluss auf sein Denken. Eine Adaption anarchistischer Ideen für spezifische Situationen ist jedoch kein reiner Ergänzungsprozess, sondern umfasst logischerweise auch Revisionen – und damit auch Konflikte und Meinungsverschiedenheiten mit den europäisch geprägten Ansätzen. Dies macht es problematisch, eine anhand des sogenannten »klassischen« Anarchismus gebildete Checkliste an nicht-europäische Strömungen anzulegen, um zu überprüfen, ob sie wirklich anarchistisch sind.

40 Die drei dargestellten Positionen zur Frage der nationalen Befreiung entsprechen auch den drei Haltungen, die Steven Hirsch und Lucien

van der Walt bei Anarchist_innen, die sich an anti- und postkolonialen Befreiungskämpfen beteiligt haben, im Allgemeinen diagnostizieren: *Nationalismus*, *Internationalismus* und *strategische Beteiligung*. Die am häufigsten anzutreffende Position ist ihrer Analyse zufolge die letzte (vgl. Hirsch/van der Walt 2010, lxii).

41 Aufgrund von Interviews, die Elizabeth Martinez mit Aktivist_innen geführt hat, kommt sie zu der Einschätzung, der Gesamtanteil von *people of color* an den Demonstrationen in Seattle 1999 habe bei »nicht mehr als 5 %« gelegen (Martinez 2008, 106). Gründe dafür waren nicht nur befürchtete Polizeirepressionen oder Desinteresse am Thema WTO, sondern vor allem auch manifeste Ausschlüsse seitens der von Weißen dominierten anarchistischen Gruppen.

42 Zu einer marxistischen Kritik des Begriffs Anthropozän und der Wortneuschöpfung »Capitalocene« vgl. Moore 2015.

43 Das Konzept des libertären Kommunalismus wird nicht nur von der Grünen Partei in Burlington, Vermont, vertreten (bei der sich Bookchin Ende der 1980er Jahre engagierte), sondern auch in einigen Regionen Kurdistans. Der Anführer der Kurdischen Arbeiterpartei (PKK), Abdullah Öcalan, hat während seines langjährigen Gefängnisaufenthalts die Schriften Bookchins studiert und wurde durch die Lektüre dazu bewegt, die Idee eines kurdischen Nationalstaats zugunsten eines demokratischen Konföderalismus aufzugeben. In Städten wie Rojava ist der demokratische Konföderalismus seit 2005 das erklärte politische Leitkonzept. Dieses Konzept beinhaltet dabei auch explizit ökologische Aspekte.

44 Das extremste Beispiel gewaltförmiger Zivilisationskritik ist der sogenannte Una-Bomber. Der Mathematiker Theodore Kaczynski hat zwischen 1978 und 1995 anarcho-primitivistische Theorien in die Praxis umzusetzen versucht, indem er mehrere Briefbomben an verschiedene Personen und Institutionen, vornehmlich Universitätsprofessoren und Fluggesellschaften, schickte, wodurch drei Menschen getötet und zahlreiche weitere verletzt wurden. Das erklärte Ziel von Kaczynski war es, die Technisierung der Gesellschaft rückgängig zu machen. John Zerzan unterhielt viele Jahre lang freundschaftliche Beziehungen zum Una-Bomber, distanziert sich aber mittlerweile von dessen Methoden.

45 Für einige der zentralen Dokumente in der Debatte um die Propaganda der Tat vgl. Kellermann 2016.

46 Eine weitere Komponente der gesellschaftstheoretischen Fehleinschätzung liegt auch bereits in dem Missverständnis dessen, was überhaupt eine Gesellschaft ist – wie Gustav Landauer gezeigt hat, ist die Gesellschaft keine Fensterscheibe, die sich zerschlagen lässt, sondern ein Geflecht von Beziehungen, die verändert werden müssen. Ganz in diesem Sinne haben australische Anarchist_innen 1978 einen Bombenanschlag auf das Hilton Hotel in Sydney kritisiert: You can't blow up a social relationship.

47 Für eine ausführliche Darstellung der syndikalistischen Theorie und Praxis vgl. van der Walt/Schmidt 2013.

48 Ein Beispiel für die Überzeugungskraft solcher gelebter Praxis schildert George Orwell in seinem Reisebericht aus Katalonien zur Zeit des Bürgerkriegs: »Ich war mehr oder weniger durch Zufall in die einzige Gemeinschaft von nennenswerter Größe in Westeuropa gekommen, wo politisches Bewusstsein und Zweifel am Kapitalismus normaler waren als das Gegenteil. Hier in Aragonien lebte man unter Zehntausenden von Menschen, die hauptsächlich, wenn auch nicht vollständig, aus der Arbeiterklasse stammten. Sie lebten alle auf dem gleichen Niveau unter den Bedingungen der Gleichheit. Theoretisch herrschte vollkommene Gleichheit, und selbst in der Praxis war man nicht weit davon entfernt. In gewisser Weise ließe sich wahrhaftig sagen, dass man hier einen Vorgeschmack des Sozialismus erlebte. Damit meine ich, dass die geistige Atmosphäre des Sozialismus vorherrschte. Viele normale Motive des zivilisierten Lebens – Snobismus, Geldschinderei, Furcht vor dem Boss und so weiter – hatten einfach aufgehört zu existieren. Die normale Klasseneinteilung der Gesellschaft war in einem Umfang verschwunden, wie man es sich in der geldgeschwängerten Luft Englands fast nicht vorstellen kann. Niemand lebte dort außer den Bauern und uns selbst, und niemand hatte einen Herrn über sich. Natürlich konnte dieser Zustand nicht andauern. [...] Aber es dauerte lange genug, um jeden, der es erlebte, zu beeindrucken.« (Orwell 1975, 132 f.)

49 Für eine pointierte Darstellung gegenwärtiger Organisations- und Aktionsformen vgl. Gordon 2010, Kap. 1, zur internen Arbeitsweise von Bezugsgruppen auch Graeber 2013, Kap. 3.

50 Eine ausführliche Anleitung für viele anarchistische Organisations- und Aktionsformen bietet das Kollektiv CrimethInc. im *Anarchist Cookbook* (CrimethInc. 2012b).

51 Für einen Überblick vgl. die Webseite Solidarity4all.gr, für eine Darstellung und Analyse solcher Praktiken vgl. Tsomou 2014.

52 Ähnliche Praktiken wurden von Anarchist_innen häufig während oder nach Naturkatastrophen oder anderen grundlegenden Krisen praktiziert, wie nach dem Hurrikan Katrina 2005, dem Hurrikan Sandy 2012 oder während der weltweiten Corona-Pandemie. In Anlehnung an Kropotkin firmiert der Aufbau selbstorganisierter solidarische Strukturen unter dem Begriff der Gegenseitigen Hilfe. Für einen Überblick und eine Anleitung vgl. Spade 2020.

53 Wie bei allen Themen, so gibt es im Anarchismus auch in Bezug auf die Revolution keine einheitliche Meinung. Während Individualanarchist_innen eine revolutionäre Umwälzung ohnehin eher ablehnen, gibt es auch Positionen, die Avantgardemodellen oder Putschversuchen mit Sympathie gegenüberstehen. Allerdings betonen die allermeisten Anarchist_innen, dass es für Revolutionen ohnehin keine Blaupause gibt: Eine Revolution lässt sich nicht am Reißbrett entwerfen, sondern wird auf die konkreten, historisch und lokal spezifischen Umstände zu reagieren haben.

54 Diese Polemik ist Marx gegenüber nicht ganz fair. Marx hatte in seinem eigenen Kommentar zur Pariser Kommune immerhin erkannt, das Proletariat könne nicht »wie es die herrschenden Klassen und ihre verschiedenen konkurrierenden Fraktionen nach ihrem Sieg getan haben, den bestehenden Staatskörper einfach in Besitz nehmen und diese fertige Staatsmaschine für seine eigenen Zwecke in Bewegung setzen« (Marx 1973a, 590).

55 Dies zeigt bereits für die Russische Revolution pointiert die Arbeit von Bini Adamczak (2017). Adamczak entwickelt aus dieser Analyse eine queerfeministisch informierte relationale Revolutionstheorie, die den Begriff der *Beziehungsweisen* in den Mittelpunkt stellt. Dieser Begriff ermöglicht es für Adamczak nicht nur, sowohl dem bürgerlichen Individualismus als auch dem hegel-marxistischen Totalitätsdenken zu entgehen, sondern ist auch geeignet, gesellschaftliche Veränderung als »Ergebnis pluraler kollektiver Praxis« zu begreifen. Als Alternative sowohl zur Staatseroberung als auch zur individualisti-

schen Überschreitung schlägt sie daher, in Übereinstimmung mit der anarchistischen Tradition, eine revolutionäre »synaptische Konstruktion« vor.

56 Für eine luzide Interpretation von Landauers Exodus-Konzeption und ihren philosophischen und politischen Implikationen vgl. von Redecker 2014; zur Attraktivität des Exodus-Begriffs allgemein auch Loick 2014.

57 Der französische Individualanarchist Anselme Bellegarrigue hat in dem ersten jemals verfassten anarchistischen Manifest (1850) Proudhons Satz dementsprechend ergänzt: Die Anarchie ist die Ordnung, die Regierung ist der Bürgerkrieg (»Oui, l'anarchie c'est l'ordre; car, le gouvernement c'est la guerre civile«, Bellegarrigue 1850). In eine ähnliche Richtung geht Giorgio Agamben, wenn er auf die der Macht inhärente Anomie hinweist, die eine Herausforderung für jedes Denken des Anarchischen darstellt: »Anarchy is what becomes thinkable only at the point where we grasp and render destitute the anarchy of power.« (Agamben 2015, 275)

58 Critchley bezieht sich auf die Anarchie-Definition des französischen Philosophen Emmanuel Levinas: »Der Begriff der Anarchie, wie wir ihn hier einführen, geht dem politischen (oder anti-politischen) Sinn voraus, der ihm im allgemeinen Sprachgebrauch zukommt. Er kann nicht, ohne sich selbst zu widerlegen, als Prinzip gesetzt werden (in dem Sinne, wie ihn die Anarchisten verstehen). Die Anarchie kann nicht souverän sein wie die archè. Sie kann den Staat nur stören – allerdings auf radikale Weise und so, dass dadurch Momente der Negation ohne irgendeine Bejahung möglich werden. Der Staat kann sich so nicht zum Ganzen erheben.« (Levinas 1992, 224) Richtig hieran ist die Kritik an dem Modell der Anarchie als Ordnung. Daraus muss jedoch nicht folgen, die Existenz staatlicher Gewalt resignativ zu akzeptieren. Die im Folgenden unterbreitete Idee der Anarchie als Praxis soll eine Alternative zu beidem bieten: der Verlockung der Etablierung einer neuen Ordnung oder der Kapitulation vor der existierenden Unordnung.

59 Diese Idee verdankt sich der von Eva von Redecker ausgearbeiteten »Praxistheorie sozialen Wandels« (von Redecker 2015). Nicht nur lassen sich mittels einer kritischen Praxistheorie soziale Strukturen als »aggregierte Praktiken« beschreiben, sie vermag auch für die Analyse

gesellschaftlicher Transformation ein reichhaltiges Vokabular zu liefern.

Literatur

Zitierte anarchistische Primärtexte

Bakunin, Michail (1848): Aufruf an die Slaven, Koethen: Selbstverlag des Verfassers.

Bakunin, Michail (1972a): Prinzipien und Organisation einer internationalen revolutionär-sozialistischen Geheimgesellschaft, in: ders.: Staatlichkeit und Anarchie und andere Schriften, Frankfurt am Main: Ullstein.

Bakunin, Michail (1972b): Die Commune von Paris und der Staatsbegriff, in: ders.: Staatlichkeit und Anarchie und andere Schriften, Frankfurt am Main: Ullstein.

Bakunin, Michail (1972c): Persönliche Beziehungen zu Marx, in: ders.: Staatlichkeit und Anarchie und andere Schriften, Frankfurt am Main: Ullstein.

Bakunin, Michael (1972d): Staatlichkeit und Anarchie, in: ders.: Staatlichkeit und Anarchie und andere Schriften, Frankfurt am Main: Ullstein.

Bakunin, Michael (1995): Gott und der Staat. Ausgewählte Schriften 1, Berlin: Karin Kramer.

Bakunin, Michael (2000): Die revolutionäre Frage. Föderalismus, Sozialismus, Antitheologismus, Münster: Unrast.

Bakunin, Michael (2004): Konflikt mit Marx. Teil 1: Texte und Briefe bis 1870. Ausgewählte Schriften 5, Berlin: Karin Kramer.

Bakunin, Michael (2011): Konflikt mit Marx. Teil 2: Texte und Briefe ab 1871. Ausgewählte Schriften 6, Berlin: Karin Kramer.

Bellegarrigue, Anselme (1850): Manifeste de l'Anarchie, in: L'anarchie, Journal de l'Ordre, No. 1, online unter: http://www.panarchy.org/bellegarrigue/manifesto.html

Berkman, Alexander (1990): Die Kronstadt-Rebellion, Berlin: Guhl.

Berkman, Alexander (1999): Das ABC des Anarchismus, Berlin: Trotzdem.

de Cleyre, Voltairine (1908): Why I Am an Anarchist, in: Mother Earth, vol. 3, online unter: https://theanarchistlibrary.org/library/voltairine-de-cleyre-why-i-am-an-anarchist

de Cleyre, Voltairine (1912): Direct Action, online: https://theanarchistlibrary.org/library/voltairine-de-cleyre-direct-action

Emerson, Ralph Waldo (2015): Selbständigkeit und andere Essays, Wiesbaden: Marixverlag.

Godwin, William (2004): Politische Gerechtigkeit, Freiburg et al.: Haufe.

Goldman, Emma (1987): Niedergang der russischen Revolution, Berlin: Karin Kramer.

Goldman, Emma (2010): Gelebtes Leben. Autobiografie, Hamburg: Nautilus.

Goldman, Emma (2013): Anarchismus und andere Essays, Münster: Unrast.

Kropotkin, Peter (1911): Anarchism, in: Encyclopaedia Britannica, 11th Edition, vol. 1, Cambridge: University of Cambridge.

Kropotkin, Peter (1972): Gesetz und Autorität, in: ders.: Worte eines Rebellen, Reinbek: Rowohlt.

Kropotkin, Peter (2007): Kommunismus und Freiheit, in: Achim von Borries und Ingeborg Weber-Brandies (Hg.): Anarchismus. Theorie, Kritik, Utopie, Münster: Graswurzelrevolution.

Kropotkin, Peter (2008): Der moderne Staat, in: ders.: Der Staat und seine historische Rolle, Münster: Unrast.

Kropotkin, Peter (2011): Gegenseitige Hilfe in der Tier- und Menschenwelt, Frankfurt am Main: Trotzdem.

Kropotkin, Peter (2014): Die Eroberung des Brotes, Aschaffenburg: Alibri.

Landauer, Gustav (2009): Anarchismus. Ausgewählte Schriften Band 2, Lich: Edition AV.

Landauer, Gustav (2010): Antipolitik. Ausgewählte Schriften Band 3.1, Lich: Edition AV.

Landauer, Gustav (2015): Aufruf zum Sozialismus. Ausgewählte Schriften Band 11, Lich: Edition AV.

Malatesta, Errico (2009): Anarchismus. Schriften, Lüneburg: Al.be.ch-Verlag.

Michel, Louise (2001): Warum ich Anarchistin wurde, in: Bernd Kramer (Hg.): Leben – Ideen – Kampf. Louise Michel und die Pariser Kommune von 1871, Berlin: Karin Kramer.

Most, Johann (1972): Es lebe der Tyrannenmord!, in: Erwin Oberländer (Hg.): Der Anarchismus, Olten: Walter.
Mühsam, Erich (2005): Die Befreiung der Gesellschaft vom Staat, Berlin: Karin Kramer.
Proudhon, Pierre-Joseph (1963): Ausgewählte Texte, Stuttgart: K.F. Koehler.
Proudhon, Pierre-Joseph (1970a): Bekenntnisse eines Revolutionärs, Reinbek: Rowohlt.
Proudhon, Pierre-Joseph (1970b): Von der Anarchie zur Pornokratie, Zürich: Die Arche.
Proudhon, Pierre-Joseph (2003): System der ökonomischen Widersprüche oder: Philosophie des Elends, Berlin: Karin Kramer.
Proudhon, Pierre-Joseph (2014): Was ist das Eigentum? Untersuchungen über die Grundsätze des Rechts und der Regierung, Münster: Unrast.
Rocker, Rudolf (1973): Prinzipienerklärung des Syndikalismus, in: ders.: Franz Barwich u.a.: Arbeiterselbstverwaltung – Räte – Syndikalismus, Berlin: Karin Kramer.
Stirner, Max (1972): Der Einzige und sein Eigentum, Stuttgart: Reclam.
Thoreau, Henry David (1973): Über die Pflicht zum Ungehorsam gegen den Staat und andere Essays, Zürich: Diogenes.
Thoreau, Henry David (1999): Walden. Ein Leben mit der Natur, München: Deutscher Taschenbuchverlag.
Tucker, Benjamin R. (1922): Staatssozialismus und Anarchismus. Inwieweit sie übereinstimmen und worin sie sich unterscheiden, Berlin: Bernhard Zack.

Sonstige zitierte Literatur

Abensour, Miguel (2012): Demokratie gegen den Staat. Marx und das machiavellische Moment, Berlin: Suhrkamp.
Adamczak, Bini (2007): Gestern Morgen. Über die Einsamkeit kommunistischer Gespenster und die Rekonstruktion der Zukunft, Münster: Unrast.
Adamczak, Bini (2017): Beziehungsweise Revolution. 1917, 1968 und kommende, Berlin: Suhrkamp.
Agamben, Giorgio (2002): Homo sacer. Die souveräne Macht und das nackte Leben, Frankfurt am Main: Suhrkamp.

Agamben, Giorgio (2015): The Use of Bodies. Homo Sacer IV,2, Stanford: Stanford University Press.

Akuno, Kali, Cooperation Jackson, Ajamu Nangwaya (2023) (Hg.): Aufbruch in Jackson. Schwarze Selbstverwaltung und solidarische Ökonomie, Münster: Unrast.

Albert, Michael (2006): Parecon. Leben nach dem Kapitalismus, Frankfurt am Main: Trotzdem.

Anderson, Benedict (2013): The Age of Globalization. Anarchists and the Anti-Colonial Imagination, London/New York: Verso.

Anderson, William C. (2021): The Nation on No Map. Black Anarchism and Abolition, Oakland: AK Press.

Arendt, Hannah (2003): Was ist Politik? München: Piper.

Arruzza, Cinzia (2013): Of What is Anarcha-Feminism The Name? in: Blumenfeld, Jacob, Chiara Bottici und Simon Critchley (Hg.): The Anarchist Turn, London/New York: Verso.

Arschinoff, Peter (2009): Die Geschichte der Machno-Bewegung, Münster: Unrast.

Benjamin Walter (1991): Zur Kritik der Gewalt, in: Gesammelte Schriften Band II.1, Frankfurt am Main: Suhrkamp.

Benkler, Yochai (2006): The Wealth of Networks, New Haven: Yale University Press.

Berlin, Isaiah (2006): Zwei Freiheitsbegriffe, in: ders.: Freiheit. Vier Versuche, Frankfurt am Main: Fischer.

Bey, Hakim (1994): T.A.Z. Die Temporäre Autonome Zone, Berlin/Amsterdam: Edition ID-Archiv.

Bey, Marquis (2022): Anarcho-Blackness. Notes Toward a Black Anarchism, Oakland: AK Press.

Biehl, Janet (1998): Der libertäre Kommunalismus. Die politische Praxis der Sozialkökologie, Grafenau: Trotzdem.

Black Rose Anarchist Federation (Hg.) (2016): Black Anarchism. A Reader, online unter http://www.blackrosefed.org/black-anarchism-a-reader/

Blumenfeld, Jacob, Chiara Bottici und Simon Critchley (Hg.) (2013): The Anarchist Turn, London/New York: Verso.

Bookchin, Murray (1985): Die Ökologie der Freiheit. Wir brauchen keine Hierarchien, Weinheim/Basel: Beltz.

Bookchin, Murray (1993): The Ghost of Anarcho-Syndicalism, in: Anarchist Studies vol. 1.3.
Bookchin, Murray (1996): Post-Scarcity Anarchism, Buffalo: Black Rose Books.
Brown, Wendy (2011): Die Paradoxien der Rechte ertragen, in: Christoph Menke und Francesca Raimondi (Hg.): Die Revolution der Menschenrechte. Grundlegende Texte zu einem neuen Begriff des Politischen, Berlin: Suhrkamp.
Butler, Judith (1991): Das Unbehagen der Geschlechter, Frankfurt am Main: Suhrkamp.
Butler, Judith (2011): On Anarchism: An Interview with Judith Butler (Jamie Heckert), in: Jamie Heckert und Richard Cleminson (Hg.): Anarchism & Sexuality: Ethics, Relationships and Power, London/New York: Routledge.
Cohn, Norman (1988): Das neue irdische Paradies. Revolutionärer Millenarismus und mystischer Anarchismus im mittelalterlichen Europa, Reinbek: Rowohlt.
CrimethInc. (2012a): Message in a Bottle. Communiques 1996–2011, Münster: Unrast.
CrimethInc. (2012b): Recipes for Desaster: An Anarchist Cookbook, Olympia: CrimethInc.
Critchley, Simon (2008): Unendlich fordernd. Ethik der Verpflichung, Politik des Widerstands, Berlin: diaphanes.
Critchley, Simon (2012): Mystischer Anarchismus, Berlin: Merve.
Daring, C.B., J. Rogue, Derec Shannon und Abby Volcano (Hg.) (2013): Queering Anarchism. Addressing and Undressing Power and Desire, Edinburgh/San Francisco: AK Press.
Davis, Angela (2004): Eine Gesellschaft ohne Gefängnisse? Der gefängnisindustrielle Komplex der USA, Berlin: Schwarzerfreitag.
Deleuze, Gilles und Félix Guattari (2005): Tausend Plateaus. Kapitalismus und Schizophrenie 2, Berlin: Merve.
Ehrlich, Carol (1996): Socialism, Anarchism, and Feminism, in: Howard Ehrlich (Hg.): Reinventing Anarchy, Again, Edinburgh/San Francisco: AK Press.
Engels, Friedrich (1959): Der demokratische Panslawismus, MEW Bd. 6, Berlin: Dietz.

Enzensberger, Hans-Magnus (1972): Der kurze Sommer der Anarchie. Buenaventura Durrutis Leben und Tod, Frankfurt am Main: Suhrkamp.

Ervin, Lorenzo Kom'boa (2016): Anarchism and the Black Revolution, in: Black Rose Anarchist Federation (Hg.): Black Anarchism. A Reader, online unter http://www.blackrosefed.org/black-anarchism-a-reader/

EZLN (1996): Erste Erklärung aus dem Lakandonischen Urwald, in: Lutz Schulenburg (Hg.): Der Wind der Veränderung. Die Zapatisten und die soziale Bewegung in den Metropolen. Kommentare und Dokumente, Hamburg: Nautilus.

Farrow, Lynne (2012): Feminism As Anarchism, in: Dark Star Collective (Hg.): Quiet Rumors. An Anarcha-Feminist Reader, Edinburgh/San Francisco: AK Press.

Federici, Silvia (2011): Feminism and the Politics of the Commons, in: The Commoner, online unter www.commoner.org.uk.

Foucault, Michel (1979): Überwachen und Strafen. Die Geburt des Gefängnisses, Frankfurt am Main: Suhrkamp.

Foucault, Michel (2004): Geschichte der Gouvernementalität II: Die Geburt der Biopolitik, Frankfurt am Main: Suhrkamp.

Freeman, Jo (1972): The Tyranny of Structurelessness, in: The Second Wave, vol. 2.1, online unter http://www.jofreeman.com/joreen/tyranny.htm.

Friedersdorf, Conor (2014): Police have a much bigger abuse problem than the NFL does, in: The Atlantic, 19.9.2014, online: http://www.theatlantic.com/national/archive/2014/09/police-officers-who-hit-their-wives-or-girlfriends/380329/

Gerstenberger, Heide (1990): Die subjektlose Gewalt. Theorie der Entstehung bürgerlicher Staatsgewalt, Münster: Westfälisches Dampfboot.

Gordon, Uri (2010): Hier und jetzt. Anarchistische Praxis und Theorie, Hamburg: Nautilus.

Graeber, David (2008): Frei von Herrschaft. Fragmente einer anarchistischen Anthropologie, Wuppertal: Peter Hammer.

Graeber, David (2013): Direkte Aktion. Ein Handbuch, Hamburg: Nautilus.

Graeber, David (2015): The Utopia of Rules. On Technology, Stupidity, and the Secret Joys of Bureaucracy, New York: Melville.

Hardt, Michael und Antonio Negri (2002): Empire. Die neue Weltordnung, Frankfurt am Main/New York: Campus.

Hartman, Saidiya (2022): Aufsässige Leben, schöne Experimente. Von rebellischen schwarzen Mädchen, schwierigen Frauen und radikalen Queers, Berlin: Claassen.

Hegel, Georg W. F. (1986): Grundlinien der Philosophie des Rechts, Frankfurt am Main: Suhrkamp.

Helferich, Silke und Heinrich-Böll-Stiftung (Hg.) (2012): Commons. Für eine neue Politik jenseits von Markt und Staat, Bielefeld: transcript.

Hirsch, Steven und Lucien van der Walt (Hg.) (2010): Anarchism and Syndicalism in the Colonial and Postcolonial World, 1870–1940, Leiden/Boston: Brill

Holloway, John (2006): Die Welt verändern, ohne die Macht zu übernehmen, Münster: Westfälisches Dampfboot.

Horkheimer, Max und Theodor W. Adorno (1988): Diskussion über Theorie und Praxis, in: Max Horkheimer, Gesammelte Schriften Band 14, Frankfurt am Main: Fischer.

Huber, Markus (2015): Anarcho-Primitivismus: Keine Zivilisation, kein Staat!, in: Peter Seyferth (Hg.): Den Staat zerschlagen! Anarchistische Staatsverständnisse, Baden-Baden: Nomos.

INCITE! (2001): Critical Resistance Statement: Gender Violence and the Prison Industrial Complex, online: http://www.incite-national.org/page/incite-critical-resistance-statement

Jaeggi, Rahel (2013a): Kritik von Lebensformen, Berlin: Suhrkamp.

Jaeggi, Rahel (2013b): Was (wenn überhaupt etwas) ist falsch am Kapitalismus? Drei Wege der Kapitalismuskritik, in: Rahel Jaeggi und Daniel Loick (Hg.): Nach Marx. Philosophie, Kritik, Praxis, Berlin: Suhrkamp.

Kalicha, Sebastian und Gabriel Kuhn (Hg.) (2010): Von Jakarta bis Johannesburg. Anarchismus weltweit, Münster: Unrast.

Kastner, Jens (2009): Ist der Zapatismus ein Anarchismus?, in: Hans-Jürgen Degen und Jochen Knoblauch (Hg.): Anarchismus 2.0. Bestandsaufnahmen. Perspektiven, Stuttgart: Schmetterling.

Kellermann, Philippe (Hg.) (2011): Begegnungen feindlicher Brüder. Zum Verhältnis von Anarchismus und Marxismus in der Geschichte der sozialistischen Bewegungen, Münster: Unrast.

Kellermann, Philippe (Hg.) (2016): Propaganda der Tat. Standpunkte und Debatten, Münster: Unrast.

Kirchheimer, Otto und Georg Rusche (1981): Sozialstruktur und Strafvollzug, Frankfurt am Main: Europäische Verlagsanstalt.

Kornegger, Peggy (1996): Anarchism: The Feminist Connection, in: Howard Ehrlich (Hg.): Reinventing Anarchy, Again, Edinburgh/San Francisco: AK Press.
Kuhn, Gabriel (2007): Jenseits von Staat und Individuum. Individualität und autonome Politik, Münster: Unrast.
Kuhn, Gabriel (Hg.) (2008): ›Neuer Anarchismus‹ in den USA. Seattle und die Folgen, Münster: Unrast.
Kuhn, Gabriel (2009): Vielfalt, Bewegung, Widerstand. Texte zum Anarchismus, Münster: Unrast.
Kurin, Kytha (1980): Anarcha-Feminism – Why the Hyphen?, in: Open Road, vol. 11, online: https://theanarchistlibrary.org/library/kytha-kurin-anarcha-feminism
Laertius, Diogenes (2015): Leben und Meinungen berühmter Philosophen, Hamburg: Meiner.
Law, Victoria (2014): Against Carceral Feminism, in: Jacobin, 17.10.2014, online: https://www.jacobinmag.com/2014/10/against-carceral-feminism/
Lenin, Wladimir Iljitsch (1972): Staat und Revolution, Lenin Werke 25, Berlin: Dietz.
Levinas, Emmanuel (1992): Jenseits des Seins oder anders als Sein geschieht, Freiburg: Alber.
Lohschelder, Silke, Liane M. Dubowy und Inés Gutschmidt (2009): AnarchaFeminismus. Auf den Spuren einer Utopie, Münster: Unrast.
Loick, Daniel (2012): Kritik der Souveränität, Frankfurt am Main/New York: Campus.
Loick, Daniel (2014): Stichwort: Exodus. Leben jenseits von Staat und Konsum?, in: WestEnd. Neue Zeitschrift für Sozialforschung, 01.2014.
Loick, Daniel (2016a): Der Missbrauch des Eigentums, Berlin: August.
Loick, Daniel (2016b): Zur Politik von Lebensformen, in: WestEnd. Neue Zeitschrift für Sozialforschung, 2.2016.
Loick, Daniel (2018) (Hg.): Kritik der Polizei, Frankfurt/M., New York: Campus.
Loick, Daniel und Vanessa E. Thompson (Hg.) (2022): Abolitionismus. Ein Reader, Berlin: Suhrkamp.
Lorey, Isabell (2012): Demokratie statt Repräsentation, in: Jens Kastner, Isabell Lorey, Gerald Raunig, Tom Waibel (Hg.): Occupy! Die aktuellen Kämpfe um die Besetzung des Politischen, Wien: Turia + Kant.

Löwy, Michael (2002): Jüdischer Messianismus und libertäres Denken. Eine Wahlverwandtschaft, Berlin: Philo.

Ludz, Peter Christian und Christian Meier (1972): Anarchie, in: Otto Brunner, Werner Conze und Reinhart Koselleck (Hg.): Geschichtliche Grundbegriffe, Stuttgart: Ernst Klett.

Marchart, Oliver (2005): Neu beginnen. Hannah Arendt, die Revolution und die Globalisierung, Wien: Turia + Kant.

Marcuse, Herbert (1969): Versuch über die Befreiung, Frankfurt am Main: Suhrkamp.

Marshall, Peter (2010): Demanding the Impossible. A History of Anarchism, Oakland: pm press.

Martinez, Elizabeth (2008): Wo war die Farbe in Seattle? Auf der Suche nach Gründen, warum die »große Schlacht« so weiß war, in: Gabriel Kuhn (Hg.): ›Neuer Anarchismus‹ in den USA. Seattle und die Folgen, Münster: Unrast.

Marx, Karl und Friedrich Engels (1969): Die deutsche Ideologie, MEW Bd. 3, Berlin: Dietz.

Marx, Karl und Friedrich Engels (1972): Manifest der Kommunistischen Partei, MEW Bd. 4, Berlin: Dietz.

Marx, Karl (1962): Das Kapital. Kritik der politischen Ökonomie, Band 1, MEW Bd. 23, Berlin: Dietz.

Marx, Karl (1964): Die angeblichen Spaltungen in der Internationale, MEW Bd. 18, Berlin: Dietz.

Marx, Karl (1966): Brief an Ludwig Kugelmann (12. April 1871), MEW Bd. 33, Berlin: Dietz.

Marx, Karl (1968): Ökonomisch-philosophische Manuskripte, MEW Bd. 40, Berlin: Dietz.

Marx, Karl (1972): Das Elend der Philosophie, MEW Bd. 4, Berlin: Dietz.

Marx, Karl (1973a): Der Bürgerkrieg in Frankreich [Zweiter Entwurf], MEW Bd. 17, Berlin: Dietz.

Marx, Karl (1973b): Kritik des Gothaer Programms, MEW Bd. 19, Berlin: Dietz.

Marx, Karl (1976): Zur Judenfrage, MEW Bd. 1, Berlin: Dietz.

Marx, Karl (1982): Grundrisse der Kritik der politischen Ökonomie (Rohentwurf), MEW Bd. 42, Berlin: Dietz.

May, Todd (1989): Is Post-Structuralist Political Theory Anarchist?, in: Philosophy & Social Criticism, Vol. 15, No 2.

Mbah, Sam und I.E. Igariwey (1997): African Anarchism: The History of a Movement, Tucson: Sharp Press.
Menke, Christoph (2013): Die Kraft der Kunst, Berlin: Suhrkamp.
Milstein, Cindy (2013): Der Anarchismus und seine Ideale, Münster: Unrast.
Moore, Jason W. (2015): Capitalism in the Web of Life. Ecology and the Accumulation of Capital, London/New York: Verso.
O'Brien, M.E., Eman Abdelhadi (2022): Everything for Everyone: An Oral History of the New York Commune, 2052–2072, New York: Common Notions.
Orwell, George (1975): Mein Katalonien. Bericht über den Spanischen Bürgerkrieg, Zürich: Diogenes.
p.m. (1983): Bolo'bolo, Zürich: Paranoia City.
Poulantzas, Nicos (2002): Staatstheorie. Politischer Überbau, Ideologie, Autoritärer Etatismus, Hamburg: VSA.
Ramnath, Maia (2011): Decolonizing Anarchism. An Antiauthoritarian History of India's Liberation Struggle, Edinburgh/San Francisco: AK Press.
Rebentisch, Juliane (2013): Die Kunst der Freiheit. Zur Dialektik demokratischer Existenz, Berlin: Suhrkamp.
Rock-Bloc-Kollektiv (2008): Gib es der Mannarchie!, in: Gabriel Kuhn (Hg.): ›Neuer Anarchismus‹ in den USA. Seattle und die Folgen, Münster: Unrast.
Rousselle, Duane und Süreyyya Evren (Hg.) (2011): Post-Anarchism. A Reader. London/New York: Pluto.
Russell, Bertrand (1971): Wege zur Freiheit. Sozialismus, Anarchismus, Syndikalismus, Frankfurt am Main: Suhrkamp.
Scott, James F. (1998): Seeing Like a State. How Certain Schemes to Improve the Human Condition Have Failed, New Haven: Yale University Press.
Siefkes, Christian (2009): Beitragen statt tauschen, Ulm: AG Spak.
Spade, Dean (2020): Mutual Aid. Building Solidarity During the Crisis (and the Next), London/New York: Verso.
Trimbur, Dominique (2009): Proudhon, Pierre-Joseph, in: Wolfgang Benz (Hg.): Handbuch des Antisemitismus, Bd. 2: Personen, Berlin: de Gruyter.

Tsomou, Margarita (2014): Last Exit. Zum Aufschwung solidarischer Ökonomien im Griechenland der Krise, in: WestEnd. Neue Zeitschrift für Sozialforschung, 01.2014

Unsichtbares Komitee (2010): Der kommende Aufstand, Hamburg: Nautilus.

van der Walt, Lucien und Michael Schmidt (2013): Schwarze Flamme. Revolutionäre Klassenpolitik im Anarchismus und Syndikalismus, Hamburg: Nautilus.

Verter, Mitchell Cowen (2013): Undoing Patriarchy, Subverting Politics: Anarchism As a Practice of Care, in: Blumenfeld, Jacob, Chiara Bottici und Simon Critchley (Hg.): The Anarchist Turn, London/New York: Verso.

Virno, Paolo (2006): Virtuosity and Revolution: The Political Theory of Exodus, in: Michael Hardt und Paolo Virno (Hg): Radical Thought in Italy. A Potential Politics, Minneapolis: Minnesota University Press.

Voß, Elisabeth (2015): Wegweiser Solidarische Ökonomie. Anderes Wirtschaften ist möglich!, Ulm: AG Spak.

von Redecker, Eva (2014): Topischer Sozialismus. Zur Exodus-Konzeption bei Gustav Landauer und Martin Buber, in: WestEnd. Neue Zeitschrift für Sozialforschung, 01.2014.

von Redecker, Eva (2015): Metalepsis und Revolution. Eine performative Praxistheorie sozialen Wandels, HU Berlin (unveröffentlichte Dissertation).

Walia, Harsha (2021): Border and Rule. Global Migration, Capitalism, and the Rise of Racist Nationalism, Oakland: AK Press.

Weber, Max (1994): Politik als Beruf, in: ders.: Wissenschaft als Beruf. Politik als Beruf. Studienausgabe der Max-Weber-Gesamtausgabe 1/17, Tübingen: Mohr Siebeck.

White, Roger (o.J.): Post Colonial Anarchism. Essays on race, repression and culture in communities of color, 1999–2004, Oakland: Jailbreak Press.

Wolff, Robert (1998): In Defense of Anarchism, Berkeley: University of California Press.

Wright, Erik Olin (2010): Envisioning Real Utopias, London/New York: Verso.

Young, Iris Marion (2003): The Logic of Masculinist Protection: Reflections on the Current Security State, in: Signs. Journal of Women in Culture and Society, vol. 29, No. 1.

Zerzan, John (2012): Future Primitive Revisited, Port Townsend: Feral House.

Allgemeine Einführungen (kommentierte Auswahl)

Autorenkollektiv (1997): Was ist eigentlich Anarchie? Berlin: Karin Kramer. (*Neuauflage einer knappen, aktivistisch geschriebenen Einführung aus den 1970er Jahren*)

Baker, Zoe (2023): Means and Ends. The Revolutionary Practive of Anarchism in Europe and the United States, Oakland: AK Press. (*Eins der besten zeitgenössischen englisch-sprachigen Überblicks-Bücher*)

Berkman, Alexander (1999): Das ABC des Anarchismus, Berlin: Trotzdem. (*Einfach geschriebene Einführung in die Grundsätze des kommunistischen Anarchismus, verfasst 1929 von einem seiner Hauptvertreter*)

Cattepoel, Jan (1979): Der Anarchismus, München: C.H. Beck. (*Übersichtliche, aber eher enzyklopädisch geschriebene politikwissenschaftliche Einführung*)

Degen, Hans-Jürgen und Jochen Knoblauch (2007): Anarchismus, Stuttgart: Schmetterling. (*Knappe, gelegentlich etwas oberflächliche Einführung aus der linken Theoriereihe Theorie.org*)

Eibisch, Jonathan (2024): Politische Theorie des Anarchismus. Zum paradoxen Streben nach Autonomie, Selbstbestimmung und Selbstorganisation, Bielefeld: Transcript. (*Eine extrem kenntnisreiche deutschsprachige Dissertation über die (anti-) politische Theorie des Anarchismus*).

Guérin, Daniel (1968): Anarchismus. Begriff und Praxis, Frankfurt am Main: Suhrkamp. (*Philosophisch-politische Reflexion auf die revolutionäre Bedeutung anarchistischer Theorie und Praxis*)

Kinna, Ruth (2020): The Government of No One. The Theory and Practice of Anarchism, London: Pelican. (*Hilfreicher Überblick mit vielen Vignetten über auch weniger bekannte Anarchist:innen*)

Marshall, Peter (2010): Demanding the Impossible. A History of Anarchism, Oakland: pm press. (*Sehr umfangreiche englischsprachige Einführung, gegenwärtig der beste vorliegende Überblicksband über die Geschichte und Theorie des Anarchismus*)

Milstein, Cindy (2013): Der Anarchismus und seine Ideale, Münster: Unrast. (*Kurze Einführung in die zentralen Ideale des linken Anarchismus aus US-amerikanischer aktivistischer Perspektive*)
Nettlau, Max (1925 ff.): Geschichte der Anarchie, Berlin: Topos. (*Siebenbändiges Standardwerk des berühmten anarchistischen Historikers, allerdings nicht mehr aktuell und für den Alltagsgebrauch eher ungeeignet*)
Seyfehrt, Peter (Hg.) (2015): Den Staat zerschlagen! Anarchistische Staatsverständnisse, Baden-Baden: Nomos. (*Sammelband mit Texten zu den Staatsverständnissen klassischer Anarchist_innen*)
Stowasser, Horst (2007): Anarchie, Hamburg: Nautilus. (*Die umfangreichste aktuelle deutschsprachige Einführung, aus einer genuin aktivistischen Perspektive, zum Teil etwas arg salopp geschrieben*)
Woodcock, George (1962): Anarchism. A History of Libertarian Ideas and Movements, Cleveland und New York: Meridian. (*Umfassendes englischsprachiges Standardwerk, das sowohl die Idee als auch die Praxis des Anarchismus in verschiedenen Ländern darstellt. Aufgrund des Erscheinungsdatums mittlerweile etwas veraltet*)

Internetressourcen

Die folgenden Ressourcen dienen nur als Einstieg. Die Liste beansprucht keine Vollständigkeit!

www.anarchismus.at [umfassende Datenbank anarchistischer Klassiker_innen, u.a. mit Textauszügen und Kurzbiografien]
www.bakunin.de [Informationsseite zu dem russischen Anarchisten]
http://dadaweb.de [umfassende Datenbank nach Wiki-Prinzip, enthält u.a. ein Lexikon der Anarchie, Bibliothek, Podcasts und Weiteres]
www.deu.anarchopedia.org [Datenbank nach Wiki-Prinzip, die sich vor allem auf politische Gruppen und Organe konzentriert]
http://dwardmac.pitzer.edu/Anarchist_Archives/index.html [Online Research Center zur Geschichte und Theorie des Anarchismus]
www.gustav-landauer.org [Infoseite eines Projekts zur Förderung des Werks von Landauer, inkl. vollständiger Bibliografie und einer Denkmal-Initiative]
www.kropotkin.de [etwas unfertige Infoseite zu dem russischen Anarchisten]

www.postanarchismus.net [Infoseite mit Texten zum Postanarchismus/ Anarchismus und Poststrukturalismus]
http://theanarchistlibrary.org [umfassende englischsprachige Datenbank]

Politische Zeitschriften

Contraste – Monatszeitung für Selbstorganisation: www.contraste.org
Direkte Aktion – anarchosyndikalistische Zeitung (Zeitung der Freien ArbeiterInnen Union): www.fau.org
Graswurzelrevolution – für eine gewaltfreie, herrschaftslose Gesellschaft: www.graswurzel.net

Wissenschaftliche Zeitschriften

Anarchist Studies: https://www.lwbooks.co.uk/anarchist-studies
Ne Znam – Zeitschrift für Anarchismusforschung: http://www.edition-av.de/ne_znam.html

Personenregister

Sachregister

Daniel Loick ist Associate Professor für Politische Philosophie und Sozialphilosophie an der Universität Amsterdam. Von ihm erschienen u.a. *Kritik der Souveränität* (Frankfurt/New York 2012), *Der Missbrauch des Eigentums* (Berlin 2016), *Juridismus. Konturen einer kritischen Theorie des Rechts* (Berlin 2017) sowie *Die Überlegenheit der Unterlegenen. Eine Theorie der Gegengemeinschaften* (Berlin 2024).